U0127744

广视角·全方位·多品种

权威·前沿·原创

北京蓝皮书

BLUE BOOK
OF BEIJING

北京市社会科学院／编　　谭维克／总编　戚本超／副总编

北京经济发展报告
（2010~2011）

主　编／梅　松
副主编／赵　磊　赵　弘

ANNUAL REPORT ON ECONOMIC
DEVELOPMENT OF BEIJING
(2010-2011)

社会科学文献出版社
SOCIAL SCIENCES ACADEMIC PRESS (CHINA)

法　律　声　明

　　"皮书系列"（含蓝皮书、绿皮书、黄皮书）为社会科学文献出版社按年份出版的品牌图书。社会科学文献出版社拥有该系列图书的专有出版权和网络传播权，其 LOGO（📖）与"经济蓝皮书"、"社会蓝皮书"等皮书名称已在中华人民共和国工商行政管理总局商标局登记注册，社会科学文献出版社合法拥有其商标专用权，任何复制、模仿或以其他方式侵害（📖）和"经济蓝皮书"、"社会蓝皮书"等皮书名称商标专有权及其外观设计的行为均属于侵权行为，社会科学文献出版社将采取法律手段追究其法律责任，维护合法权益。

　　欢迎社会各界人士对侵犯社会科学文献出版社上述权利的违法行为进行举报。电话：010 - 59367121。

社会科学文献出版社

法律顾问：北京市大成律师事务所

主要编撰者简介

梅　松　男，中共北京市委宣传部副巡视员，经济学博士，研究员，华中科技大学兼职教授，北京联合大学兼职教授，天津工业大学客座教授。曾在美国马里兰大学学习高级经济管理，在美国哈佛大学肯尼迪政府学院学习高级公共管理。主要研究领域是发展经济学、产业经济学、区域经济学。北京市人大常委会预算监督顾问，北京市"四个一批"人才。

赵　磊　男，北京市发展和改革委员会副主任，北京市发展和改革委员会新闻发言人。分管国民经济综合处、公共信息处。分管北京市经济信息中心。历任北京市丰台区计划经济委员会、发展计划委员会副主任，北京市丰台区发展和改革委员会副主任，北京市发展和改革委员会经济贸易处、国民经济综合处处长，北京市发展和改革委员会委员、新闻发言人。

赵　弘　男，博士，研究员，享受国务院特殊津贴专家，北京市人民政府专家顾问团顾问，北京市社会科学院院长助理、经济研究所所长、区域经济研究基地主任、中国总部经济研究中心主任，中关村创新发展研究院院长，兼任中国城市经济学会学术委员会副主任等。先后主持完成国家社科基金、国家自然基金、科技部、北京市规划办、北京市软科学课题30余项，出版著作10余部，发表学术论文100余篇，获"北京市哲学社会科学优秀成果奖"、"北京市科学技术奖"等省部级奖5项，入选"北京市新世纪社科理论人才百人工程"、"北京市宣传文化系统'四个一批'人才"。主要研究方向：总部经济、首都经济、产业经济、区域经济。

摘要

《北京经济发展报告》是北京市社会科学院紧紧围绕北京市年度经济社会发展的目标，突出对北京市经济社会发展带全局性、战略性、倾向性的重点、热点、难点问题进行分析和预测的综合研究成果，是北京市社会科学院蓝皮书系列中的"拳头"产品。

本年度蓝皮书由北京市社会科学院副院长梅松研究员牵头，以北京市社会科学院经济所的研究人员为核心团队成员，由北京市政府职能部门的领导、首都著名高校的教授、北京知名研究机构的专家共同研究完成。

本年度蓝皮书的主报告是北京市社会科学院经济形势分析与预测课题组集体智慧的结晶，它主要体现了三个主题：一是对2010年北京经济形势进行分析并对2011年经济走势进行预测；二是回顾和总结了"十一五"期间北京经济发展的成就和特点；三是提出了"十二五"期间北京经济发展的战略思路和重点。

本年度蓝皮书在篇目安排上，与以往相比，突出了以下几个重点：一是重点关注北京建设世界城市的理论和实践问题；二是重点关注通胀形势、房价上涨等焦点热点问题；三是重点关注北京在绿色低碳产业方面的发展问题。

Abstract

Closely sticking to the annual goals of social-economic development of Beijing, the series of Beijing Economic Development Report are the research findings on some hot topics and important issues concerning the strategic, tendentious and overall development of Beijing, and the Report in 2010 −2011 is one of the most important product in blue book series of Beijing Academy of Social Science (BASS).

Beijing Economic Development Report in 2009 −2010 is conducted by Professor Mei Song, who is the vice president of BASS. In cooperation with some governmental officials and some experts from the prestigious universities and some famous research institutions in Beijing, this research is done mainly by the core research teams from the institute of Economics at BASS.

The main report of this year's Blue cover Book is the collective wisdom of the research team from BASS for the research project, which aims to analyze and forecast the economic situation of Beijing. This book highlights three themes. The first is to analyze the economic situation in Beijing in 2010 and forecast the economy trends in the year 2011. The second is to review the achievements and summarize the characteristics in the 11th Five-Year Plan (2006 −2010) period. The third is to advance strategic thinking in the 12th Five-Year Plan (2011 −2015) period.

By comparison, this book focuses on the following fields in terms of content arrangement. Firstly, this book highlights the theoretical and practical issues on the construction of the world cities. Secondly, this book emphasizes on the hot issues in Beijing such as inflation and real estate price. Thirdly, this book focuses on the development of green and low carbon industries in Beijing.

目录

B I　主报告

B II　综合预测

B III　北京与世界城市

B Ⅳ 转变发展方式

B Ⅴ 专题研究

B Ⅵ 财政金融

B Ⅶ 区县经济

皮书数据库阅读 使用指南

CONTENTS

B I Main Report

B II Comprehensive Forecast Chapter

B III Beijing and World Cities Chapter

B IV Transform the Development Mode Chapter

B V Monographical Study Chapter

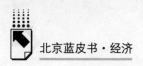
B VI   Fiscal and Financial Chapter

B VII   Functional Regions & County Development Chapter

主 报 告

Main Report

B.1

2010～2011 年北京经济形势分析及预测

北京市社会科学院经济形势分析与预测课题组

执笔人：梅 松 唐 勇*

一 "十一五"时期北京经济发展回顾与评价

（一）数字回顾"十一五"北京经济发展主要成就

1. GDP 年均增速达到 11.4%

"十一五"前四年，北京地区生产总值（GDP）年均增长 11.7%。如果将 2010 年北京 GDP 同比增长 10.2% 的预测数计算在内，则"十一五"期间，北京 GDP 年均增速为 11.4%。这是北京连续四个五年计划期间年均经济增速超过 10%（见表 1）。

---

* 梅松，北京市社会科学院副院长、研究员，华中科技大学发展经济学博士；唐勇，北京市社会科学院经济研究所助理研究员，产业组织与管理创新专业博士。

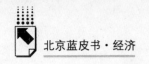

表1　北京市"六五"时期以来 GDP 年均增长率

单位：%

五年计划时期	"六五"	"七五"	"八五"	"九五"	"十五"	"十一五"
年均 GDP 增速	9.7	8.0	11.8	10.3	12.1	11.4

注："十一五"最后一年即 2010 年 GDP 增速采用 10.2% 的预测值。

2. GDP 总量和人均指标双过万

北京地区生产总值于 2008 年突破 1 万亿元达到 11115 亿元，人均地区生产总值于 2009 年突破 1 万美元达到 10134 美元，实现 GDP 和人均指标双过万。

3. 地方财政收入 5 年增长接近 2 倍

2009 年，北京地方财政收入为 2679 亿元，是 2005 年 1007 亿元的 2.66 倍。预计 2010 年地方财政收入将接近 3000 亿元，比 2005 年增长接近两倍。

4. 第三产业比重超过 75%

2009 年，北京第三产业增加值达到 9179 亿元，占地区生产总值的比重超过 75%，达到 75.5%。北京在 2007 年第三产业所占比重就达到 72.1%，提前三年实现"十一五"规划 72% 的预期目标。

5. 万元 GDP 能耗下降 23.34%，水耗下降 33.77%

2009 年北京万元 GDP 能耗为 0.6074 吨标煤，比 2005 年 0.7923 吨标煤下降了 23.34%。万元 GDP 水耗从 2005 年的 49.5 立方米下降到 2009 年的 32.78 立方米，下降了 33.77%。万元 GDP 能耗和水耗均提前并超额完成了"十一五"规划下降 20% 的预期目标。

6. 人均可支配收入年均增长达到 10%

2009 年城镇居民人均可支配收入达到 26738 元，从 2005 年开始按可比价格计算，"十一五"前四年年均增长达到 10%。2009 年农村居民纯收入达到 11986 元，"十一五"前四年年均增长达到 9.2%。2009 年居民储蓄余额突破 1.5 万亿元，是 2005 年的近两倍。

7. 每百户汽车拥有量为 29.6 辆

2009 年，北京城镇居民家庭百户家用汽车拥有量达到 29.6 辆，农民家庭百户家用汽车拥有量达到 12 辆，在全国率先进入"汽车时代"。城市人均住房面积由 2005 年的 20.13 平方米增加到 2009 年的 21.61 平方米，增长 7.4%。

8. 基础设施建设累计投入超过 6400 亿元

"十一五"期间，全市基础设施建设累计投入超过 6400 亿元，是"十五"期间的 2.83 倍。轨道交通运营总里程达到 336 公里，是 2005 年的近 3 倍。地面公交服务水平大幅提升，低票价政策覆盖城乡，公交出行比例由 2005 年的 29.8% 提升到 2009 年的 38.9%。

9. 生态建设累计投入近 100 亿元

"十一五"期间，北京累计近 100 亿元投入生态建设。2010 年底，第二道绿化隔离地区 163 平方公里的绿化建设项目基本建成。2009 年，北京市森林覆盖率由"十五"末年的 35% 提高到 36.7%，城镇人均公园绿地由 12.0 平方米提高到 14.5 平方米。

10. 跨国公司地区总部达到 68 家

"十一五"期间，北京国际交往深入推进，新增国际友好城市 12 个，累计达到 45 个。跨国公司地区总部累计达到 68 家，实际利用外资年均增长 14.6%。出口结构逐步向高端化发展，进出口总额年均增长 14.4%。入境旅游者达到 412.5 万人次。

（二）"十一五"时期北京经济周期波动简要回顾

"十一五"期间，北京市经济主要经历了四个大的波动阶段（见图1）。

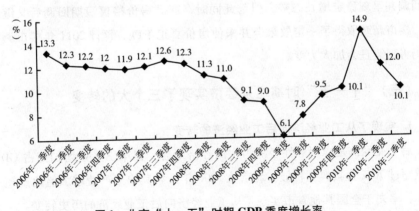

图1 北京"十一五"时期 GDP 季度增长率

第一阶段从 2006 年一季度到 2007 年三季度，为经济持续高速增长期。这一阶段延续了 2005 年经济高速增长的趋势，是北京在 2003 年战胜"非典"后经济

高速增长的黄金阶段，是宏观经济学中高增长、低通胀的理想状态。在这一阶段，也伴随着商品房价格的快速上涨，以及后期通胀压力的不断加大。

第二阶段从2007年四季度到2009年一季度，为经济增速快速下滑期。在这一阶段，经济增速的快速下滑主要有三个方面的原因：一是受美国次贷危机以及接踵而至的国际金融危机影响较大；二是由于2007年下半年通胀形势较为严峻，国家采取了从紧的货币政策对房地产业乃至整个宏观经济影响较大；三是由于北京为成功举办奥运会进行了严格的限产限行，加之奥运会后固定资产投资的相对回落。这三方面原因交织在一起，造成了这一阶段北京经济增速快速下滑至2009年一季度的6.1%。在这一阶段的后期，经济增长下滑伴随着失业率的增加和商品房价格的快速回落，通货紧缩压力骤然加大。

第三阶段从2009年二季度到2010年一季度，为经济超预期复苏期。在这一阶段，为抵御国际金融危机不利影响，恢复经济增长和稳定就业，中央采取适度宽松的货币政策和积极的财政政策，出台了一系列刺激经济增长和促进中小企业发展的政策措施。同时，房地产业也在一系列刺激政策下恢复增长，到2009年下半年商品房价格又开始快速上涨。

第四阶段从2010年二季度开始到现在，为经济适度回调稳定增长期。这一阶段，中央意识到商品房价格上涨过快，泡沫严重，出台了被称为"史上最严厉"的"新国十条"对房地产市场进行调控。在调控政策下，经济增速开始适度回调并呈现稳定增长态势，但与此同时，商品房价格仅短期回调后又继续上涨，楼市新政取得了一定效果但并未使房价真正下跌，预计2011年楼市调控政策仍将延续且会加大力度。

（三）"十一五"时期北京经济实现了三个大的转变

1. 实现了从工业经济向后工业经济的转变

后工业经济是以服务性经济为主的经济形态，以第三产业增加值占GDP的比重超过70%为其典型特征。北京从2006年开始其第三产业增加值比重超过了70%，率先于全国其他省市实现了从工业经济向后工业经济的历史转变。

2. 实现了从传统服务业向现代服务业的转变

现代服务业是伴随着信息技术和知识经济的发展产生的，用现代化的新技术、新业态和新服务方式改造传统服务业，创造需求，引导消费，向社会提供高附加值、高层次、知识型的生产服务和生活服务的服务业，它是服务业发展到一定阶段的必然产物。现代服务业增加值占GDP的比重反映了一个国家或地区经济发展的相对水平。

从2007年开始，北京现代服务业占GDP的比重超过50%达到50.1%，率先于全国其他省市实现了从传统服务业向现代服务业的转变。

3. 实现了从以投资为主向以消费为主的经济驱动模式转变

"十一五"期间，北京居民消费不断扩大，2006年消费率首次超过投资率，到2009年消费率达到55.6%，高于投资率12.3个百分点。并且2009年社会消费品零售总额达到5309.9亿元，比全社会固定资产投资总量多出451.5亿元。消费总量和增速均超过投资，成为拉动北京经济增长的主要动力，实现了从以投资为主向以消费为主的经济驱动模式转变。

二 2010～2011年世界经济环境及中国经济政策取向

(一) 世界经济总体环境：复苏是主线，增长存隐忧，增速恐放缓

2010年以来，全球经济总体上呈现复苏和回升态势，但不稳定不确定因素仍然较多，经济复苏的道路仍然充满曲折和隐忧。展望2011年，全球经济增长将在2010年基础上有所放缓，新兴经济体仍将是全球经济增长的火车头。因此，2010～2011年世界经济的关键词是：复苏、隐忧、放缓。

1. 世界主要经济体均呈现复苏态势

2010年世界经济的主线是复苏。尽管受国际金融危机影响的程度各不相同，但全球各主要经济体在前三季度均呈现恢复性增长。

美国经济持续复苏。美国经济自2009年第二季度开始从衰退中恢复增长，至今已经连续五个季度持续增长。根据美国商务部数据，2010年第三季度，美国实际国内生产总值（GDP）首次预估值按年率计算增长2.0%，略高于第二季度1.7%的增幅，表明美国经济继续低速复苏。欧元区经济温和增长。根据欧盟统计局11月12日发布的数据，欧元区2010年第三季度国内生产总值（GDP）环比与同比分别增长0.4%和1.9%，保持温和增长态势。日本经济缓慢复苏。根据日本内阁府12月9日发布的最新报告，去除物价变动因素并经季节调整后，

日本三季度国内生产总值（GDP）环比增长 1.1%，按年率计算增长 4.5%。新兴经济体复苏势头强劲。由于新兴经济体在此次金融危机中受影响相对较小，财政和国际收支状况总体较好，外债负担较轻，再加上普遍实施了大规模经济刺激计划和相关措施，这些国家经济增长加快，复苏势头明显。2010 年第三季度，"金砖四国"中的印度、巴西、中国，GDP 同比分别增长 8.9%、5.7% 和 9.6%，均保持较高增长速度。

2. 全球经济复苏存在三大隐忧

一是各主要经济体失业率居高不下。2010 年以来，美国失业率一直高企不下，在 9.6% 的高位维持一段时期后再攀新高，到 11 月份达到 9.8%。联合国发布的《2011 年世界经济形势与展望》中预计美国就业要恢复到危机前的水平至少需要 4 年的时间。欧元区 10 月份失业率达到 10.1%，继续维持两位数高位。日本失业率 10 月份升至 5.1%，为近 4 个月来首次恶化。

二是欧洲主权债务危机仍未彻底消退。2010 年上半年，欧洲主权债务危机使金融市场再度陷入动荡，不仅引发对欧元前景的担忧，对全球经济复苏也产生严重影响。虽然欧盟及其成员国陆续出台一系列措施，但尚未收到立竿见影的效果，债务危机进一步扩散和升级的可能性无法排除，今后如何发展仍有待观察。

三是经济增长动力不足。美国 2010 年的持续经济复苏在很大程度上是得益于其扩张性的"量化宽松政策"和持续性的低利率政策，但两轮刺激政策过后，货币面临"流动性陷阱"，就业形势仍未见好转，国民对金融危机心有余悸，国内消费在短时间内无法继续提升，经济增长内生动力明显不足。欧元区经济投资和消费内需动力仍然相当疲弱。新兴市场经济体复苏虽然较快，但在新能源和低碳产业方面技术创新能力不足，新兴产业增长动力不足。

3. 2011 年全球经济增长预计放缓

2011 年世界经济有望继续恢复增长，但增速可能要放缓。随着 2010 年下半年全球各主要经济体复苏步伐放缓，国际上各主要机构纷纷下调了对 2011 年世界经济增速的预测。联合国于 12 月 1 日发布的《2011 年世界经济形势与展望》中预计 2011 年世界经济增长率将从 2010 年的 3.6% 下滑到 3.1%。德意志银行 12 月 21 日发布的《2011 年全球经济展望报告》中也预计，2011 年全球经济增速将会从 2010 年的 4.7% 放缓至 3.9%。综合来看，2011 年将是全球经济复苏中的一个稳定过渡期。

（二）2010～2011 年中国经济政策取向

北京作为首都，经济社会发展各个方面政策的制定，都要放在"全国一盘棋"这个大盘子中来考虑问题。因此，研究中国经济政策取向是分析北京经济形势，制定首都发展战略方针的前提条件。

1. 转变经济发展方式

温家宝总理在 2010 年的政府工作报告中指出，2010 年是加快转变经济发展方式的关键一年。12 月 12 日结束的中央经济工作会议中，无论是总体把握还是具体部署的六项工作，都体现了将转变经济发展方式作为 2011 年经济工作的鲜明主线。

经济发展方式的转变不是一蹴而就的事情，它是"事关经济发展质量和效益、事关我国经济的国际竞争力和抵御风险能力、事关经济可持续发展和经济社会协调发展的战略问题"。因此，它不仅是 2010 年和 2011 年我国经济发展的基本战略，而且是整个"十二五"期间乃至更长一段时期内我国经济需要一以贯之的最大政策取向。

2. "积极稳健，审慎灵活"的宏观调控基调

当前我国经济面临着极其复杂的局面，一方面应对金融危机的刺激政策接近到期，人民币升值不利于出口，居民消费的提升面临诸多瓶颈，经济增长有再次放缓的迹象；另一方面消费物价指数连续三个月超过 3%，2010 年 1～11 月上涨 4.6%，通胀形势严峻。

根据著名的"菲利普斯曲线"，在短期内，失业率和通货膨胀是负相关的，因此要保持一定的经济增长速度降低失业率就必须要容忍一定程度的通货膨胀率。具体如何把握，中央提出"积极稳健，审慎灵活"的宏观调控政策，目的就是要通过"积极"的财政政策进一步支持经济保持必要的增长速度，维持稳定的就业水平；通过"稳健"的货币政策来控制通货膨胀，保持物价总水平的稳定；通过"审慎灵活"的调节来应对复杂多变的经济形势，使宏观调控政策更加具有针对性、灵活性和有效性。

3. 稳定物价总水平

中央经济工作会议将稳定物价总水平"放在更加突出的位置"，其实质是通过会议精神表明中央对于控制物价快速上涨的决心，从而起到稳定通胀预期的作用。另外，强调稳定物价总水平也暗示如果物价继续上涨，不排除进一步加息的可

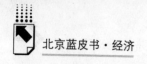

能性。反之，短期内如果物价上涨趋势得以控制，则央行再次加息的可能性不大。

4. 调整经济结构

从全国层面上来看，经济结构调整主要是涉及四类结构：一是消费结构，二是投资结构，三是产业结构，四是区域结构。

调整消费结构，就是要优化需求结构，提升居民消费能力，改善居民消费条件，培育新的消费热点。

调整投资结构，一是要提高投资质量和效益；二是要防止产能过剩和低水平重复建设；三是要鼓励和引导民间投资健康发展。

调整产业结构，主要有三点：一是加快改造提升传统制造业；二是加快壮大服务业规模；三是大力发展战略性新兴产业、绿色经济、循环经济和环保产业。

调整区域结构，一是要统筹兼顾东、中、西部经济发展；二是要确保国家主体功能区规划落到实处；三是要积极稳妥推进城镇化。

三 2010 年北京经济形势分析

（一）经济增长趋于合理稳定

2010 年前三季度，北京地区生产总值达到 9754.4 亿元，同比增长 10.1%。经济增速呈现稳步回落态势，这是在 2009 年经济强劲复苏之后的合理正常回调（见图 1）。经济增长的合理回落可以从以下几个方面来分析。

1. 投资增速渐趋稳定

从投资增速来看，经历了从快速回落到渐趋稳定的过程。2010 年 1~11 月，北京全社会固定资产投资达到 4936.4 亿元，同比增长 13.1%。这样一个适度的增速是从头两个月将近 40% 的高增长率快速回落至 8 月份 3.5% 的最低点并稳步回升的结果（见图 2）。固定资产投资增速的大起大落是为了应对国际金融危机保持经济稳定增长的一个必要措施，但在今后的发展中北京应尽量避免投资增速的这种大起大落，适度降低投资在拉动经济增长中的作用。

从投资结构来看，房地产开发投资占全社会固定资产投资的比重超过 50%。2010 年 1~11 月，北京完成基础设施投资 1127.7 亿元，同比下降 8.8%，占全部固定资产投资的比重为 22.8%；完成房地产开发投资 2645.6 亿元，同比增长

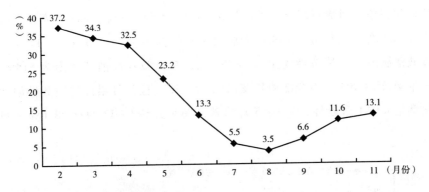

图 2　2010 年北京全社会固定资产投资按月累计同比增速

18.6%，占全部固定资产投资的比重为 53.6%。

从投资渠道来看，非国有内资比重超过 50% 且增速较快。2010 年 1～11 月，北京全社会固定资产投资中非国有内资为 2955 亿元，同比增长 75.8%，占全部投资总额的比重为 60%；国有内资和外商及港澳台投资共 1981.4 亿元，占全部投资的比重仅为 40% 且同比均为负增长。

2. 消费增速逐月提高

从消费增速来看，呈现稳步逐月提高态势。2010 年 1～11 月，北京全社会消费品零售总额达到 5610.9 亿元，比上年同期增长 17.0%。从消费增速的变动来看，消费增速不仅各月均保持在 15% 以上，而且增速逐月提高，是北京经济增长的强大稳定力量（见图 3）。

从消费结构来看，服务性消费所占比重呈上升趋势。居民消费主要由商品

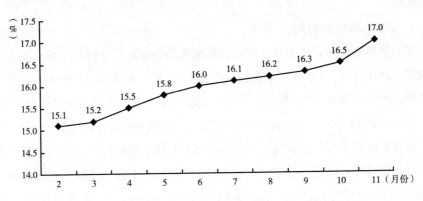

图 3　2010 年北京社会消费品零售总额月度累计增速

性消费和服务性消费两部分组成。服务性消费比重的提高是居民消费结构提升的主要标志之一。据北京市统计局居民调查数据显示，2010 年 1～11 月，北京市城镇居民人均消费性支出为 18165 元，其中服务性消费支出为 5188 元，比上年增长 14.6%，占全部消费支出的 28.6%。且各月累计的服务性消费支出比重呈大体上升趋势，从 1～3 月的 26.8% 上升到 1～11 月的 28.6%（见图4）。

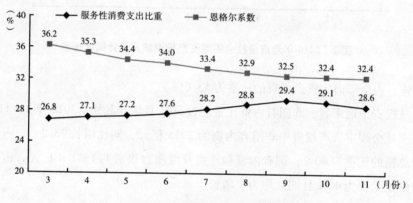

图 4　北京 2010 年各月消费支出累计情况

从恩格尔系数来看，食品消费支出比重呈下降趋势。食品消费支出占居民消费支出的比重称为恩格尔系数，这是经济学上用来衡量居民生活水平的一个重要指标。一般来说，居民生活水平越高，其恩格尔系数就越低。据北京市统计局居民调查数据计算，2010 年 1～11 月，北京居民恩格尔系数呈现大体下降的趋势（见图4）。

3. 贸易总额快速增长

从贸易总量来看，进出口总额扭转负增长趋势呈现快速增长态势。据北京海关统计，2010 年 1～12 月，北京地区进出口总额达到 3014 亿美元，同比增长40.3%，扭转了 2009 年进出口总额持续负增长的局面。其中出口为 554.7 亿美元，同比增长 14.7%；进口为 2459.4 亿美元，同比增长 47.8%。

从贸易结构来看，高新技术产品出口增长较快，资源性产品和汽车进口大幅增长。2010 年 1～12 月，北京地区高新技术产品出口总额为 193.7 亿元，同比增长 10.6%，占全部出口产品的 34.9%；2010 年 1～11 月，北京地区进口原油998.3 亿美元，增长 60.5%，占进口总值的 45.4%；进口汽车 43.7 万辆，同比增长一倍左右。

从贸易企业性质来看，国有企业是主力军，民营企业进出口增长强劲。2010年 1～11 月，北京地区国有企业累计进出口 1853 亿美元，同比增长 39.2%，占同期北京地区进出口总值的 68.6%；同期，民营企业进出口 218.9 亿美元，同比增长 1.2 倍。

（二）发展质量逐步有效提升

1. 第三产业比重继续提升

2010 年前三季度，北京第三产业增加值达到 7353.5 亿元，占 GDP 的比重达到 75.4%，比 2009 年前三季度提高 1.7 个百分点。三次产业的比例关系为0.8∶23.8∶75.4。第二产业和第三产业之间的"剪刀差"继续扩大，并且自 2003年"非典"以来，第三产业比重呈现逐年递增态势（见图 5）。

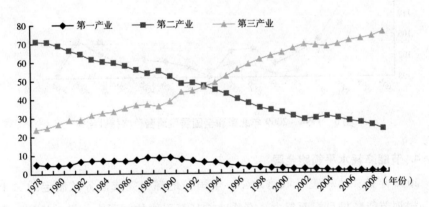

图 5 北京 1978～2009 年三次产业演变进程

2. 工业企业效益开始好转

2010 年 1～11 月，北京市规模以上工业企业实现利润总额为 881.3 亿元，同比增长 43.6%。利润增幅在 7 月份见底之后从 8 月份开始逐月回升。工业企业利润贡献最大的两个行业分别是电力、热力的生产供应业和交通运输设备制造业，这两个行业分别贡献利润额为 185.4 亿元和 152.6 亿元，占全部利润总额的比重分别为 21.0% 和 17.3%。另据市统计局调查数据显示，2010 年第四季度，北京工业企业景气指数为 139.6，比上年同期增加 9.3；企业家信心指数为 139.7，比上年同期增加 14.5。

3. 物价涨幅持续低于全国

从历年物价上涨情况来看,2002年以后北京居民消费价格总指数一直低于全国。从图6可以看出,2002年以前,北京消费价格上涨幅度一直高于全国水平,而从2002年开始,物价涨幅一直低于全国水平。2010年1~11月,北京居民消费价格同比上涨2.2%,比全国同期涨幅低1个百分点,预计全年仍将比全国要低1个百分点左右。北京作为中国首都,保持价格总水平处于较低水平能降低全国价格上涨预期,对于降低全国价格波动幅度起到稳定器的作用。

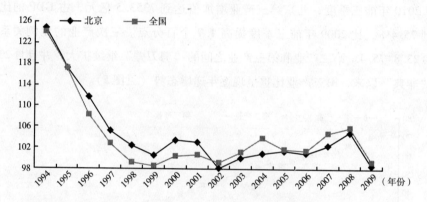

图6 1994~2009年北京和全国居民消费价格指数比较

4. 节能降耗水平领跑全国

2010年是"十一五"收官之年,全国各地都为完成国务院制定的"十一五"规划节能减排目标而努力,有些地方甚至采取拉闸限电等极端措施,而北京在2009年底时就已经提前一年完成"十一五"单位GDP能耗降低20%的目标。这固然是因为北京工业比重相对较低,但更重要的是得益于北京主动进行产业结构调整,淘汰了一大批高污染、高耗能、高耗水的企业,并积极推广和应用节能产品。

5. 技术市场交易日趋活跃

2009年,北京技术市场技术合同成交额达到1231亿元,同比增长20%,占全国交易量的45%,其中在京直接转化落地和服务北京经济社会发展的技术合同成交额为333亿元,占技术合同成交总额的27%。2009年底正式成立的"北京国家技术交易中心"使得北京技术市场在全国的领先优势日渐凸显，已成为国内最大的区域性技术交易市场和全国最重要的技术集散地。2010 年 1～11 月，北京技术市场成交总额达到 1347.9 亿元，同比增长 20.7%。

专利授权数也是衡量一个地区科技进步及技术创新成果的重要指标。"十一五"以来，北京地区专利授权量呈现加速增长趋势，到 2010 年底，达到 33511 件，比上年增长 46.2%（见图 7）。

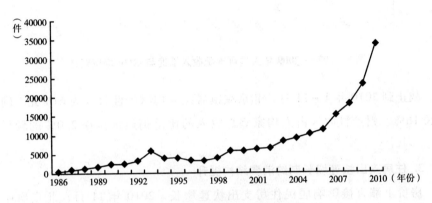

图 7　北京地区 1986～2010 年专利授权数

（三）人民生活仍需同步改善

1. 居民收入有待加快提高

2010 年前三季度，北京城镇居民人均可支配收入为 21837 元，比上年同期增长 9.0%，如果扣除通货膨胀因素，可能增长幅度还不到 7%，明显落后于前三季度地区生产总值 10.1% 的增长速度。

从改革开放以来北京地区历年人均可支配收入增速与 GDP 增速的对比来看（见图 8），人均可支配收入增速大体随着 GDP 增速的变动而上下波动，但在大部分年份中，人均可支配收入增速都低于 GDP 增速，尤其是从 2003 年以后的 6 年中，人均可支配收入增速一直低于 GDP 增长速度。

2. 居民财产性收入恢复增长，但比重仍然较低

2007 年党的十七大报告中提出要"创造条件让更多群众拥有财产性收入"。但在 2008 年国际金融危机中，北京城镇居民财产性收入却受到较大损失，为人均减少 14.7%。2009 年以来，城镇居民财产性收入得到恢复性增

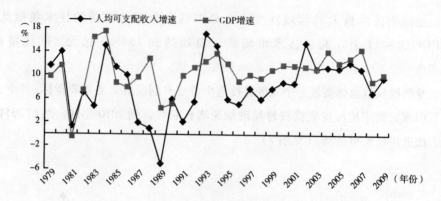

图8　1979～2009年人均可支配收入增速与GDP增速对比

长，截止到2010年1～11月，北京城镇居民人均财产性收入为616元，同比增长16%。财产性收入占人均家庭总收入的比重仍然维持在2.0%的较低水平。

3. 住房支出快速增长制约消费结构提升

房价上涨直接影响居民住房支出快速增长。2010年11月，北京房屋销售价格同比上涨9.1%，环比价格上涨0.2%，涨幅比上月扩大0.1个百分点。2010年以来，房屋销售价格同比指数一直在高位徘徊，近期有所回落；而环比指数仅5月和6月两个月受"新国十条"调控政策影响为负数，其他月份均持平或小幅上涨（见图9）。住房消费是城镇居民生活的一项基本支出，随着房价的进一步上涨，北京城镇居民在居住方面的消费支出也快速增长，1～11月人均达到1413元，同比增长20.9%，是各类消费支出中增速最

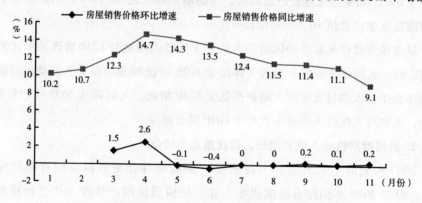

图9　2010年1～11月房屋销售价格同比和环比增速

快的一项。

住房消费支出快速增长成为制约北京消费结构进一步提升的重要因素。近年来，由于服务业的快速发展，北京城镇居民的服务性消费支出也快速增长，这是消费结构提升的具体表现。但是随着住房消费支出的不断扩大，导致居民在收入增长的同时对于扩大其他消费心存顾忌，这有可能导致北京在"十二五"时期消费快速增长不可持续。

四　对 2010～2011 年北京经济形势的预测和展望

（一）宏观调控政策基调为北京经济保持稳定增长奠定基础

2010 年下半年通胀形势比较严峻，中央经济工作会议定调 2011 年将严控物价总水平。虽然全球经济仍然处于复苏阶段，但由于我国 2010 年经济增长仍处高位（预计超过 10%），在严格控制通胀的预期下，全国经济增长在 2011 年将很难超过 2010 年。但保持必要的经济增长速度是稳定就业的前提，因此宏观调控将通过必要的财政手段保持经济增长的稳定。全国经济稳定增长的背景是北京经济保持稳定的基础和前提。

（二）投资仍将保持一定增速

2011 年北京投资规模仍将保持一定的增速。从投资增速近期走势来看，2010 年 8 月达到波谷后开始稳步回升，到 1～11 月达到 13.1%，预计全年将达到 13.2% 左右。2011 年投资增速极有可能延续这种回升态势。从投资导向来看，城南行动计划将加快实施，新城开发将承载更多城市功能，保障性住房建设将成为政府着力解决的重大民生项目，地铁、高速公路、高铁等一批基础交通设施建设将持续快速推进。从投资来源来看，非国有投资在全部投资中的比重将进一步增大，民间投资将会稳步健康发展。

（三）消费需求将小幅回落

2011 年消费增速在 2010 年快速增长基础上将呈现小幅回落走势。一是新增汽车牌照总量控制政策对汽车消费影响较大。2010 年 1～11 月，北京销售新车

74.9 万辆。交通缓堵措施出台后，12 月份汽车销售出现抢购现象，单月销售就达到 14.2 万辆，使得全年汽车销量高达 89.1 万辆。而治堵措施中规定 2011 年全年北京只能发放 24 万个车牌，这意味着北京汽车消费量将在 2010 年基础上减少 73.1%。二是房地产持续调控政策将对住房消费需求影响较大。房地产"新国十条"政策在 2010 年虽然未能使房价明显下降，但缓解了房价过快上涨的势头，持续地限购措施遏制了部分投机现象，部分潜在购房者保持观望态势，商品房销售量明显下降。持续高压的房地产调控政策预计将使得 2011 年商品房消费需求大幅回落。但加快建设的保障性住房将使得住房需求下降幅度有所缓解。三是新兴消费热点的培育需要较长一段时间。消费结构的升级、消费缓解的改善和新兴消费热点的培育是一个长期的过程，不大可能在一年时间就能完全弥补汽车和住房消费的减少。

（四）通胀形势可控

尽管 2011 年全国通胀存在较大压力，但对于北京来说，只要冷静认真对待，通胀压力不大，物价总水平能够控制在合理的水平之内。一是因为通货膨胀归根到底是货币现象，在央行事实上不断紧缩的货币政策下，流动性不断收紧，2011 年的物价总水平是可控的；二是因为无论是从历年数据还是 2010 年各月数据来看，北京居民消费价格指数在全国都是处于较低水平；三是因为此次物价上涨主要表现为输入性通胀（主要发达国家宽松的货币政策和大宗商品价格波动）和结构性通胀（食品类价格涨幅较大），但全社会总供给仍然大于总需求，不会造成全面的恶性通货膨胀；四是因为国务院高度重视，要求各地落实"米袋子"省长负责制和"菜篮子"市长负责制。从加强地方政府主要领导问责制出发来严控通胀，虽然有些地方政府可能通过行政手段干扰了正常的市场价格运行机制，但从 20 世纪 90 年代治理通货膨胀的经验来看，"米袋子"和"菜篮子"负责制至少在短期内对于严控通货膨胀确实非常有效。

综合来看，2011 年如果国际经济环境保持复苏态势，如果中国的宏观经济政策不出现大的调整，如果北京市不发生重大自然灾害和特大安全事故，我们预测 2010 年全年北京市 GDP 增长率将在 10.2% 左右，2011 年将在 2010 年的基础上稳中略降，达到 9.8% 左右。

2010～2011 年北京市主要经济指标预测结果见表 2。

表 2　2010～2011 年北京市主要经济指标预测

单位：%

指标名称	2009 年	2010 年前三季度	2010 年预测值	2011 年预测值
地区生产总值增长率	10. 2	10. 1	10. 2	9. 8
第一产业增加值增长率	4. 6	-1. 9	-1. 5	-0. 5
第二产业增加值增长率	10. 4	14. 2	13. 8	10. 2
第三产业增加值增长率	10. 2	8. 8	9. 0	9. 9
全社会固定资产投资增长率	26. 2	6. 6	13. 2	14. 6
社会消费品零售额增长率	15. 7	16. 3	17. 5	14. 2
居民消费价格指数	98. 5	101. 8	102. 5	103. 8

五　中心城区功能疏散是突破发展瓶颈的战略选择

（一）中心城区人口密度过高是制约首都经济社会发展的瓶颈

首都人口总量快速增长是必须面对的基本现实。自 2000 年以来，北京市人口数量快速增长，到 2009 年底，北京市常住人口已经达到 1755 万人。"十一五"前四年北京市常住人口年均增加 54 万人，比"十五"期间年均多增 19 万人，按此增长速度，预计到 2010 年底常住人口总量将突破 1800 万人，提前 10 年突破国务院批复的《北京城市总体规划（2004～2020 年）》确定的 2020 年北京市常住人口总量控制在 1800 万人的目标。

人口总量快速增长也是首都今后一段时期的大势所趋。人口向城市迁移是城市化的基本标志。中国发展研究基金会发布的《中国发展报告 2010：促进人的发展的中国新型城市化战略》认为，未来 20 年是中国城市化的加速推进期，到 2030 年中国的城市化率将达到 65%。由于首都在就业机会和公共服务等方面的比较优势，未来较长时期，随着城市化进程的不断推进，首都人口总量仍将保持快速增长态势。

在这种基本现实和大势所趋下，固然需要对全市人口规模进行必要的调控以缓解不断增加的人口与资源环境之间的矛盾，但更为重要、更为紧迫也更加可行的是，将中心城区部分功能向外疏散，降低中心城区人口密度。

通过比较北京与世界城市的人口密度可以看出（见表 3），北京全市的人口密度仅为 1069 人/平方公里,即使扣除山区面积进行计算也远远低于三大世界城市的人口密度。但北京城六区尤其是中心城区的人口密度却远远超过世界城市的平均水平。这是北京城市人口分布极不均衡的一个表现,也是首都中心城区功能过于集中的必然结果。

表 3 世界城市与北京城区人口状况比较

城市或地区	年份	人口规模(万人)	土地面积(平方公里)	人口密度(人/平方公里)
纽 约 市	2009	839	790	10620
大 伦 敦	2008	859	1580	5437
东 京 都	2009	1301	2187	5948
北京城区	2009	860	748	11500
北京城六区	2009	1080	1368	7892
北 京 市	2009	1755	16410	1069

注:北京城区数据来源于美国《福布斯》杂志公布的全球人口最稠密城市排行。

可以说,北京面临的人口、交通、资源环境、教育等问题,从根本上说是城市人口、功能和产业在中心城过度聚集的问题。据调查测算,北京市每增加 1 人,每日交通出行量增加 2.64 次。因此,尽管交通设施逐年增加,但新增交通供给能力很快被人口增量所抵消,目前,六环路以内地区日出行总量已达 3500 多万人次,交通压力日益加大。在京接受义务教育的外来务工人员主要集中在四、五环之间的城乡接合部,这些区域公办学校已尽最大努力接收,部分地区还增建了移动学校,但仍无法满足需求。

(二) 借鉴国际化大都市的做法加快中心城区功能疏散

国际化大都市早期大都经历过中心城区功能过度聚集的阶段。19 世纪末前后,随着英国工业化和城市化进程的加快,伦敦城市人口急剧膨胀,产业高度集中,造成一系列"大城市病":住房严重短缺,公共卫生设施缺乏,犯罪率居高不下等等。与此类似,纽约和东京等国际化大都市也相继出现过中心城区人口过密、交通拥堵、资源紧缺、房价高涨的现象。出现这一系列问题之后,这些城市采取的普遍做法就是加快中心城区功能向周边地区疏散。具体做法大致有如下几种。

1. 通过立法、税收等手段将传统产业向周边地区疏散

英国通过立法将过度集聚的工业人口从伦敦市区向外疏散。1945 年、1947 年前后英国制定了《工业重新安置法》和《城市农村计划法》，规定在伦敦重建、扩建和改建工厂总建筑面积超过 1000 平方米，要提请有关部门批准，发给许可证；还规定对搬迁厂基建费用补助 20%～40%，对于第一年搬迁后的机器折旧费给予补助 44%～100%，并且给职工发给雇佣奖励金、职业训练补助费。

巴黎地区通过颁发许可证和税收政策限制传统产业在中心城区发展。各类产业的建筑用地，只要超过规定的面积，均需由"外迁委员会"发给许可证，非经许可不得建设。委员会优先考虑有利于新城建设的项目和有利于巴黎城市规划的实施。新建产业按建筑面积征税，税收标准因地区而异。对于严格限制发展的市区征税标准高，对于鼓励发展的郊区征税标准低，以促使新产业按城市规划要求定向布局。

日本制定法律鼓励东京都中心城区工厂向外搬迁。法律规定搬迁厂的固定资产费 3 年内免税，但固定资产中，建筑物、机械装置等设备的价值不得超过 1000 万日元，总建筑面积不得超过拆去的旧工厂建筑物的两倍，拆迁期限一般规定在 3 年之内。

韩国首尔通过惩罚性税收和优惠性税收并举引导开发建设。重新修订相关税法，对首尔的居民增收居住税；对大型建筑物的建筑商的征收费用约为建设成本的 5%～10%；制定当地的工业税收法规，对在首尔新建工厂征收罚没性的税收；通过实施"环境保护法"，对迁出大都市的企业及其带动的人流给予多种税收优惠政策。

2. 疏散办事机构

限制中心城区新建办事机构。巴黎对市中心新建办公楼征收高税，称"拥挤税"，各种办事机构新增面积 1000 平方米以上要经过批准。伦敦 1963 年成立了"办事机构选址指导局"，接受商谈往外搬迁事宜，1965 年制定了《办事机构和工业建设控制法》，控制一般办事机构在市中心区的建造，到 1975 年底，办事机构选址指导局共接受了 4000 多件申请，其中已经搬迁的公司 1890 个。1964 年工党上台后规定伦敦圈 60～70 公里范围内，设立办事机构的面积超过 270 平方米，要有许可证。东京为促进办事机构的分散建设，提出了五条办法：一是建办事机构地区的交通要先行准备；二是疏散的就业人员其住宅要优先考虑；三是对

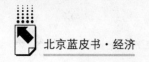

收用土地权限要有明确规定，并对办事机构贷款和税收方面给予优待；四是市区扩建、改建办事机构或用途改变而要增加建筑面积，都必须得到行政厅的许可；五是对市中心的办事机构提高固定资产税。

在周边地区新建综合办公中心和商业中心。1957年伦敦郡议会提出计划，分散伦敦市中心，指定在郊区的四个地方发展综合办公中心，并同时配备商店。1964年大伦敦议会代替伦敦郡议会，又提出了建28个中心，其中8个是主要战略中心，20世纪60年代这些中心总共有20万人。巴黎1960年地区规划确定在郊区发展三个综合办公中心。东京也确定在50公里半径内，横滨、川崎以及近郊的中部位置，集中商业文化设施，准备吸引办事机构。纽约市区的人口在20世纪60年代时达到一个阶段性高峰，为使人口尽快疏散到郊区，纽约市郊区的一些城镇建起了许多大型购物中心，人们不必再为购买生活用品而往返于纽约市中心商业区。大规模的工业园和商业服务网点落户郊区，使得具有完善城市功能的郊区城镇吸纳了许多市区人口。

3. 建立新城疏散中心城区人口

伦敦制订规划建立多个新城。1944年大伦敦规划方案出台，提出了"控制市中心区、发展分散新城"的规划模式。规划从伦敦密集地区迁出工业，同时也迁出人口103万。规划提出在距伦敦40~45公里范围内建设8个新城，从中心地区疏散40万人到新城去，另外还计划疏散60万人到外圈地区现有小城镇。

东京大力搬迁科研单位建设科研新城。1964年，东京为分散过度集中的人口，适应科研机构和大专院校的发展需要，决定在距离东京东北约50~60公里的茨城县建设研究学园城。东京都共有80所科研单位，一共迁出43所到科研新城。这些科研单位的搬迁对东京人口的疏散起到了非常好的作用。

4. 限制中心城区就业就学功能

设立就业许可制度。德国设立就业许可制度，针对城市发展某个时期出现的大量人口涌入城市而造成城市住房紧张、交通拥堵、环境污染、就业困难等问题，利用行政手段，限制部分行业需要的劳动力进入数量，只有存在用工缺口时才可以进入。

控制学校招生名额减缓人口增长压力。美国和加拿大的首都城市在控制人口规模方面有一条重要经验，就是严格限制开办学校和严格限制招生人数。政府对大学招生实行配额管理，包括本科、专科和研究生的数量都有严格控制，招生之前必须首先到政府的人口管理部门申请配给指标，包括外国学生、本国学生和本地出生的学生的总量和构成指标。政府还严格禁止大学的占地扩张和建筑物扩张，禁止开办新的学校。韩国首尔为限制市区教育发展，对大学招生数量进行地区分配，控制市区初中和高中的设立。

六 "十二五" 时期北京经济发展要抓住几个关键

（一）提升消费结构扩大内需——转变发展方式

"十二五" 时期，由于汽车限购政策的实施和房地产调控政策的持续加码，使得汽车和住房两大消费需求将大幅减少。因此，北京应努力通过提升消费结构培育新兴消费热点来扩大内需，这也是北京转变发展方式的必然要求。

1. 努力缩小收入分配差距

收入分配差距过大是制约北京消费结构升级的主要瓶颈。根据市统计局5000 户城镇居民家庭调查情况，2009 年，北京市 20% 的最高收入户与 20% 的最低收入户人均可支配收入和人均消费性支出比例分别为 1.78∶1 和 1.17∶1。其中20% 的低收入者虽然消费倾向较高，但人均消费绝对值较低，仅为 10009 元；而20% 的高收入者人均消费支出为 28541 元，是低收入者人均消费支出的两倍多。由于高收入家庭的 "基本建设" 早已完成，在新兴消费热点尚未形成的情况下，家庭消费基本达到饱和，而占大多数的中低收入消费群体则正在进行家庭 "基本建设"，但受可支配收入较低的制约，达不到相应的消费能力，导致消费断层的产生。

缩小收入分配差距要大幅提高低收入者工资水平。十七大报告提出要 "着力提高低收入者收入，逐步提高扶贫标准和最低工资标准，建立企业职工工资正常增长机制和支付保障机制"，北京在这方面要走在全国前面，实施就业优先的发展战略，让更多的人分享经济增长的成果。

缩小收入分配差距要扩大中等收入者在全社会中的比例。一是要适度放开民间金融，为居民开辟更多的投资理财渠道，这也符合十七大报告提出的 "创造条件让更多群众拥有财产性收入"；二是要通过各种手段鼓励智力劳动和智力投资，更加珍视智力劳动的成果；三是要提高专业技术人员和中低层经营管理者的

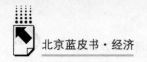

收入，加快中等收入群体的成长。

缩小收入分配差距要通过再分配手段减少高收入者收入。一是要根据本市经济增长水平和居民的可承受能力提高个人所得税起征点；二是要严肃整顿不合理的收入，取缔不合法的收入，特别是对垄断行业的收入要加强监管，对违法收入要加大打击力度。

2. 大力发展消费金融

消费金融，是指向消费者提供消费贷款的现代金融服务方式。发达国家的成功经验表明，消费金融在提高消费者生活水平、扩大全社会消费支出、支持经济增长等方面发挥着积极的推动作用。北京虽然有北京银行作为消费金融的试点，但是受各种因素影响，消费金融仍然发展较慢。一方面，受传统消费心理和消费观念影响，许多消费者对于消费金融并不认可。另一方面，由于受信用体制、法律制度不健全等因素影响，消费金融在现实中很难开展运作。因此要从上述这两个方面着手，努力创新消费金融新产品，将消费金融真正发展起来。

3. 大幅增加住房供给平抑房价

前文已经提及住房消费支出快速增长成为制约北京消费结构进一步提升的重要因素。因此在"十二五"期间要通过更加有效的手段来平抑房价。2010年北京继国务院出台了"国十条"之后又制定了"京十二条"，最大限度地遏制了住房市场上的投机需求，基本遏制了房价的过快上涨，取得了一定的效果。但是北京房价依然在上涨，归根到底还是因为住房市场的供给远远满足不了正常的住房需求。因此，"十二五"期间除了要继续贯彻执行"京十二条"之外，还应该至少做好两件事来平抑房价：一是加快保障性住房建设，为更多的低收入者提供住房；二是大幅增加商品房土地供给，通过增加商品房供应量来平抑商品房价格的上涨。

（二）　创造有利于自主创新的软环境——挖掘内生动力

北京"十二五"规划中提出要将北京建设成为国家创新中心。北京在自主创新方面拥有全国领先的技术、人才、资金等硬环境，但有利于自主创新的软环境不是一朝一夕能够培养的，需要在"十二五"期间努力创造。这些软环境包括：对人及其创造成果权利的切实保护，自由包容的文化氛围，有利于科研人才发展的激励竞争机制等等。

1. 进一步加强和完善知识产权制度建设

一是要进一步推动和引导企事业单位建立与完善知识产权管理制度，开展知识产权制度试点工作，培育和发展一批知识产权优势企业、行业和区域，引导企业提高创造、运用、管理和保护知识产权的能力，推动企业自主知识产权成果的不断涌现。二是要建立全市专利信息管理与服务网络，实现专利信息的广泛传播，大力推进专利信息的综合利用。三是要加大对知识产权工作和知识产权法规的宣传力度，大幅度提高全社会知识产权保护意识。四是要加大对侵犯知识产权行为的执法力度，打击假冒专利、商标等违法活动及非法盗版行为。

2. 逐步形成自由包容的文化氛围

加强舆论宣传引导，大力弘扬自主创新精神，提高全民的科学素质和创新意识。在全社会形成崇尚创新、勇于突破、鼓励成功、宽容失败的良好氛围。

3. 加大培养和引进创新型人才

北京市今后需要创造更为宽松的人才流动机制，使真正的科学技术人才能够毫无阻滞地进入北京，这同时也是北京市建设创新型城市的必经之路。要着力培养和引进富有创新能力的各类人才，为自主创新储备人才。加大对海内外优秀人才的引进力度，着力引进发达国家和国内的优秀人才，提高引进人才的工作水平。研究制定新的人才政策，重点加大对高端人才的引进、培育力度。为创新人才开辟"绿色通道"，创造良好的"人才生态环境"。在注重引进的同时，要高度重视人才的培养、教育和使用，加强职业教育和职业培训。重点加强高新技术产业技术带头人、经营管理人才的培训，增强人才自我造血能力。

（三）促进民营经济加快发展——鼓励市场竞争

民营经济在促进经济发展、调整产业结构、繁荣城乡市场和扩大社会就业等方面发挥重要作用，是北京加快转变经济发展方式的生力军。因此促进民营经济加快发展，是增强北京经济发展活力，促进市场竞争繁荣的必然选择。

1. 保护民营企业的合法权益

切实保护民营企业合法权益和作为市场主体的合法地位，进一步完善北京保障民营企业合法权益的法规和政策体系，明晰投资者与经营者对资产和收益的权利归属关系。严禁行政权力强制干涉民营企业的合法生产经营活动。

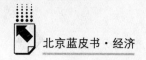

2. 优化民营经济发展的投融资环境

完善公平竞争的体制机制。全面贯彻落实《国务院关于鼓励和引导民间投资健康发展的若干意见》（国发〔2010〕13 号）。优化民间投资的审批登记程序，取消单独对民间资本设置附加条件的做法。

促进民间资本与其他所有制资本融合。拓宽民营经济融资渠道。建立健全中小企业融资服务体系。支持设立中小企业融资服务平台。进一步完善中小企业信用担保和再担保体系建设，推动设立中小企业信用担保基金，完善中小企业信用担保机构备案管理和评级制度，每年认定和扶持一批中小企业融资服务示范机构。加大民营企业直接融资力度。支持、引导和推动有条件的民营企业上市融资。

3. 提升对民营企业的服务水平

提高政务服务水平。加快推进政务公开，改进审批方式，公开审批程序和审批时限，推行"一站式"审批，加快实现集中审批和并联审批。建立行政审批动态管理协调机制。严格落实国家有关设立、下放、取消审批权的规定，以廉洁高效的行政服务为民营经济发展创造良好的政务环境。

建立公共服务平台。在产业园区或高端产业功能区内重点扶持建立一批信息咨询、技术支持、投资融资、人才培训、创业辅导、管理咨询、市场开拓、质量检测、信息化应用等公共服务平台。

综合预测

Comprehensive Forecast Chapter

B . 2

平稳增长 加快转变 创新驱动

——2010 年首都经济形势与 2011 年主要任务

胡雪峰 刘洪波 金旭毅*

2010 年是"十一五"的收官之年，也是北京市巩固和扩大应对国际金融危机冲击成果，保持经济平稳较快发展的重要一年。在全市上下的共同努力下，全年工作任务和"十一五"规划确定的各项目标圆满完成，发展成绩超出预期。同时，国内外经济环境的复杂性以及经济发展中不平衡、不协调、不可持续的问题，必然要求把发展的重点转到加快转变经济发展方式和建立创新驱动的发展格局上来，为首都经济的长期平稳较快发展奠定坚实的基础。

一 2010 年首都经济形势分析

（一）2010 年总体经济形势

2010 年，首都经济平稳较快发展的良好局面得到进一步巩固和发展，预计

---

* 胡雪峰，中共北京市委研究室副主任，经济学博士；刘洪波，中共北京市委研究室经济处，管理学硕士；金旭毅，中共北京市委研究室经济处，经济学硕士。

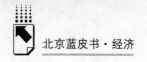

全年地区生产总值将达到 1.3 万亿元，增长 10% 以上。

1. 经济实现平稳较快增长

1~3 季度，全市实现地区生产总值 9754.4 亿元，同比增长 10.1%。其中，第一产业增加值 79.7 亿元，下降 1.9%；第二产业增加值 2321.2 亿元，增长 14.2%；第三产业增加值 7353.4 亿元，增长 8.8%。分季度看，前三季度累计增速分别达到 14.9%、12.0% 和 10.1%，虽然受上年基数的影响而逐季下降，但一、二、三季度分别实现地区生产总值 3117.0 亿元、3257.6 亿元和 3381.8 亿元，呈现平稳增长的运行态势，经济发展逐步从危机以来的恢复性增长向常态增长转变、从振荡增长向稳定增长转变、从政策性增长向内生性增长转变。

2. 内需增长动力显著增强

实施扩大内需战略取得明显成效，消费、投资协调拉动的格局进一步巩固，消费继续成为首都经济增长的第一动力。1~11 月全市社会消费品零售额达到 5610.9 亿元，增长 17%，全年预计达到 6100 亿元，增长 15% 左右。特别是汽车销售集中放量，1~11 月全市共销售机动车 119.6 万辆，同比增长 16.6%；其中新车 75.1 万辆，增长 21%。1~11 月全市完成全社会固定资产投资 4936.4 亿元，同比增长 13.1%，预计全年投资规模达到 5500 亿元，增长 13% 左右。在积极促进投资的同时，更加注重调整投资结构，优化投资布局。1~11 月，工业完成投资 435.9 亿元、增长 33%；非国有内资单位完成投资 2955 亿元、增长 75.8%，占全社会固定资产投资的比重达到 59.9%，已恢复到国际金融危机前的水平；城市功能拓展区、城市发展新区投资分别增长 15.2%、22.7%，城南地区、西部地区投资分别增长 20.2% 和 18.6%，均高于全市平均水平。

3. 产业发展基础更加坚实

落实"优化一产、做强二产、做大三产"的思路，积极实施六大重点产业调整振兴规划，积极引进一批产业链和价值链"双高"产业项目，1~11 月，重大工业项目累计签约 65 个、开工 70 个、竣工 18 个，全年工业增加值预计增长 14% 以上；出台商务服务、物流、旅游等五大重点产业发展意见，推动设立国家服务业综合改革试点区，出台首都功能核心区文化发展意见，全年第三产业增加值预计增长 9%，其中批发零售业、租赁商务、信息服务增加值均增长 10% 以上，文化创意产业增加值预计增长 15% 左右，1~11 月接待入境游客 457.6 万人次，增长 19.9%；积极培育发展战略性新兴产业，设立了总规模 10 亿元的电子信息、生物医药、新能源和环保、高技术服务业等四支创投基金。六大产业高端功能区带动作用进一步增强，承载了全市 70% 以上现代制造业和 50% 以上的生产性服务业。

4. 发展质量和效益稳步提升

从财政收入看，2010 年全市完成地方一般预算收入 2353.9 亿元，增长 16.1%，高于 2009 年的增长速度。从企业效益看，企业盈利水平逐步恢复，1～11 月，全市规模以上工业实现主营业务收入 13064.1 亿元，增长 23.7%；实现利润总额 881.3 亿元，增长 43.6%；销售利润率达到 6.7%，已恢复到国际金融危机前的水平。从居民收入看，1～11 月城镇居民人均可支配收入 26719 元，同比增长 8.8%；农村居民人均现金收入 14394 元，同比增长 11.8%；扣除价格因素，分别实际增长 6.5% 和 9.4%。从节能减排看，在提前完成"十一五"减排任务的情况下，实施节能预警调控方案，实行能耗总量（增量）目标控制，预计全年万元 GDP 能耗下降 4% 左右。

5. 价格上涨压力逐步显现

从 2010 年 1 月开始，北京市居民消费价格指数（CPI）已结束自 2009 年 2 月起连续 11 个月的负增长走势，在食品类、居住类、医疗保健和交通通信类指数的带动下，呈现逐月上升的趋势。11 月份，居民消费价格比上年同月上涨 4.3%，涨幅比 10 月份提高 0.9 个百分点，创 2008 年 10 月以来新高。其中，食品类和居住类价格涨幅最大。11 月份，工业品出厂价格比上年同月上涨 2.4%，涨幅比 10 月份提高 0.3 个百分点；原材料、燃料、动力购进价格比上年同月上涨 8.4%，涨幅比 10 月份提高 1.4 个百分点。

（二）"十一五"总体情况

"十一五"的完美收官，使首都经济综合实力迈上了新台阶。经济总量跨越万亿元大关，由 6970 亿元增加到 1.3 万亿元，五年累计大体比"十五"期间翻一番；人均地区生产总值突破 10000 美元大关，大体将比 2005 年的 5600 美元翻一番；地方一般预算收入跨越 2000 亿元大关，比 2005 年翻一番多；社会消费品零售额突破 6000 亿元大关，2010 年比 2005 年翻一番；投资规模预计达到 5500 亿元，"十一五"期间累计投资突破 2 万亿元，大体比"十五"期间翻一番；进出口总额预计达到 2900 亿美元左右，比 2005 年翻一番多；财政支出中教育、医疗、社保等支出分别比"十五"期间增长了 1.8 倍、1.7 倍和 1.6 倍，人民生活极大改善。

（三）存在的问题

在充分肯定成绩的同时，也必须清醒地认识当前国内外经济环境的复杂性和经济发展中存在的不平衡、不协调、不可持续的问题。

1. 外部经济环境仍然较为复杂

从国际看，主要经济体失业率居高不下，消费疲软，欧洲主权债务危机仍未彻底消退，高赤字和量化宽松货币政策累积了恶性通胀的风险，国际货币基金组织预测 2010、2011 两年世界经济增幅分别为 4.8% 和 4.2%，2011 年世界经济增长将有所减缓。从国内看，2011 年是"十二五"开局之年，全国上下积极谋划发展，项目储备情况良好，消费环境和支撑条件可望进一步改善，战略性新兴产业正在加快形成新的优势产业，但房地产市场调控、地方政府融资平台清理、产能过剩治理等政策的影响仍未充分显现。

2. 北京市投资消费增长面临相关政策制约

在投资方面，主要是国家深入实施房地产市场调控政策，并伴随着稳健货币政策下的商品房开发投资资金趋紧，2011 年房地产开发投资增长具有较大不确定性，可能对全社会固定资产投资增长产生较大影响。① 在消费方面，主要是北京市为缓解交通拥堵，加强机动车总量控制，实施小客车限购政策，对社会消费品零售额的影响可能高达 1000 亿元，亟待通过深入实施扩大消费政策，发展新兴消费以弥补由此产生的缺口。

3. 通货膨胀压力加大

美国等发达经济体实施量化宽松货币政策，导致国际流动性泛滥，大宗商品和部分农产品等初级产品价格上升明显，使我国面临较大的输入性通胀压力；国

---

① 房地产开发投资占全社会固定资产投资比重过高，是首都经济发展中一个值得高度重视的问题。"十一五"前四年这一比重呈逐年下降趋势，到 2008 年已降至 50% 以下。但 2009 年下半年以来，以土地费用为首的房地产开发投资骤增，再次将比重拉升至近 60%。2010 年 1~11 月，房地产开发投资完成 2645.6 亿元，增长 18.6%，占全社会固定资产投资的比重达到 53.6%。

内流动性相对充裕，食品价格上涨、租金和利率上调、劳动力成本走高，也使国内潜在通胀压力超出预期水平，2011 年上半年物价可能继续企高不下。

4. 资源环境约束进一步增强

人口资源环境矛盾比较突出，城市承载力和城市管理水平与社会日益增长的发展需求还有相当大的差距，同时"十二五"时期国家实行更加严格的土地使用政策和污染排放标准，北京市"内涵促降"的制度安排亟待完善，首都经济发展的空间可能受到一定程度的压缩。

二　2011 年首都经济发展的基本思路

贯彻落实党的十七届五中全会和中央经济工作会议精神，按照中央领导同志对北京市工作的一系列重要指示精神，北京市委、市政府已经明确 2011 年是加快转变经济发展方式、以更高的标准实施"人文北京、科技北京、绿色北京"战略，建设中国特色世界城市的重要之年。做好 2011 年的经济工作，基本任务是落实国家宏观调控政策、充分挖掘内需增长潜力，实现经济平稳较快发展；根本要求是围绕主题、突出主线，努力在加快转变经济发展方式上迈出坚实的步伐；核心问题是完善体制机制、加快推动创新，着力形成创新驱动的发展格局。

1. 保持经济平稳较快发展

在 2010 年北京市经济工作会议上，北京市委、市政府已确定了 2011 年全市经济社会发展的主要预期目标，包括地区生产总值增长 8%，城乡居民收入实际增长 7%，地方财政收入增长 9% 等。保持经济平稳较快发展，既是增长目标，也是就业目标。将全年经济增长速度确定为 8%，比近年来的目标低一个百分点，既是要切实避免经济出现"二次探底"，为转变经济发展方式创造良好环境，更是要把短期调控政策和长期发展政策有机结合起来，更加重视增长质量与效益，更加重视促进就业和改善民生，在加快转变经济发展方式中保持平稳较快发展。

2. 加快转变经济发展方式

以科学发展为主题，以加快转变经济发展方式为主线，是党的十七届五中全会提出的明确要求，是推动"十二五"时期首都发展的灵魂。加快转变经济发展方式，是经济领域的一场深刻变革，既是一场攻坚战，又是一场持久战。"十一五"期间，北京市利用奥运筹办的倒逼机制，深入推进节能减排，加快淘汰退出不符合首都发展要求的"三高"企业，在调整经济结构、转变经济发展方式上迈出了一大步。今后一个时期，深入贯彻落实科学发展观，按照中央领导同志提出的"北京要在推动科学发展、加快转变经济发展方式中当好标杆和火炬手，走在全国最前面"的要求，加快转变经济发展方式的内涵更丰富、任务更艰巨、难度更大。必须按照北京市委"十二五"规划建议的部署，找准转变经济发展方式的载体和途径，把转变经济发展方式的任务具体化，在转变经济发展方式、推动科学发展方面迈出坚实的步伐。

3. 建设创新驱动的发展格局

按照胡锦涛总书记关于"北京市要努力实现创新驱动"的重要指示精神，北京市委在"十二五"规划建议中明确提出了"率先形成创新驱动的发展格局"的目标。建设创新驱动的发展格局，既是转变经济发展方式、推动科学发展的核心问题和重要切入点，也是发挥好首都科技智力优势，为建设创新型国家作出新贡献的重要方面。目前，北京市有国家工程研究中心 37 个、国家工程实验室 35 个、国家级企业技术中心 36 个、国家级企业技术分中心 7 个、市级企业技术中心 233 个，为形成创新驱动的发展格局提供了有力支撑。国务院批复建设中关村国家自主创新示范区，并同意在中关村先行先试"1 + 6"政策，为北京市建设创新驱动的发展格局注入了强大动力。必须认真抓好机遇，加快完善体制机制，大力推动自主创新，使首都的科技智力优势充分转化为发展优势，成为加快转变经济发展方式的强大引擎。

三　2011 年首都经济发展的主要任务

按照北京市委"十二五"规划建议以及北京市经济工作会议的部署，做好2011 年北京市的经济工作，应当着力在以下五个方面取得新的进展。

1. 构建扩大内需长效机制，发挥好消费、投资的拉动作用

扩大内需特别是消费需求，是调整经济结构、转变经济发展方式的重要内容，也是实现经济平稳较快发展的具体途径。在扩大消费需求方面，要抓住国家扩大内需、调整收入分配政策的机遇，在着力推进收入分配制度改革，着力提升民生保障、社会服务和管理能力，增强城乡居民消费能力和消费意愿的同时，继续开展主题促销活动，进一步挖掘消费潜力，积极开发文化消费、老龄消费、信用消费、网络消费、健身消费、教育消费等新兴消费热点，扩大旅游会展消费，努力将汽车销售下降的影响降低到最小限度，保持消费需求较快增长的势头。在促进投资增长方面，在保持投资稳定增长的同时，要更加注重优化投资结构，提高投资质量，着力扩大能够增强消费能力、提高产出效益、改善民生状况、增加资本形成的投资。重点是要发挥好政府投资的引导作用，支持城市发展空间的战略调整、产业布局的优化调整、城市功能的优化配置，引导社会投资提高重点产业投资比重，加快交通、能源、资源、信息等基础设施投资，积极参与重点产业园区、重大创新工程、重大成果产业化等建设。特别是要高度重视调整房地产投资结构，通过加大政策性住房的建设力度，主动提高政策性住房、定向安置房投资比重，促进房地产开发投资稳定增长。

2. 完善首都现代产业体系，夯实首都科学发展的产业基础

单从三次产业的比重看，北京市的产业结构优于全国其他省市，已经初步具备了世界城市的结构特征。但总体而言，差距仍然较大，具体表现在北京服务业比重仍与国际上公认的世界城市相差 10 个百分点以上，[①] 重点行业发展规模和水平亟待提高，[②] 产业之间的融合发展程度不足，经济附加值存在降低的趋势等。近年来，北京市提出了"优化一产、做强二产、做大三产"的思路，提出了"北京创造"和"北京服务"的品牌战略，完善现代产业体系的思路不断清晰。在新一年的工作中，一是要加大规划引导和分类扶持力度，制定促进生产性服务业发展意见，推进石景山国家服务业综合改革试点区建设，强化文化创意产业的支柱地位，改造提升传统服务业，大力发展新型生活性服务业，加快建设辐射全国、具有较强国际影响力的现代服务业产业体系。二是要坚持高端发展的方向，加大技术改造力度，推进工业化与信息化深度融合，促进制造业产业链向上下游两端延伸，抓好北京现代三工厂、数字电视产业园、中核科技园、三一北京制造中心等一批重大项目建设，促进高端现代制造业发展。三是要对接国家战略

---

① 第三产业的比重，纽约 2008 年为 88.8%，伦敦 2007 年为 89.8%，东京 2006 年为 87%，北京 2009 年为 75.5%。

② 根据 2007 年的数据测算，北京市房地产业规模仅相当于纽约和伦敦的 10% 左右，批发零售业规模仅相当于纽约的 15% 左右，伦敦的 30% 左右，金融业规模仅相当于纽约的 10% 左右，伦敦的 20% 左右。

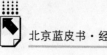

性新兴产业发展方向，制定出台实施意见和配套政策，完善政府首购、市场培育等政策措施，加快推动战略性新兴产业发展。特别是应认真做好中央单位服务工作，加紧落实已经签订的战略合作协议，切实推进一批重大项目、产业基地建设。四是要完善都市型现代农业的实现形式，大力发展种子农业、休闲农业、循环农业、会展农业，建设好市级都市型现代农业示范镇，建设一批具有国际水准的设施农业和一批高科技、现代化、高效益的"菜园子"。

3. 落实先行先试"1＋6"政策，增强转变发展方式的核心动力

中央领导同志视察北京市工作，对中关村先行先试改革作出了重要指示，要求中关村进一步解放思想，继续发挥独特优势和龙头作用，高端引领、创新驱动，建成具有世界影响力的科技创新中心和我国战略性新兴产业的重要策源地。落实国务院同意中关村的"1＋6"政策，① 推动各项先行先试改革，做好创新驱动这篇大文章，是加快转变首都经济发展方式的重要切入点，也是做好全年经济工作的重中之重。一是以落实"1＋6"政策为核心，强化政策措施的引导和落实，加快先行先试改革，加强自主创新重大项目带动，发挥中关村国家自主创新示范区的龙头作用。二是以加快创新成果产业化为重点，健全产学研用合作机制，围绕推动首都科学发展的重大需求，发挥中央企业、科研机构的主力军作用，加快创新资源集聚，加快关键核心技术突破，做好科技重大专项研究跟踪服务，重点支持国家科技重大专项的配套以及重大科技成果转化和产业化项目，加快科技成果转化步伐。三是以完善体制机制为突破口，搭建好中关村人才特区、重大科技成果转化和产业化、科技金融创新服务、政府采购新技术和应用推广服务、政策先行先试、规划建设等六大平台，完善科技金融服务体系，不断优化创新创业环境，引导各类主体加大研发投入、多出创新成果。

4. 加快推进城乡一体化发展，最大限度释放区域发展潜能

统筹城乡发展是中央作出的重大战略部署。北京市委在"十二五"规划建议中，再次重申了率先形成城乡经济社会发展一体化新格局的要求。市委书记刘淇同志在北京市经济工作会议上进一步指出，郊区是首都下一步发展的战略腹

---

① "1"是指在中关村国家自主创新示范区部际协调小组领导下，搭建由国家有关部门和北京市共同组建的工作平台，以整合好首都创新资源；"6"是指科技成果处置权和收益权改革、股权激励个人所得税政策、中央单位股权激励试点方案审批政策、科研经费分配管理体制改革、建设统一监管下的全国场外交易市场和高新技术企业认定政策。

地，是疏解中心城人口的战略支撑，是城乡一体化发展的战略重点。当前的工作重点，一是继续大力推进城乡接合部、重点新城和永定河绿色生态发展带三大建设工程。城乡接合部城市化建设要在确保进度的情况下，统筹解决好产业发展、农民上楼、就业社保和集体资产处置管理等问题，规范房屋出租方式，推动城乡接合部平稳顺利转型。新城建设要聚焦通州，坚持分类指导、统筹推进，明确功能定位，加强规划引导，加快教育、行政、医疗卫生等公共服务资源向新城配置，加快重大产业、商业项目向新城布局，切实提升新城宜居宜业水平。永定河绿色生态发展带建设要整体推进永定河水环境、生态环境建设与经济发展，努力建设生态环境优美和经济发展态势良好的"水岸经济带"。二是加快振兴城市发展薄弱地区。深入推进"城南行动计划"，特别是要加快城南各项基础设施、生态环境、公共服务和重大产业项目建设。加快推进西部地区转型，打造京西新首钢高端产业综合服务区，建设房山新城现代产业发展区和丰台河西绿色产业发展区，加快一批生态修复、轨道交通、高速公路等建设，提升产业承载功能。完善生态补偿机制，加大生态修复和涵养力度，切实搞好沟域经济，落实好重点产业发展项目，推动山区的绿色发展、低碳发展，努力建设绿色、宜居的山区生态发展示范区。三是统筹推动小城镇和新型农村社区建设。研究制定小城镇改革发展意见，加快重点小城镇基础设施和产业园区规划建设。启动 10 个新型农村社区建设试点，在"5＋3工程"的基础上，完善农村基础设施建设长效机制，改善农村生产生活条件。

5. 深入推进改革攻坚，加快形成有利于科学发展的体制机制

适应经济社会发展新变化、新要求和城市运行管理新形势、新特点，着眼重点领域和关键环节，加快形成符合科学发展要求的体制机制。一是创新政府服务管理，继续深化行政审批制度改革，推动管理重心下移，创新重点区域管理体制和运行机制。二是激发市场主体活力，重点是加快国有经济战略性调整，推动国有资产市场化重组和深层次整合，加快经营性国有资本证券化。推动经营性文化事业单位转企改制，提升文化事业和产业发展活力。三是稳妥推进资源价格改革，研究环保收费制度和差别化价格政策。四是完善城乡一体化发展的体制机制，深化城乡接合部综合配套改革，推动农村金融、集体建设用地流转改革，基本完成集体林权制度改革。五是加快民生领域改革，改革收入分配制度，完善工资正常增长机制和支付保障机制，落实好医药卫生体制改革年度任务以及北京市中长期教育改革发展规划纲要。

$\mathbb{B}.3$

2010 年北京市经济发展估价和
2011 年形势展望

赵磊 李素芳 夏翙 彭冬梅

一 2010 年全市经济社会发展的基本情况

2010 年是外部环境极其复杂的一年。北京市着力稳增长、调结构、促创新、抓改革、惠民生，国民经济继续朝着宏观调控预期方向发展，各项社会事业加快发展，为"十一五"规划画上了圆满的句号。

（一）经济实现平稳较快发展

1. 经济发展回稳向好

在外部环境急剧变化、经济增速逐季放缓，地区生产总值由一季度的14.9%、上半年的 12%，回落到三季度的 10.1%，稳增长任务十分繁重。通过着力加强经济综合调控和调度，多措并举，努力增强经济增长内生动力，推动经济由波动下行向稳定增长转变，四季度全市经济总体趋稳，全年经济可望保持两位数增长。1～11 月份，地方财政收入增长 17%，城镇居民人均可支配收入和农村居民人均现金收入分别增长 8.8% 和 11.8%，扣除价格因素后分别实际增长6.5% 和 9.4%。节能减排取得显著成效，万元地区生产总值能耗在提前一年超额完成"十一五"目标的基础上，又取得了积极进展，经济发展速度、质量和效益的协调性进一步增强。

2. 需求拉动更趋协调

扩大内需取得明显成效，1～11 月全市实现社会消费品零售额 5610.9 亿元，同比增长 17%；全社会固定资产投资 4936.4 亿元，增长 13.1%，投资结构继续优化，工业投资增长 33%，民间投资增长 75.8%。外部需求加快恢复，1～11 月地区进出口总额增长 41.7%，其中出口总额达到 504.6 亿美元，增长 16.4%，规模接近国际金融危机前的水平。

3. 市场秩序总体稳定

在保持经济平稳健康运行的同时，针对生活必需品价格上涨较快的新情况，坚决落实国家抑制物价上涨的一系列政策，出台了加强生产、保障流通、规范经营、发放补贴等一揽子稳物价、保供应措施，生活必需品市场保持稳定，低收入群体生活得到保障。1～11 月份，全市居民消费价格比上年同期上涨 2.2%。

（二）产业结构进一步调整优化

1. 现代服务业优势不断增强

1～3 季度全市服务业增加值增长 8.8%，其中租赁商务、信息服务等生产性服务业保持较快增长，新兴金融业态成长良好。软件及服务、动漫网游、文艺演出等文化创意产业发展迅速，增加值现价增长 12.8%，成为本市最具活力的支柱产业。北京金融资产交易所、特许经营权交易所、保险交易所、贵金属交易所相继开业，中国国际电子商务示范基地、国家地理信息产业园等一批高端服务项目落地，生产性服务业发展后劲进一步增强。第十届世界旅游旅行大会、首届武博运动会等一批有影响的品牌活动相继举办，旅游会展业加快发展。

2. 制造业高端化、集约化趋向明显

1～11 月，规模以上工业企业增加值增长 15.3%，汽车、电子、生物医药等现代制造业增长较快。长安汽车、绿色印刷、曙光超级计算机等一批为长远发展积累势能的高端项目顺利引进，京东方 8.5 代线、现代第三工厂、中芯国际扩产等重大产业项目开工建设。首钢石景山厂区冶炼、热轧生产能力年内全部停产，40 家"三高"企业关闭退出，西部地区区属煤矿全部关停。

3. 农业产业化、规模化、资本化水平不断提高

农业不断向二三产业延伸融合，设施农业、观光休闲农业和沟域经济加快发展，富农效果进一步显现。大北农、碧生源等涉农企业成功上市，农民专业合作社组织化程度继续提升。

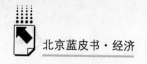

（三）自主创新取得明显进展

1. 示范区创新活力进一步释放

集合部委和地方力量统筹编制发布示范区建设三年行动计划和十年规划纲要，国务院同意实行"1＋6"系列政策。成立中关村发展集团，研究搭建创新"一个中心、六个平台"。加强资本与技术对接，推进科技金融创新，成功设立电子信息、生物医药、新能源和环保、高技术服务业四支创投基金，21家中关村企业在创业板上市。深入推动先行先试，股权激励、重大科技专项经费列支间接费用试点范围不断扩大，全年政府采购自主创新产品规模达到51.5亿元。高度重视领军人才队伍建设，实施"千人计划"和"海聚工程"，建立留学人员创业工作体系。示范区创新活动更加活跃，企业研发支出、专利授权量、新产品销售收入、技术合同成交额增长较快。

2. 重大创新和产业化项目加快实施

加大创新型产业项目引进力度，加快推进创新成果产业化，增强创新驱动力。未来科技城开工建设，中关村科学城建设稳步推进，吸引了41项高端产业项目入驻。蛋白质设施等国家科技基础设施和重大科技专项加快建设。中科院、军工集团、大型央企等一大批重大科技成果落地转化，百万亿次超级工业云计算平台建成，本市成为国家高技术服务业、云计算、三网融合试点城市。

（四）区域协调发展加快推进

1. 城市薄弱地区发展提速

城南行动计划实现良好开局，集中力量启动了一批解决长期制约城南发展瓶颈的项目，轨道交通亦庄线等一批基础设施建成运营，国家金融信息大厦等一批高端产业项目陆续入驻，城南地区整体吸引力不断增强，1～11月全社会投资增长20％。制定促进西部地区转型发展的实施意见，积极争取石景山区成为国家服务业综合改革试点，加紧制定首钢搬迁腾退区域发展规划，加快永定河绿色生态发展带建设和西部替代产业发展，1～11月西部地区投资增长18.6％。城乡接合部城市化工程加紧推进，50个重点村中的24个村拆迁任务完成。

2. 新城、重点镇和新农村建设进展加快

着眼于提升新城功能，集中力量全面启动新城滨河森林公园、区域医疗中心、文化中心、体育中心等建设，一批轨道交通、内外路网、再生水厂、垃圾处理、集中供热设施加快推进，新城综合服务功能不断提升。制定《推进小城镇改革发展试点意见》，创新设立北京市小城镇发展基金。42 个重点镇建设规划全面完成，重点镇道路、污水处理、供水等基础设施条件进一步改善。新农村五项基础设施全面完工。

（五）城市服务功能和生态功能显著提升

1. 交通承载能力得到加强

轨道交通线新增运营里程 108 公里，总里程达到 336 公里，比 2005 年增长近 2 倍。蒲黄榆路、阜石路二期、温榆河大道等城市快速路建成通车，国道 111 一期等浅山区路网建成，交通枢纽、智能交通加快建设，公共交通出行比例达到 40.1%。继六环路、京承高速全线通车之后，京开高速全线贯通，高速公路通车总里程达到 920 公里，超额实现"十一五"目标。京沪高铁全线铺轨贯通，京石客运专线加快建设。

2. 资源保障能力不断提升

第九水厂应急改造工程建成，南干渠、大宁调蓄水库等南水北调配套工程全面启动。新城再生水厂累计建成 14 座，实现每座新城至少建设一座高品质再生水厂目标。市区和郊区污水处理率分别达到 95% 和 53%，全市再生水利用率达到 60%。天然气输配体系继续完善，陕京三线一期工程全线贯通，六环路管网二期工程基本建成。东南和西南热电中心开工建设，城区大型燃煤锅炉房清洁能源改造工程全面启动。

3. 生态环境建设成效明显

落实第十六阶段控制大气污染措施，淘汰黄标车超过 5 万辆，各项污染物减排目标超额完成，市区二级和好于二级天数比重达到 78.4%。第一道绿化隔离地区 4 万亩郊野公园建成。南海子郊野公园一期、通州滨河森林公园南区以及 6 处城市休闲森林公园建成开放。全市林木绿化率达到 53%。京津风沙源治理、重点通道绿化、废弃矿山植被恢复、重要地表水源区生态建设继续推进。永定河"四湖"实现成功蓄水，马草河水系、北运河支流河道治理工程加紧实施。开展 600 处垃圾分类试点，鲁家山垃圾分类处理焚烧发电项目开工建设，危险废物处置中心、大屯垃圾转运站投入运营。

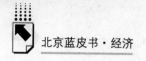
（六）社会民生持续改善

1. 就业形势保持稳定

2010 年 1～11 月份，城镇登记失业率控制在 1.44%，城镇新增就业 41.5 万人。建立纯农就业家庭转移就业援助制度，拓展高校毕业生就业渠道，北京生源高校毕业生就业率达 96%。开发社区就业岗位 15.3 万个，农村劳动力转移就业8.9 万人。

2. 社会保障水平明显提高

城镇职工和城乡居民养老保险制度继续完善，待遇水平进一步提高，城乡接合部养老保险制度城乡统筹试点顺利推进。城镇职工医疗保险、"一老一小"和城乡无业居民医疗保险报销比例大幅提高，群众负担进一步减轻。社保卡工程取得明显成效，815 万张社保卡顺利发放，1779 家定点医疗机构实现了门诊持卡就医、即时结算。全面开展区县公费医疗改革，实现区县公费医疗和职工基本医疗保险制度并轨。将低收入家庭纳入社会救助范围，部分区县实现城乡低保标准并轨，社会保险覆盖面指标全面完成。

3. 各项社会事业扎实推进

大力缓解"入园难"问题，启动 3 年 118 所公办幼儿园扩建工程，完成了幼儿园扩班 300 个，新增 1.2 万名幼儿接收能力；农村中小学和城区基础教育薄弱校办学条件继续改善；40 余万外来务工人员随迁子女接受义务教育权利得到进一步保障；良乡和沙河高教园区、亦庄职教园区建设进展顺利。区域医疗中心加快建设，城乡社区医疗服务站全面建成，双向转诊制度顺利实施，天坛医院迁建、宣武医院改扩建等工程加快推进。实施"九养"办法，惠及 218 万老人、6万残疾人；提高社会办养老机构运营补贴标准并给予建设资金支持，新增养老床位 1.5 万张。

4. 便民惠民工程加快实施

230 个老旧小区老旧热网改造、6 万户老楼通气、1.3 万户平房"煤改电"、16 个老旧小区电网改造试点工程基本完成，高清交互数字电视用户超过 130 万，居民生活条件进一步改善。政策性住房建设和供应任务超额完成，新建和收购22.5 万套，竣工 5 万套，落实公共租赁房源 1.9 万套，"三区三片"棚户区搬迁居民 1.6 万户。坚决落实国家房地产调控政策，房价过快上涨势头得到初步遏制。

（七）改革开放迈出新步伐

顺利实施核心区行政区划调整，完成大兴和北京经济技术开发区行政资源整合。成立市级固定资产投资行政审批综合服务大厅。出台并落实深化医药卫生体制改革实施方案，成立首都医药卫生协调委员会，一系列医改惠民举措获得市民普遍欢迎，在部分领域为全国创造了改革经验。成功实施汽车、商业等领域的 6 家国有企业改制重组。完成出版集团、文化艺术音像出版社转企改制，组建北京广播电视台。农村集体资产改制、林权制度改革稳步推进。提高开放型经济发展水平，天竺综合保税区与首都机场货运口岸实现了大通关，推进跨境贸易人民币结算，引导企业开拓海外市场，新增跨国公司地区总部 24 家，核准境外企业 216 家。推进京津冀晋蒙合作，与周边地区在能源、生态、产业、商贸等领域合作向纵深推进。援建什邡任务圆满完成。

在完成年度任务的同时，围绕"十二五"规划编制，各区县、各部门深入研究新阶段新特征新需求，广集民智，广聚民力，圆满完成了市区两级"十二五"规划纲要和专项规划编制工作，为未来五年首都科学发展描绘了宏伟蓝图。

总体上讲，2010 年全市实现了经济高开稳走、结构不断优化、价格基本稳定、民生不断改善的良好局面，但经济发展中仍然存在一些风险和矛盾需要高度警惕。一是经济增长的稳定性还需进一步增强；二是价格总水平上涨压力增大，管理通胀预期任务繁重；三是人口、交通等城市管理问题日益凸显；四是节能减排面临新的挑战和压力。

二 2011 年发展形势展望和总体思路

（一）发展环境及对本市发展的影响

2011 年本市保持经济平稳较快发展具有不少有利条件，也面临不少困难和挑战。综合判断，机遇大于挑战，本市仍处于可以大有作为的战略机遇期。

1. 要珍惜和抓住难得机遇

一是国家综合国力和首都城市影响力进一步提升，为本市寻求多方面、多层次合作、推动产业结构深度调整提供了重要机遇。二是全国和本市在城市化、工业化、信息化以及绿色发展理念日益深入、整体消费不断升级过程中，释放出巨大内部需求，有利于推动供给环节升级、促进发展方式转变。三是把握好世界经济结构进入调整期、科技创新进入孕育期和产业进入转型期的重大机遇，大力度推动中关村自主创新示范区建设，有利于在竞争格局中变压力为动力，培育创新优势。四是薄弱地区承载能力不断提高，新的产业格局加速形成，为本市拓展了战略发展空间。五是"十二五"规划的编制和发布，统一了思想，明确了未来发展的目标和路径，有利于凝聚力量，推动首都科学发展。

2. 要适应新变化，积极应对

国内外宏观经济形势仍然极其复杂。一是国家宏观调控将实施稳健的货币政策，把稳定价格总水平放在更加突出的位置，给本市投资和项目融资带来一定压力。二是国家汽车消费政策调整给消费带来一定影响，寻找新兴消费热点替代的需求更加迫切。三是加强房地产调控将是宏观调控的长期任务，对调整优化支撑特大型城市发展的投资消费结构、稳定服务业增长提出了更高要求。四是国家新增对二氧化碳排放强度和氮氧化物、氨氮排放总量的考核，本市节能减排面临新的形势和压力。五是全球及国内地区间、园区间围绕市场、资源、人才、技术和制度安排等多层面的竞争更加激烈，进一步培育和巩固本市在高端领域的竞争优势需要付出更大努力。

（二）发展计划总体思路和主要指标预测

根据形势要求，2011 年北京市要继续以科学发展为主题，以加快转变经济发展方式为主线，全面实施人文北京、科技北京、绿色北京战略，坚持高端引领、创新驱动、绿色发展，着力保持经济平稳较快发展，着力推进自主创新和结构调整，着力完善城市功能，着力保障和改善民生，进一步巩固和扩大应对国际金融危机冲击成果，为"十二五"发展开好局、起好步。

初步预计，全市经济增长 8% 以上，社会消费品零售额增长 10% 左右，固定资产投资增长 10% 以上，地区进出口总额持平略增，居民消费价格指数 104% 左右，城乡居民收入实际增长 7% 以上，城镇登记失业率控制在 2.5% 以内。

三　2011 年经济社会发展主要任务

2011 年要紧紧围绕加快经济发展方式转变，把应对外部环境复杂变化与完善长效机制紧密结合起来，在保持经济平稳较快发展的前提下，逐步解决长期存在的结构性问题，更加注重发展动力优化和质量提升，更加注重发展成果共享和民生改善，更加注重城市功能完善和管理提升，更加注重城市品牌塑造和软实力提升，为"十二五"开好局、起好步，重点完成七方面任务。

（一）坚持调整优化需求结构，保持经济平稳较快发展

1. 积极调整消费结构，培育新的消费热点

积极应对汽车消费政策调整和住房结构变化对本市消费市场的影响，更加注重引导消费需求和培育消费替代，推动消费结构优化升级。逐步构建扩大消费的长效机制，增强居民消费能力，改善消费预期。注重投资和消费联动，发挥政策性住房消费带动作用，加快配售、配租步伐。巩固传统消费，培育新兴消费，进一步扩大文化消费、老龄消费、健康消费、网络消费等时尚消费和新兴消费。打造消费热点区域。加快特色街区改造，弘扬"京味"品牌，提升特色消费。引导大型零售企业、物流企业向郊区连锁发展，扩大新城和农村消费。加快推进重点旅游会展项目建设，增加旅游消费和外来消费。继续优化消费环境，完善商业配套设施，扩大消费金融规模，积极促进相关信用消费。

2. 优化投资结构，提高投资质量

针对信贷、融资环境等变化，更加注重创新融资模式，更加注重扩大直接融资，更加注重创造投资落地条件，进一步提高投资对推动结构和布局调整、增强消费能力、改善民生状况的引导和支撑作用。坚持集中力量分阶段解决一批重大问题，加大对新城、地铁、保障房等领域的投入力度。出台和落实鼓励和引导民间投资健康发展的意见，完善配套政策。进一步精简下放审批权限，优化投资环境。推动房地产建设向保障性住房、承载生产性服务业的商务楼宇、疏解中心城功能用房、新城和城乡接合部城市化建设转移。积极拓宽融资渠道，提升融资平台融资能力，努力扩大地方债、企业债、集合债发行规模，吸引多方资金参与开发建设，加快融资模式创新，扩大资本市场直接融资。

3. 稳定出口需求，优化外贸结构

鼓励企业增加自主品牌、附加值率和科技含量高的产品出口，扩大高科技产品、先进技术和关键零部件进口，加快服务贸易发展，优化外贸环境。更加注重

引进外资向引进技术、管理和人才转变。完善支持企业"走出去"的各项政策，积极扩大对外投资。

（二）坚持创新驱动和结构调整，提升发展核心竞争力

推动体制机制创新和科技成果转化，进一步强化首都服务经济、总部经济、知识经济和绿色经济特征，塑造"北京服务"和"北京创造"品牌，增强核心竞争力和可持续发展能力。

1. 加快中关村国家自主创新示范区建设

实施中关村国家自主创新示范区条例和发展纲要，落实各项优惠政策。加快科技重大专项经费列支间接费用试点、科研经费分配管理、政府采购自主创新产品、科技成果处置权和收益权改革等一系列先行先试改革。加快建设中关村人才特区，营造优良人才环境。实施"十百千工程"，选择行业骨干企业重点扶持。推进百家创新型企业试点及"专、特、精、新"小巨人企业培育。完善科技金融服务体系，研究建立战略性新兴产业创业投资引导基金，深化中关村代办股份转让试点。

2. 加快创新成果产业化步伐

研究成立中关村科技创新和产业化促进中心，搭建六大平台。有针对性地引导科技创新资源向有利于提升城市运行管理、发挥现实作用的领域加快配置，开展对后3G移动通信、超级计算、新能源汽车等领域核心技术的集中攻关。加快一批创新成果转化。实施20个以上示范应用项目和20项重大科技成果产业化工程，重点推进绿色印刷、龙芯产业园、中低速磁悬浮S1线、CBTC研发中心等重大项目建设。

3. 加快调整优化产业结构

加快服务业转型升级。推进市级文化创意产业集聚区的资源整合和功能提升，重点推进通州文化主题公园、中国音乐产业基地等重大项目建设。加强文化交流和要素市场建设，加快"设计之都"建设，扩大文化影响力。把旅游业作为支柱产业加快发展，办好亚太旅游协会成立60周年庆典暨年会活动。鼓励发展医疗保健、养老等新兴生活服务业。推进国家和市级服务业综合改革试点区建设。推动制造业高端化、融合化发展。加快改造提升传统制造业，推动现代制造业产业链向研发设计和市场销售服务双向延伸。研究出台本市加快培育和发展战略性新兴产

业的意见，重点推进一批战略性新兴产业项目建设。推动都市型现代农业发展，强化生活必需品应急保障功能，推动一批现代化农业项目落实，大力发展乡村旅游和沟域经济，推动涉农龙头企业专业化、规模化、集约化、资本化发展。

4. 加快构筑"两城两带六高四新"产业新格局

加强中关村科学城和未来科技城规划编制和基础配套。加快北部研发服务和高新技术产业带以及南部高技术制造业和战略性新兴产业发展带的业态聚集和要素流入。提升六大高端产业功能区综合服务功能和管理水平，提高产业承载力。培育通州高端商务服务区、京西新首钢高端产业综合服务区、丽泽金融商务区、怀柔文化科技高端产业新区等产业功能新区。

（三）坚持完善城市功能，提升城市服务管理水平

1. 加强交通综合整治和能力建设

积极稳妥实施缓解交通拥堵工作意见，争取社会配合，务求取得实效。优先发展中心城区轨道交通，加快 8 条轨道交通建设。研究建设中心城地下交通干道，加快微循环建设，加密中心城路网，逐步消除断头路。加强换乘和停车设施建设，提高智能调度水平。继续完善高速公路网，建成通车京包高速（五环 - 六环）。推进京沪、京石高铁加快建设，开工建设京沈、京张等城际铁路。

2. 提高能源资源供给保障能力

加快建设大宁水库、南干渠工程，开工建设第十水厂等水厂工程，加大对水资源的保护和补偿力度，实施水源保护区工程。加快重点新城、重点区域输变电工程建设，提高电网可靠性。全面建成陕京三线，加快推进陕京四线及大唐煤制气管线建设。建成东南热电中心，启动东北、西北热电中心建设，试点推进重点镇集中供热工程。

3. 提升城市服务和管理水平

完善人口综合调控机制。认真落实中央关于特大城市加强和改进人口管理的要求，综合运用经济、法律、行政等手段，提升流动人口服务与管理水平。消除城市安全隐患。新建改造城市供水、排水、老旧供热管线，推进电力架空线入地工程，消除安全隐患。加大城市管理信息化建设投入，促进城市管理效能整体提升。加强和创新社会服务管理。推进社区规范化建设试点，试行社区基本公共服务指导目录。推进枢纽型社会组织和社会工作者队伍建设。

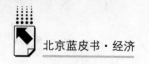

（四）坚持优化城市布局，释放区域发展活力

1. 振兴城市发展薄弱地区

加强中心城区薄弱领域建设。高度重视核心区古都风貌和历史文化遗产保护，加强非物质文化遗产抢救和传承。重视关系民生的基础设施建设，加强文物院落的腾退和保护，加快疏解中心城区人口。深入推进"城南行动计划"。提速城南各项基础设施、生态环境、公共服务和重大产业项目建设。为北京新机场开工创造条件。加快通道建设，开工建设长兴路等主干路以及南中轴森林公园、南海子郊野公园二期等环境项目。促进西部地区发展转型。出台并落实促进西部转型发展实施意见，打造"一核两区三带"发展格局，加快一批基础设施、生态环境和重大产业项目建设，提升产业承载功能。扎实推进城乡接合部城市化工程，基本完成50个重点村拆迁任务。

2. 加强新城、重点镇和新农村建设

聚焦通州，高起点谋划建设北京通州现代化国际新城。重点提升顺义、亦庄－大兴、昌平、房山等发展新区新城人口和产业承载能力。加快改善门头沟、延庆、怀柔、密云、平谷等生态涵养区新城基础设施和公共服务条件。重点实施高速公路联络线和浅山区路网外部通道建设，加快建设新城路网，抓好滨河森林公园、高品质再生水厂、集中供热、区域医疗中心等项目建设。建成天然气怀密线，实现除延庆外全部新城接通管道天然气。坚持分类发展和特色发展，积极推进小城镇和新农村建设，提高小城镇发展水平，完善新农村基础设施建设长效运行机制。

（五）坚持绿色发展理念，提高首都生态文明水平

1. 提升城市污染物排放处理能力

持续改善空气质量，落实清洁空气行动五年计划，综合防控各类大气污染物。科学处理垃圾，坚持源头减量与末端治理并举，加快推动鲁家山垃圾分类处理焚烧发电项目、高安屯焚烧厂二期建设，推动建筑垃圾的减量化和综合利用。提高污水资源化处理能力，完成卢沟桥、吴家村、北小河等一批污水处理厂升级改造。建成大兴黄村、房山城关再生水厂，启动丰台河西、怀柔雁栖湖等再生水厂工程。

2. 提升城市生态休闲功能

继续推进"森林进城"和"公园下乡"，新建成 3～4 处新城滨河森林公园，推动中心城城市休闲森林公园建设，大力实施立体绿化，试点推动露天停车场绿化。启动第二道绿化隔离地区提质增效工程。大力推进京津风沙源治理、关停废弃矿山植被恢复、野鸭湖和汉石桥湿地等重点生态工程建设。统筹实施永定河、北运河、潮白河三大流域水系综合治理，开工建设园博湖工程，提升美化水环境。

3. 完善节能减排长效机制

严格落实国家各项节能减排指标。健全绿色发展体制机制，积极推进建筑等重点领域能耗统计和循环经济统计试点。加快研究制定重点行业能耗定额和单位产品能耗标准，健全节能环保产品推广激励机制和落后产能退出机制。完善落实能源利用状况报告、能源审计和合同能源管理制度，强化重大项目节能评估和环境影响评价。健全节能减排考核机制，增强区县、行业和重点单位节能减排的自主性。推动节能量交易试点。深入推进节能工程。加大投入力度，推进建筑、交通、工业、商业和公共机构节能改造，加快推进供热计量改造。开展重点领域、重点行业的企业清洁生产审核。引导循环经济做大做强规模，支持一批示范项目。加快以太阳能为重点的新能源和可再生能源开发利用。积极推进新城和重点功能区低碳试点建设。

（六）坚持保障和改善民生，提高人民生活水平

1. 确保攸关民生的生活必需品市场稳定

加强价格监测，及时启动相关补贴联动机制，保障困难群体生活，研究制定价格突发事件应对预案，维护社会和谐稳定。启动新一轮菜篮子工程建设，加快流通体系建设，强化货源供应，推进农副产品批发市场升级改造，提倡"农超对接"、"农餐对接"，合理布局社区菜市场。做好监测预警，完善政府储备，打击价格违法行为，保障市场总体稳定，保障群众基本生活。

2. 努力帮扶困难群体就业

加强城镇失业人员、农转非人员就业培训。开发社区公益和生态管护岗位，安置城镇化和城中村改造中的农民就业。做好矿山关闭地区和首钢搬迁地区人员、高校毕业生、纯农就业家庭就业促进工作。

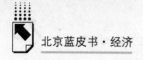

3. 加快社保制度城乡统筹

完善城乡居民与职工养老保险的衔接政策。初步完成新型农村合作医疗、无业居民医疗保险、"一老一小"医疗保险制度的整合。落实已经出台的提高社会保障待遇标准的各项工作，健全与经济发展和物价水平相适应的救助标准动态调整机制。

4. 提高公共服务能力

加大学前教育统筹规划和投入，加快亦庄职教园区、18 个职教实训基地、沙河和良乡高教园区建设进度。积极推进重大公共卫生、文化设施、基层文化体育设施、惠民工程建设，建设健康城市。继续推进实施能源安居工程，改善提升城乡居民生活品质。

5. 加快保障性住房建设

加快保障性安居工程建设步伐，确保新建和收购 20 万套，争取竣工 10 万套。完善政策性住房回购、退出、监管、物业管理等配套政策。加快三区三片棚户区改造。

（七）坚持改革攻坚，为科学发展提供有力保障

着眼重点领域和关键环节，积极推动符合科学发展要求的体制机制改革。继续深化行政审批制度改革；落实促进中小企业发展若干意见的本市实施意见；加快国有经济战略性调整；继续理顺资源价格形成机制；加快收入分配、医药卫生体制、公共服务等民生领域改革；继续深化城乡接合部综合配套改革，推动农村金融、集体建设用地流转、改革，集体林权、集体经济产权制度改革。

动力转换孕育力量　增长步伐趋于稳健

刘岚芳

2010 年，北京市经济呈现速度高开低走、结构逐步优化、效益持续改善、价格基本稳定的良好局面。伴随全国"十二五"规划的启动落实，北京市在实施"三个北京"的发展战略和建设中国特色世界城市目标引领下，首都进入了新的发展阶段。未来一段时间，北京市宏观经济将处于新一轮周期的上升阶段。在世界经济继续缓慢复苏、国家"调结构、促转型"政策的主动引导下，预计2011 年北京市宏观经济可望实现平稳增长，将呈现前低后稳的运行态势，全年GDP 增长在 10% 左右。

一　2010 年北京市经济形势分析

2010 年以来，北京市经济延续了 2009 年下半年以来的复苏态势。1～3 季度，实现地区生产总值 9754. 4 亿元，同比增长 10.1% ，增幅同比提高 0.6 个百分点。同时，在全球经济复苏放缓、我国一系列调控政策以及基数效应等影响下，2010 年前三季度增速分别为 14. 9% 、12% 和 10.1% ，与全国走势一致呈现高开低走的态势，基本符合调控预期。根据"北京宏观经济景气监测分析系统"，北京市宏观警情指数在 2009 年初迅速攀升后于 2010 年逐步回落，但仍处于正常的"绿灯"区域（如图 1）。第四季度，内生增长动力增强将带动经济保持稳定增长态势，综合三大需求和三次产业对经济的支撑作用，初步预计全年 GDP 增长在 10. 3% 左右。

（一）三次产业增速均呈回落态势带动经济增长下行

2010 年以来，三次产业增长均呈现回落态势，1～3 季度分别增长 - 1. 9% 、- 14. 2% 和 - 8. 8% ，相对第一季度分别下降 4. 2 个百分点、4. 7 个百分点和 5 个百分点，其中第三产业增幅持续低于 GDP，成为拉动经济回落的主要力量。在

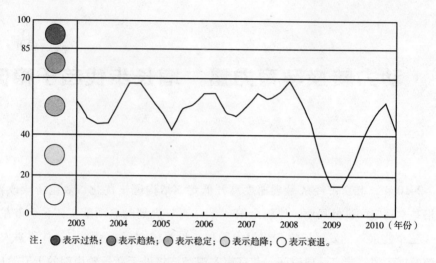

注：●表示过热；●表示趋热；●表示稳定；◎表示趋降；○表示衰退。

图1 2003 年以来北京市宏观经济景气

第三产业内部，尽管交通运输业、批发零售业、租赁和商务服务业增幅同比提高12.3 个百分点、12 个百分点和7.8 个百分点，但受宏观调控政策特别是一系列房地产新政和信贷收紧政策的影响，房地产业、金融业增加值出现明显回落，1~3 季度分别增长 -24.3% 和 -5.8%，同比下降35.3 个百分点和11.3 个百分点，是带动第三产业明显下行的主要力量。在外需放缓和一系列调结构、控通胀政策的综合作用下，预计全年规模以上工业增加值增长 13.5% 左右，服务业增加值增长 10% 以内，共同支撑北京市经济 10.3% 左右的增长，三次产业结构将保持在 0.9∶23.6∶75.5 的水平（见图2）。

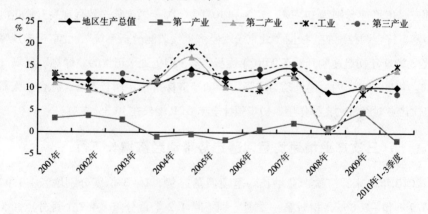

图2 2001 年以来北京地区 GDP 和三产增速

表1 三次产业贡献率（2001～2009年）

单位：%

年份	地区生产总值	第一产业	第二产业	工业	建筑业	第三产业
2001	100.0	0.8	26.7	23.3	3.4	72.5
2002	100.0	0.5	23.4	18.0	5.4	76.1
2003	100.0	−0.2	33.4	28.0	5.4	66.8
2004	100.0	−0.1	37.9	35.4	2.5	62.2
2005	100.0	−0.3	26.9	24.1	2.8	73.4
2006	100.0	0.1	23.5	17.9	5.6	76.4
2007	100.0	0.2	24.9	21.4	3.5	74.9
2008	100.0	0.1	2.4	0.6	1.8	97.5
2009	100.0	0.4	26.5	18.6	7.9	73.1

（二）投资逐季回落，消费和出口是稳定经济增长的重要保障

与2009年相比，北京市经济增长动力结构出现积极变化，投资增长逐季回落，消费需求逐季提高，出口需求稳步回升，消费主导型特点更加明显。

从投资需求看，占比近80%的房地产投资和基础设施投资的回落带来投资增幅的明显下降，2010年1～9月，实现全社会固定资产投资仅增长6.6%，涨幅同比下降47.8个百分点，其中房地产投资由第一季度的74.5%逐月回落到1～9月的16.4%，自3月以来基础设施投资连续7个月同比下降。未来几个月，尽管楼市交易处于低位、企业效益改善有限，但保障性住房建设加快将使房地产投资保持稳定增长，轨道交通等项目加快将推动基础设施增速降幅延续6月份以来的收窄态势，产业投资继续保持积极增长，将对投资增长形成积极影响。从综合基数等各种因素来看，预计全年投资增长将快于前三季度，在13.3%左右。

从消费需求看，消费热点和消费结构升级带动消费保持稳健增长，无论名义增速还是实际增速，相对于往年均呈现日趋稳健趋势。分析各月增速，前7个月，当月名义涨幅均高于2009年水平，8月、9月由于2009年基数较高的缘故，当月涨幅出现趋缓态势。到9月末，社会消费品零售额累计完成4490亿元，同比增长16.3%，剔除价格因素，年内实际增长基本保持在16%以上。汽车、燃

油、金银珠宝等消费增长较快，网络消费方式增势迅猛，对经济的支撑带动效果明显。未来几个月，房地产新政效果的不断显现，将进一步影响相关消费的持续增长；汽车经销商库存压力加大可能带来降价促销，加之近期热议的限车举措将在短期内促进汽车突击消费，而资源品价格调整也会增加烧类消费，加之物价上涨对名义消费的影响，预计全年社会消费品零售总额名义增速将达到15%以上，对北京市经济增长的贡献相对进一步增强。

从出口需求看，在全球经济步入恢复期的积极带动下，出口需求扭转2009年持续下降的态势，呈现明显的正增长，当月涨幅在5月达到最高32.5%之后稳步回落，1~9月累计增长17.3%。在主要贸易伙伴经济复苏放缓、人民币汇率不断升值的情况下，出口增长将呈现回落态势，预计全年出口贸易增长15%左右。

（三）企业景气持续回升，经济效益继续好转

经济复苏带动北京市财政收入累计增长始终保持在20%以上的高位。前三季度，北京市实现一般财政预算收入1833亿元，同比增长20.7%，从年内走势看，经济放缓以及2009年基数走高使得北京市财政收入当月增长由年初的42.8%波动回落到9月的3.5%。在经济发展良好，营业税、企业所得税、个人所得税、增值税等各主体税种及非税收入均呈现较快的增长趋势，1~3季度，营业税、企业所得税、个人所得税和增值税分别增长24.6%、21.8%、24.6%和14.3%。

市场恢复带来企业效益比2009年整体好转。1~8月，北京市规模以上工业经济效益综合指数为222.5%。实现利润总额同比增长38.8%，增幅比1~5月提高2.2个百分点。受中投等企业带动，1~8月规模以上服务业企业实现利润同比增长49.6%，增幅比1~5月提高43.5个百分点。受生产订单和企业盈利状况好转的影响，企业综合景气指数在2008年第四季度达到108.9的低谷后持续回升，2010年第三季度大幅回升到141.5（见表2）。

受经济回暖、企业用工需求增加的影响，城乡居民收入稳步增长。1~9月城镇居民人均可支配收入和农村居民人均现金收入分别增长9%和11.7%，分别比上半年提高了0.2个百分点和0.3个百分点。预计全年城镇居民人均可支配收入达到2.9万元，农民人均纯收入达到1.33万元。

表2　企业景气指数

类型	2008年三季度	2008年四季度	2009年一季度	2009年二季度	2009年三季度	2009年四季度	2010年一季度	2010年二季度	2010年三季度
企业综合景气指数	128.7	108.9	110.3	115.4	127.9	133.3	133.2	138.1	141.5
生产总量	93.2	92	77	113.5	123.6	119.8	99.5	135.1	136.2
盈利变化	89.5	81.4	87	108	112.3	115.7	98.2	128.4	129.2
流动资金	108.1	100.7	104.7	109	106.1	113.9	115.8	114.5	117.9
货款拖欠	101.2	102.9	100	97.6	97.1	108.1	109.3	102.1	106.4
劳动力需求	101.7	84.1	82.2	99	105.1	102.9	106.9	115.4	114.1
固定资产投资	106.8	89.8	77.3	102	100.7	103.7	88.6	115	109.8
产品订货	98.3	80.8	70.8	103.1	109.2	108.5	103.7	116	121.3
企业融资	104	96.8	105.1	107.8	96.4	101.5	100	99.2	104.1

表3　企业家信心指数

类型	2008年三季度	2008年四季度	2009年一季度	2009年二季度	2009年三季度	2009年四季度	2010年一季度	2010年二季度	2010年三季度
企业家信心指数	117.4	85.5	91.5	104	121.7	126.2	131.5	130.1	136.7
工业	125.5	75.6	83.2	97.8	119	125.7	131.5	136.5	135.9
建筑业	104.5	102.7	108.4	131.7	126.7	132.3	127.6	131.7	132.9
交通运输、仓储和邮政业	94.4	84.6	77.3	75.9	108.2	114.9	108.1	109.5	143.5
批发和零售业	134.4	64.8	95.2	109.6	118.1	117.4	139.9	133.8	149.1
房地产业	96.9	81.4	70.3	106.1	123.3	138.5	121.5	102.8	109.2
社会服务业	89.8	78.2	71.1	79.1	108.2	112.6	136.2	142.1	141.9
信息服务业	131	131.3	138.6	135	150.3	149.8	132.7	128.5	133.4
住宿和餐饮业	141.8	88.5	82	95.4	109.4	110	142.4	145	152.1

（四）物价上涨压力不断加大

受需求增加以及灾害性天气等因素的影响，北京市居民消费价格指数持续上行，7月以来CPI环比连续加速上涨，截至9月末CPI同比上涨1.8%，涨幅同比提高 5.1 个百分点。从当月数据来看，8 月 CPI 同比上涨 2.8%，创 22 个月新高，受翘尾因素减弱影响，9 月同比上涨 2.6%，其中，食品类价格上涨 5.5%，居住类价格上涨 6.3%，是拉动价格总水平上涨的主要因素。国际经济复苏带来国际大宗商品价格的波动上行，拉动北京市 MPI 呈现两位数涨幅，原材料价格上涨和劳动力成本提高助推了 PPI 的上行，1~9 月 MPI、PPI 累计同比涨幅分别为 11.5% 和 2.3%，涨幅同比提高 25.7 个百分点和 8.6 个百分点。在翘尾因素影响减弱、农产品价格上涨压力较大、节能减排促进资源品价格调整等因素共同作用下，预计北京市全年 CPI 涨幅在 2% 左右。

二 经济运行中需要关注的问题

（一）房地产波动成为北京市经济波动的重要因素

随着房地产与北京市投资、消费、就业以及上下游相关产业联系的日趋紧密，房地产的大幅波动必然会带来宏观经济的波动。为应对金融危机，2008 年 9 月中央再度采取了刺激房地产消费等多项政策措施，房地产市场交易连创新高，房地产销售面积持续以同比 1.4 倍的速度上涨，带来房地产业持续保持两位数增长，顺利地带动北京市经济走出低谷。2010 年受国家房地产调控政策的影响，房地产市场交易冷清，房地产业增加值增速持续下降，前三季度同比下降 24.5%。与此同时，经济增长逐季回落，如图 3 所示，北京第三季度末比第一季度回落幅度达 4.8 个百分点，高于国家同期 3.5 个百分点的回落幅度，也是 1993

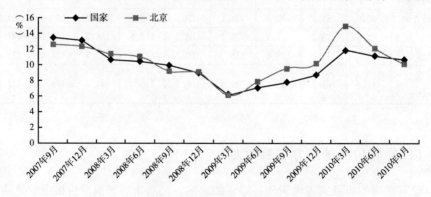

图 3 2007 年以来国家和北京市 GDP 增速比较

年以来年内波动幅度最大的一年，房地产业已成为带动北京市经济波动的重要因素。

（二）物价波动需引起密切关注

2010 年以来，在自然灾害频发、极端天气带来粮食减产、游资炒作、大宗商品价格波动等多种因素的推动作用下，国家和北京市居民消费价格均出现波动上涨的趋势，9 月当月，北京市 CPI 同比涨幅比年初提高 2.6 个百分点，已高于国家 CPI 同期变动幅度 0.5 个百分点。物价上涨过快会影响经济社会发展的稳定。随着全球罕见寒冷天气的到来，粮食减产预期加强，主要发达国家货币政策再度走向量化宽松，大宗商品价格回升等因素依然存在，推动物价上涨波动的压力依然较大，需要加以关注和防范。

（三）资金供给压力依然较大

从资金需求看，应对危机的一系列刺激政策带来的项目需求以及"十二五"提升城市功能对建设的要求，使得当前及未来一段时期北京市在建和新增重大建设项目多、规模大，资金需求量达到历史高位。但从资金供给看，首先，房地产调控对土地财政的影响以及市场复苏谨慎乐观，使财政收入增幅逐月递减，加大政府资金综合平衡的难度；其次，国家清理规范融资平台以及货币政策一定程度上的趋紧，将加大项目融资的难度，融资能力有所下降；最后，后危机经济明显回升的态势尚不明朗，在未来企业盈利空间改善有限的预期下，民间投资的意愿可能有所放缓。

（四）居民收入实际增长放缓

2010 年 1～3 季度，北京市城镇居民人均可支配收入达到 21837 元，同比增长 9%，但扣除价格因素后实际增速为 7.1%，是 2002 年以来同期仅次于金融危机时期 2008 年的次低点，远低于"十一五"前四年人均 10% 的实际增长。城镇居民收入的增幅趋缓直接带来了消费需求的下降，2009 年北京市平均消费倾向为 0.67，明显低于 2000 年的 0.82 的水平，2010 年，即便食品等生活必需品物价涨幅明显提高，平均消费倾向依然在 0.67 以下徘徊。在当前我国加快转变发展方式、扩大内需增长的宏观背景下，收入增长放缓必然会影响居民生活质量的改善，影响内生增长动力的发挥，影响整体经济发展。

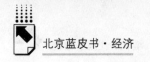
三　2011 年北京市经济面临环境的分析

（一）世界经济缓慢复苏，不确定性因素加大

在全球共同应对金融危机和经济衰退的政策作用下，2010 年初各国经济数据纷纷出现向好迹象，商业和消费信心得到恢复，库存周期由"去库存"转变为"补库存"，全球贸易实现恢复性增长，多种因素推动全球经济呈现全面复苏的态势。但在内生增长动力缺乏、发达国家主权债务危机等因素影响下，第二季度以来全球主要经济体增速相对放缓。近期先行指数显示未来经济下行风险加大，世界经济复苏态势尚不明朗。2011 年，国际金融危机的深层次影响还没有完全消除，世界经济依然没有步入稳定增长的良性循环。主要发达国家二次刺激政策与新兴国家收紧政策并存，国际资本规模性流动、国际大宗商品价格波动、贸易保护主义日益升级、二次探底担忧及地缘政治摩擦等，都增加了世界经济复苏的复杂性和曲折性，国际货币基金组织（IMF）等多家机构下调了对 2011 年的预测，普遍认为 2011 年世界经济增长将慢于 2010 年。外部环境的不确定性，以及针对我国的贸易摩擦升级、人民币汇率升值等增强了我国加快转变发展方式的紧迫性，加大了经济恢复增长的不确定性。

（二）宏观调控政策基调趋于稳健

2011 年，作为"十二五"规划的开局之年，宏观政策将继续突出"调结构、促转型"，加快经济发展方式转变和社会发展转型。控通胀、稳增长、惠民生的平衡，将使宏观调控政策总体基调趋于稳健。继续实施积极的财政政策，通过加大对保障性住房、农村基础设施等投入以及进一步落实好产业调整规划，突出对调结构、惠民生的支持力度。货币政策将更趋稳健，更加强调管理通胀预期，节奏和力度将根据经济增长和通胀水平而定。同时，随着国家"十二五"规划的逐步落实，收入分配、财税体制等一系列改革举措相继启动，多个区域发展规划开始实施，都将推动我国经济向"自主增长、协调发展"进一步迈进。

（三）国内经济增速相对放缓，自主增长动力进一步恢复

2011 年，虽然世界经济呈减速迹象、我国刺激政策边际效应递减等不利因素使我国经济运行面临趋紧的内外环境，但内生增长动力有所恢复有望带动经济总体上保持平稳较快增长。战略性新兴产业发展规划全面启动以及"十二五"规划实施将带来一大批产业升级投资项目的开工，带动投资较快增长以及投资结构进一步优化；消费升级以及居民收入较快增长等推动城乡居民消费平稳增长；在粮价上涨、国际大宗商品波动、资源品价格调整等因素综合作用下，物价持续上行。总体判断，2011 年我国宏观经济将保持谨慎乐观态势，全年经济增速有所放缓，预计将保持在 9% 左右。

（四）北京市"十二五"规划的出台，将进一步释放发展潜力

2011 年是北京市"十二五"规划实施的开局之年，北京市经济发展面临众多发展机遇。第一，"三个北京"的发展战略和建设中国特色世界城市的目标将进入全面实施阶段，提升首都"四个服务"功能，加快建设"国际活动聚集之都、世界高端企业总部聚集之都、世界高端人才聚集之都、中国特色社会主义先进文化之都"，有利于吸引国内外高端要素集聚，形成经济发展持久动力。第二，多功能支撑的城市格局和"两城两带六高四新"的产业格局，在优化产业布局的同时有利于进一步拓展发展空间。而城市群形成过程中，通过资源整合和分工协作与周边区域实现加速融合，为北京市拓宽了未来发展腹地。第三，全球范围内孕育着科技创新的新突破，新兴产业孵化和竞争格局正在发生重大变化，中关村改革措施落实为北京市集聚创新资源、引进领军人才、突破核心技术、提升创新优势提供了难得的历史机遇，也将进一步促进增长动力转变。但与此同时，房地产调控延续、为缓解交通堵塞限制汽车政策或将出台等因素将对北京市经济发展形成一定下行压力。

四　2011 年北京市经济增长情景展望

从北京市经济周期波动规律来看（如图4），目前北京市正处于经济危机后的衰退期向复苏期的过渡期。在没有外力冲击的情况下，未来几年北京将处于新

一轮经济周期的上升阶段,2011年经济发展总体处于上行态势;而从宏观经济先行合成指数和一致合成指数的走势来看,未来几个月经济增长速度将放缓(如图5)。综合考虑北京市经济运行面临不确定性加大的国内外市场环境和政策环境,预计2011年北京市经济将呈现前低后稳的运行态势。根据经济运行趋势以及主要影响因素,按照不同的外部环境和政策,初步估算了2011年北京市经济发展的高、中、低三个不同的增长方案。

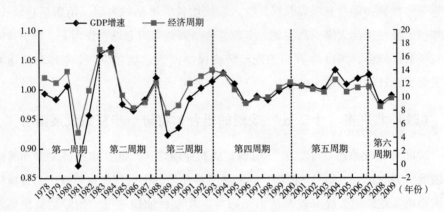

图4 1978～2009年经济周期与GDP增速对比

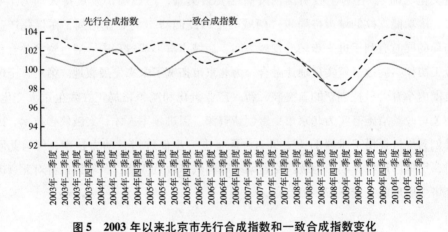

图5 2003年以来北京市先行合成指数和一致合成指数变化

(一) 中方案:平稳增长前景,经济增速达到10%

如果主要经济体基本维持政策现状,既不出台金融二次刺激政策也不大力度紧缩财政，2011年世界经济缓慢复苏的可能性较大，主要经济体经济增速虽然略低于2010年，但不会出现季度负增长，国际环境好坏参半。我国宏观经济政策主基调转向稳健，实施积极的财政政策和稳健的货币政策，进一步加大经济结构调整力度，全国经济保持平稳较快增长，物价快速上涨势头得到初步控制。房地产调控举措对北京市的影响基本稳定，一系列加强人口管理，提高城市交通、环境等承载能力的举措稳步推进，有利于经济质量的提升。

在这种情况下，北京市经济运行保持平稳，经济增长的内生动力增强，全年增速有望达到10%，略低于2010年水平。三大需求继续呈现投资、消费双轮驱动的特点。投资土地、资金资源储备充裕，新城、重点镇建设加快，产业振兴规划实施等将带动投资稳步增长，房地产投资比重放缓，投资平稳增长中结构得到改善，预计2011年全社会固定资产投资增长13%左右。随着收入分配制度改革的推进，社会保障覆盖面和程度不断提升，文化消费、特色消费等热点消费活跃的消费方式更趋多元化，住房、汽车消费更趋理性，消费将保持稳健增长，预计2011年全社会消费品零售额增长14.5%以上。外需在主动应对国际环境变化中呈现趋缓态势。从产业发展来看，随着国内外经济好转，产业功能区整合带来的活力释放以及"十二五"规划、产业振兴规划的落实，产业结构在调整中更加突出高端化特点，新兴产业发展态势良好，产业园区在功能提升中更趋集聚化态势。经济增长质量稳步提升，财政收入、居民收入平稳增长。持续宽松的流动性、资源品价格改革、农副产品价格波动上涨等因素将进一步加大价格上涨压力，预计2011年居民消费品价格上涨4%左右。

（二）高方案：宏观环境加速好转，经济增长达11%

如果世界主要经济体为促进经济加速复苏，各国财政政策和货币政策继续保持宽松取向，世界经济和贸易将全面回升。同时，人民币汇率保持基本稳定，前期出台的刺激外贸政策基本不变，在外部环境改善的带动下，我国出口状况好转，社会资金投资加速启动，经济内生性动力增强，国民经济出现强劲复苏态势，资本市场活跃，输入型涨价因素增多，通胀压力较大。向好的宏观经济形势带动北京市房地产交易的明显回升，服务经济、总部经济的拉动作用进一步增强。

在这种情况下，北京市经济将实现较快增长，预计2011年北京市GDP年均增速达到 11%。投资、消费"双轮"驱动增强推动经济加速回升。随着市场预期的好转，民间投资加快跟进带动全社会固定资产投资保持较快增长，预计投资增长在 15% 左右；经济好转和收入分配改革进一步推进，收入增长加快预期增长居民消费信心，预计全社会消费品零售额增长 16% 左右，外部环境进一步好转促进电子信息、服务贸易等外向型行业的出口形势明显好转，预计全年北京市外贸进出口总额增长 10% 左右。受成本推动、流动性以及国际能源价格高涨的输入型影响，居民消费品价格上涨压力加大，预计涨幅在 4.5% 以上。

（三）低方案：宏观环境恢复缓慢，经济增速 9% 以下

如果全球贸易保护进一步强化和升级，全球贸易形势比较严峻。同时，欧洲债务危机进一步恶化，恶性通胀困扰经济发展，各国后续调控政策未及时跟进而出现政策真空，全球经济复苏步伐进一步放缓。出口恢复放缓，就业形势相对恶化，国内将稳增长、控通胀放在宏观调控的首要位置，社会投资意愿不强，产能过剩的矛盾更加突出。北京市房地产交易市场依然低迷，带来经济景气的不甚乐观。

在这种情况下，北京市经济增长速度将有所放缓，预计经济增速可能在 9% 以下。民间投资意愿不强，全社会固定资产投资增长增速进一步趋缓，同比增长 10% 左右。受就业形势不乐观影响，居民消费意愿有所下降，同时加上汽车限制政策影响，全社会消费品零售额增长 13%。受贸易摩擦和更高层次的贸易壁垒影响，外贸进出口形势相对严峻，进出口总额小幅增长。

五　2011 年主要经济指标预测

综合考虑北京市经济运行面临的国内外市场环境和政策环境，结合北京市经济运行特点，我们比较倾向于中方案，下面将基于中方案对主要经济指标走势进行说明。

（一）产业增长相对稳定，但效益改善空间有限

2011 年，在"优化第一产业、做强第二产业、做大第三产业"的引导下，首都产业发展更加注重内在质量提升，预计三次产业增长分别为 0.1%、11.7%

和 9.5%，三次产业结构比为 0.8 : 23.5 : 75.7。

2011 年，在国际产业结构调整产业转移加速，国内工业化、信息化加快，重点产业振兴规划、新兴产业扶植以及市场环境渐好等多方面因素影响下，北京市工业将保持平稳态势发展。国家经济结构调整的深入进行，对以高技术和现代制造业为主导的北京市工业将长期保持积极推动作用。2009～2010 年多项产业项目建成投产，将推动汽车制造、生物医药等现代制造业较快发展，北京市 3G 试点推进、三网融合进程加快，有利于电子信息等行业的发展；但外需放缓等对装备制造、电子信息等外向型行业的需求形成一定冲击；发达经济体以及我国库存回补阶段结束，对北京市工业生产的拉动作用将减弱；综合来讲，2011 年北京市工业增长相对 2010 年趋缓，预计规模以上工业增加值在 12% 左右。

随着全球产业结构调整和知识经济发展，在国际产业转移中服务业逐渐成为产业转移的新热点，其中金融、保险、咨询、管理和法律等专业服务更是成为产业转移的重点领域。基础良好的北京，在承接这些产业具有较强的竞争力。北京市重点产业振兴规划、体制改革创新、重点功能区发展建设加快等为服务业集聚化、高端化、多样化发展创造良好环境。北京市总部经济的特点意味着在全国经济恢复增长中将首先受益。城市化步伐加快带动商贸流通的发展从而将会加大对物流等生产性服务业的发展需求；同时中关村自主创新示范区建设的深入推进、世界城市建设步伐加快将有利于科技服务、商务服务等行业快速发展；政策收紧、利率上调使期限较长的存贷款利差扩大，议价能力提升等因素将对银行等形成正面影响；居民消费升级、需求增加将推动文化创意产业继续快速发展。但房地产新政带来的房屋交易量下滑，将影响房地产业尤其是房地产中介的经营以及相关银行业务发展。综合来讲，北京市服务业将保持较快增长，预计 2011 年北京市服务业增速将达 9.5%。

2011 年，北京市企业经营还将面临较大压力。一方面，世界经济放缓、国内需求恢复还比较脆弱，后续市场仍存在不确定性；另一方面，随着工资水平、资源品价格等要素价格的调整，劳动力、能源原材料等方面支出将增加，客观上将推升企业生产经营成本。综合来看，企业效益大幅改善空间有限。

（二）投资总量合理增长，结构进一步改进

2011 年，促进投资增长的积极因素较多：北京市"十二五"规划重点建设

项目开工,加上前两年大规模开工项目的投资增长惯性加强;新非公36条等促进民间投资政策的落实,将进一步优化民间资本投资环境;新城、南城、城乡接合部改造建设加速,中心城轨道交通加密、立体公交网络构建等缓解交通拥堵的基础设施,保障能源安全清洁供应的能源基础设施以及提高城市管理水平的一系列建设项目,都将带动基础设施投资的增长;产业振兴规划落实以及国家对战略性新型产业的支持,加之土地储备政策对产业的引导将带动并吸引产业投资较快增长;保障性住房建设力度加大、土地督察和项目进度监督力度加大将加快现有房地产建设进度,改善房地产投资结构。但短期抑制投资增长的因素也客观存在:经济增速放缓使企业盈利能力和实际盈利增速面临继续下滑风险,利润下滑预期将影响投资者信心,对民间投资造成下行压力;投融资平台整合、财政收入增长趋缓、土地财政难以为继都将影响资金来源;房地产政策继续执行、交易量可能下降以及对房地产波动带来经济波动局面的主动调整,将导致房地产投资以及相关行业投资增速继续下行。总体而言,2011年,投资需求依然旺盛,但资金供给紧张,投资结构主动调整的力度加大,投资将在促进结构布局优化中保持平稳增长,预计全年全社会固定资产投资6220亿元,增速保持在13%左右。

(三) 消费持续稳健增长,对经济增长贡献进一步提高

近年来,北京市消费需求呈现结构优化和快速增长的良好态势,对于强化经济回升向好趋势和转换经济增长动力具有积极作用。2011年,虽然存在抑制消费增长的因素,高物价下收入增长缓慢影响消费支出;房地产市场调控政策导致住房相关消费如建材、装潢材料等增速减慢;缓解交通拥堵相关措施对汽车使用成本的提高可能影响汽车消费;刺激消费政策效应随着需求释放以及收入约束将进一步减弱。但消费长期持续、稳定增长具备诸多有利因素:北京市就业形势改善和收入分配体制改革带来的收入增长预期提高为消费增强奠定基础;社会保障制度完善减轻居民后顾之忧,不断改善居民消费支出预期;房价上涨回归理性空间,特别是保障性住房建设力度的加大,将使近年来由于房价过快增长所抑制的居民其他消费支出得到有效释放,形成消费增长的持续动力;建设有中国特色世界城市目标的确立,一些有利于促进国际交往政策的调整,将有利于释放出消费能力,而城市品质、城市功能的提升也会吸引更多人来京;文化消费、特色消费、时尚消费、保健消费等享受型消费有望增长,服务性消费将明显提升;新能

源及节能汽车补贴政策以及消费理念转变，在一定程度促进节能消费和绿色消费的增长；消费热点、消费方式多样化以及消费环境不断优化，都将推动消费保持稳健增长态势。预计2011年北京市全社会消费品零售额达到7030亿元，增速达到15%，基本与2010年持平。

（四）出口面临不确定性因素，结构趋于改善

随着主要发达国家库存回补趋于结束，北京市主要出口地区经济放缓，将影响市场需求进一步扩张；后危机时代发达经济体调整产业结构，一些高端领域的再工业化将会对北京市目前的以高技术产品为主的出口格局产生影响；贸易保护升级，发达经济体不断针对新兴经济体进行反倾销、反补贴调查，特别是针对高技术产品设置贸易壁垒，将会影响北京市的出口形势；我国加快发展方式转变步伐，降低加工贸易比重，在促进出口贸易结构优化的同时短期会对出口产生影响；危机时期一系列出口退税比例调整政策的逐步退出，也将影响北京市部分行业的出口；人民币升值预期增强以及国内劳动力成本上升使出口成本上涨，降低出口产品竞争力。进口方面，随着国内及北京市经济的复苏，原油等资源品以及汽车及其零件产品进口增长将保持相对平稳，美元贬值带来原油等大宗商品价格高位将继续推升北京市进口总额。总而言之，2011年北京市进出口贸易增长相对趋缓，结构渐趋改善。预计2011年出口增长7%，进口增长18%左右。

（五）价格指数上行，通胀压力依然存在

2011年，在基数效应等因素作用下，通胀预期相对缓解：货币政策趋于稳健，有助于稳定通胀预期；在经济放缓等作用下总需求增速将会放慢，而产能供给依然维持较高水平，这将平抑物价的快速上涨；受发达经济体复苏乏力、需求难以大幅增长等因素的影响，原油、铁矿石等国际大宗商品价格保持基本稳定，有利于减缓输入性通胀压力。但是推动价格上涨的因素依然较多：灾害天气或使农产品价格依然存在持续高速上涨的压力；阶梯电价、天然气、水价上调资源品价格调整都会带来价格上涨；基本面持续向好背景下，劳动力成本提高有望推动价格的螺旋式上升。另外，人民币升值和国内加息预期，加剧国际资本的流动，对我国市场将会造成冲击，带来价格波动，增加价格走势的不确定性。初步预计，在北京市价格调控作用下，2011年全年居民消费价格指数增长将在4%左右（见表4）。

表 4　北京市 2010 年全年及 2011 年主要经济指标预测

指　标	2009 年全年		2010 年 1~3 季度		2010 年全年		2011 年全年	
	实际值	增长率（%）	实际值	增长率（%）	预测值	增长率（%）	预测值	增长率（%）
地区生产总值（亿元）	12153	10.2	9754.4	10.1	13610	10.3	14891	9.9
第一产业（亿元）	118.3	4.6	79.7	−1.9	120	−1.3	121	0.1
第二产业（亿元）	2855.5	10.4	2321.2	14.2	3215	12.7	3489	11.7
第三产业（亿元）	9179.2	10.2	7353.5	8.8	10274	9.9	11260	9.5
规模以上工业增加值（亿元）	—	9.1	—	15.2	—	13.5	—	12
全社会固定资产投资总额（亿元）	4858.4	26.8	3741	6.6	5505	13.3	6220	13
城镇固定资产投资（亿元）	4378.2	23.2	3396.7	7.2	4998	14.2	5623	12.8
房地产开发投资（亿元）	2337.7	22.5	2065.2	16.4	2857	22.2	3234	13.2
社会消费品零售额（亿元）	5309.9	15.7	4490.1	16.3	6132	15.5	7030	14.9
出口总额（亿美元）	483.6	−15.9	407.2	17.3	558	15.2	597	7
进口总额（亿美元）	1664	−22.2	1810.7	55.4	2269	36.1	2677	18
地方一般预算财政收入（亿元）	2026.8	10.3	1833.3	20.7	2702	17.4	3083	14.1
地方一般预算财政支出（亿元）	2301.7	17.5	1587	14.9	2511	9.1	2784	10.9
居民消费价格总指数（%）	98.5	—	101.8	—	102.5	—	104	—
城镇居民人均可支配收入（元）	26738	8.1	21837	9	29010	8.5	31500	9.1
农村居民人均纯收入（元）	11986	11.5	11797	11.7	13288	11.1	14754	11

注：GDP 和第一、二、三产业增速为可比价，其他为名义增速；农村收入指标 1~3 季度为农村居民人均现金收入。

六　政策建议

（一）运筹战术与战略，做好长期与短期配合

从理论来讲，根据形势进行改革与创新是必经途径，同时必须注重长期思

路与短期调控的配合。长期是短期发展的未来，对未来的判断必然会影响现在的选择。主动、提前搞好衔接，实现二者的有机结合，将积极促进经济向良好方向发展。把短期与长期相结合，有利于促进下一步市场供求达到均衡。长期涉及经济体制改革与制度创新，涉及对未来市场发展潜力的判断。比如，如何调整结构，则是需要把短期、长期结合起来考虑的系统性问题。有些结构如国民收入分配结构，需要以政府为主来调整；有些结构如产业结构，需要政府引导，更需要运用市场的力量，让企业自主判断、根据市场需求来调整。从长期看，产业结构调整的重点是找到和培育新的增长点；从短期看，则不能忽视就业问题，不能因为强调升级换代而大量关闭中小企业。处理好这样的问题，显然需要从短期与长期相结合的角度来考虑，注重远近结合、标本兼治，既克服短期困难、解决突出矛盾，又加强重点领域和薄弱环节，为长远发展奠定基础。

（二）坚持房地产调控，构建健康发展长效机制

房地产市场的波动是 2010 年引起经济波动的主要原因之一，同时房地产调控面临一个两难问题：如果房地产调控政策长期执行，行政手段频出，那么楼市低迷，其相关行业需求大幅下降，可能会进一步加大经济波动。但如果房市调控政策短期执行，后期楼市或将出现报复性反弹。那么如何使调控顺利过渡，使房地产市场健康发展，就需要进一步加强政策调控的长期协调性。因此，坚持房地产调控政策的连续性和稳定性，不能让调控前功尽弃。同时，要高度重视税收、法制改革等长效机制的建设，尽量避免行政手段对房地产市场短期造成过强的冲击。通过重点增加 90 平方米以下的普通商品房和保障房的合理供给来提高有效供给，同时通过税收、银行等环节遏制投机性需求。

（三）坚持结构调整方向，提升产业发展质量

紧密围绕"十二五"规划目标，强化首都经济的服务经济、总部经济、知识经济和绿色经济特征，在"优化第一产业、做强第二产业、做大第三产业"的工作思想指导下，坚持高端、高效、高辐射发展方向，促进产业融合和集聚，推动产业向价值链高端演进，着力打造"北京服务"、"北京创造"品牌。

通过积极推进农科院菊花研发基地等高端农业示范工程和现代农业科技城建设，加快建设中国北京农业生态谷等一批现代农业项目，提升农业产业化水平。大力发展战略性新兴产业，重点发展新一代信息技术、生物医药、新能源、节能环保、新能源汽车、新材料、高端装备制造产业。促进第二产业、第三产业融合发展，依靠对核心技术和关键环节的掌控，提高产业控制力，鼓励电子信息、汽车、医药等行业产业链向研发设计和市场销售服务双向延伸。通过参股设立"北京服务"股权投资基金和重点产业创投引导基金，促进服务业加快发展。加快推进以石景山为核心的国家和市级服务业综合改革试点，研究出台北京市服务业综合改革实施方案。培育券商直投、风险投资、离岸金融、信托租赁等金融新业态。完善中关村科学城和未来科学城配套环境。加快北部研发服务和高新技术产业带以及南部高技术制造业和战略性新兴产业发展带的业态聚集和要素。提升六大高端产业功能区设施条件，通过产业布局优化，提高功能区产业集约化程度。

（四）完善收入分配机制，增强消费动力

深化收入分配制度改革，通过打破垄断、产权收入改革、加大财政转移支付等方式，加大个人收入分配调节力度，使劳动者的劳动所得成为收入增加的主力，并着力提高低收入者收入。加强政府对收入分配的调节职能，调节过大的收入差距。强化公共财政职能，积极探索收入分配的转移支付机制，提高社会保障支出、抚恤和社会福利救济费等在财政支出中的比重。在健全覆盖城乡的就业服务体系过程中，重视完善面向所有困难群众的就业援助制度，重视完善最低生活保障制度。积极推进税制改革，完善个人所得税制度，合理调整不同收入群体的对应税率，根据经济发展的节奏适时提高个税起征点。加快垄断行业改革，加强对国有垄断行业的收入分配监管，防止归全体公民所有的利润转化为小集团的利益和个别人员的薪酬福利，探索超额垄断所得向全民所有者的转移机制。

（五）关注价格走势，适时推进资源品价格改革

随着通胀预期的进一步走强，2011 年将面临更大的价格上涨压力。下一步，需要继续加大市场监测力度，密切关注价格走势，设立价格平稳基金，加强市场

宏观调控，稳定关系民生的商品价格，确保城镇居民的生活质量稳步提高。抓住价格改革的良好时机，合理安排价格改革时序，坚持适时推进资源价格改革，逐步理顺水价、热价、电价构成。同时关注受损人群利益，制定相关配套措施。建立价格变动的财政支持政策，完善与城乡居民收入增长和物价上涨相适应的社会保障和社会救济标准的调整机制。做好宣传和前期调研，避免政策出台引起的民众强烈不满情绪。

北京与世界城市
Beijing and World Cities Chapter

B.5
北京与世界城市的经济特征比较

白志刚

世界城市最重要的特征，是对世界经济的控制力和影响力。建设世界城市，壮大经济实力是重中之重。将北京现阶段的经济特征与世界城市三个发展阶段的经济特征进行比较，并判断北京当前所处发展阶段，提出未来北京建设世界城市的重点，对于北京科学、健康、快速地发展经济有借鉴意义。

一 世界城市三个发展阶段的经济特征

这里所说的世界城市，特指纽约、伦敦和东京。它们在成为世界城市的发展过程中，都经历了起步阶段、腾飞阶段和保持阶段，它们在这三个阶段表现的经济特征可以这样描述。

1. 世界城市发展起步阶段的经济特征

基本完成工业化过程，成为国内或世界制造业、金融业和商业中心。在工业化后期工业结构老化，工业体系衰退明显，贸易、金融等服务产业成为城市经济的主要形态。

2. 世界城市发展腾飞阶段的经济特征

从垄断经济向市场竞争经济转变。鼓励民间和国外投资，制定政策使国有企业有步骤地实行私有化。转变经济发展模式。产业结构进一步调整、转型，为改变原来工业城市规划布局中工业企业过分集中在城市中心区的旧有局面，制定政策把城市中心的工业企业向郊区、外地和外国分散转移，吸引跨国公司总部入驻。进出口贸易占据重要地位，第三产业中金融业等服务业占据经济主导地位。经济进入高速增长时期，国家经济中心的地位得到强化，成为世界金融、贸易和商业中心。

3. 世界城市发展保持阶段的经济特征

完成从以制造业为主向以服务业为主的高级化过程，后工业经济特征明显，城市经济增长逐步放缓，寻找新的增长点。金融、保险、法律、会计、咨询、广告、设计、高等教育、科研、卫生等一些专业性服务业和生产性服务业成为新兴支柱产业。服务业成为绝对主导经济，拥有全球商业和金融都市的地位，国际人流、物流、资金流的流量巨大。在全球确立经济领先地位，成为世界经济控制中心和国际旅游主要目的地，保持较强发展动力和活力。

二　北京现阶段的经济特征及其比较

通过对与世界城市的全面比较分析①，可以得出结论：北京目前正处于世界城市的腾飞阶段，而且已经达到腾飞阶段的中高时期。北京现阶段所表现的经济特征可以证明这一判断。

1. 北京现阶段的经济特征

北京现阶段的经济特征表现为，进入后工业化发展阶段，重视经济增长方式的转变，产业结构进一步调整，产业结构高端化趋势凸显，形成以科技和服务业为主导的产业格局，初步形成了与其自然资源、人文资源相适应的，

---

① 详见北京社会科学院外国问题研究所课题组《北京与世界城市发展阶段性特征分析》研究报告。

高技术、高附加值工业和都市工业相结合的新型工业结构体系，是中国的现代服务业中心、高端制造业中心和高科技研发中心。服务业已经占据经济主导地位，但具有智力化、资本化、专业化、效率化的高端服务业还欠发达。高新技术产业开始起步，拥有自主知识产权很少。文化产业已成为支柱产业，环保产业开始起步。开始制定政策，把产业等向郊区分散转移。经济进入高速增长时期。

与上面世界城市发展腾飞阶段的经济特征相对比，可以发现，北京目前所表现的经济特征与世界城市发展腾飞阶段的经济特征几乎完全一样："产业结构进一步调整，转型，进出口贸易占据重要地位"，"第三产业占城市经济的比重越来越高，金融业等服务业占据经济主导地位"，"经济进入高速增长时期，国家经济中心的地位得到强化"，"为改变向都心过度集中的局面，开始制定政策，把产业等向郊区分散转移"。

不仅如此，北京现阶段经济特征还显露一些世界城市现阶段，即保持阶段的经济特征，如基本"完成从以制造业为主向以服务业为主的高级化过程，后工业经济特征明显，金融、保险、法律、会计、咨询、广告、设计、高等教育、科研、卫生等一些专业服务业成为新兴支柱产业，服务业成为主导经济"。客观地说，从世界城市经济的发展过程来看，北京经济的发展速度和发展方向还是相当好的。

2. 北京与世界城市的经济比较

尽管从经济特征上看，北京现阶段已经处于世界城市腾飞阶段，而且还呈现世界城市现阶段的一些经济特点，但是从表1可以看到，北京的"人均地区生产总值"、"第三产业占全市比重"等指标与世界城市相比，还有较大距离。

从表2来看，指标体系"经济"部分满分为26.92分，北京得分13.21分，与比较城市"经济"部分平均得分23.5分相差10.29分，与"文化、社会、城市"几个部分相比，是相差最多的一部分。①

实际上，北京与世界城市在经济方面的差距，可能比上面的得分差距还要更

---

① 详见北京社会科学院外国问题研究所课题组《北京与世界城市发展阶段性特征分析》中"附录2"总表。

表1 世界城市指标体系经济指标数据

分类	指标名称	北京	纽约	伦敦	东京
一经济	1. 全球城市竞争力指数排名①	59	1	2	3
	2. 人均地区生产总值(万美元)②	1.03	5.41	6.66	6.1
	3. 第三产业占全市比重	75.5	96.8	86.5	91.6
	4. 证券市场交易量(亿美元)	11967	222406	25604	39877.8
	5. 文化创意产业产值就业人口	11.51	12	14	15
	6. 世界500强企业总部数量③	21	18	15	51
	7. 国际游客人数(万人)	400	1480	950	530

注：此表为北京社会科学院外国问题研究所课题组《北京与世界城市发展阶段性特征分析》研究报告中"附录1"中的经济部分。

①任杰：《中国社科院发布世界城市综合排名》，www.cbmedia.cn/html/07/n-120007.html-网页快照。

②http://www.malaysiaeconomy.net 大马经济网。

③韩文琰：《北京与主要城市的相关指标比较建设建议》，载于《2010城市国际化论坛论文集》，第61页，2010年9月。

资料来源：北京的数据，除了有特别注释的，均来自北京统计局2010年对2009年的统计。纽约、伦敦和东京的数据，均来自3个城市的政府网站的最新统计数字，绝大多数都是2010年对2009年的统计。

表2 世界城市指标体系经济指标数据比较得分

分类	指标名称	北京	纽约	伦敦	东京
一经济	1. 全球城市竞争力指数排名	61.00	100.00	99.00	98.00
	2. 人均地区生产总值(万美元)	15.47	81.23	100.00	91.59
	3. 第三产业占全市比重	77.00	100.00	89.36	94.63
	4. 证券市场交易量(亿美元)	5.38	100.00	11.51	17.93
	5. 文化创意产业产值就业人口	76.73	80.00	93.33	100.00
	6. 世界500强企业总部数量	41.18	35.29	29.41	100.00
	7. 国际游客人数	27.03	100.00	64.19	35.81
	700分 得分：	303.79	596.52	486.80	537.96
	折合100分为26.92分 得分：	13.21	25.94	21.17	23.39

注：数据的分计算方法：四个城市中，指标数据最高，得满分；其他三个城市的数据按照与最高分城市的百分比计算得分。没有指标统计数据的按照百分折半得分，即得50分。

资料来源：此表为北京社会科学院外国问题研究所课题组《北京与世界城市发展阶段性特征分析》研究报告中"附录1"中的经济部分。

大些。在2010年世界城市GDP排名①中，列前5名的是：①东京，29900亿美元；②纽约，26300亿美元；③洛杉矶，17874亿美元；④伦敦，6955亿美元；

---

① http://www.malaysiaeconomy.net，大马经济网。

⑤巴黎，6581 亿美元。北京排在第 25 位，1476 亿美元；① 莫斯科第 27 位，1183 亿美元。

3. 北京的城市竞争力比较

在中国社会科学院发布的《全球城市竞争力报告（2009～2010）》中②，纽约、伦敦、东京在城市竞争力上位列前三（见表2）。这份报告由中国社科院联手多国专家共同完成，共选取了全球 500 个样本城市，评价指标体系中大部分指标都是经济指标，分别以专利申请数量、跨国公司分布、创新能力、投入产出等指标对其竞争力水平进行比较分析并排出名次。在中国入围世界百强的城市中，香港列第 10 位、上海列第 37 位、台北列第 38 位、北京仅列第 59 位。由此可见，要建设成为世界城市，北京的经济发展水平还需要尽快有大幅度的提升。

三 北京建设世界城市的经济发展建议

1. 大力发展总部金融业

一个城市的经济发展到一定程度后，将不再以工业经济作为主导，以金融业为主导的服务业将成为核心，这是世界城市一个主要的经济特征之一。2008 年，北京市政府出台了《关于促进首都金融业发展的意见》，提出北京市要建设成为"具有国际影响力的金融中心城市"。北京是中国的金融决策中心和信息中心。中央银行和银行监督管理委员会、证券监督管理委员会、保险监督管理委员会；工商银行、建设银行、农业银行、中国银行四大国有银行的总部；两大投资银行以及大型期货公司等中国金融决策机构、监管机构以及最高级别的金融集团云集北京。近年来，北京积极发展金融业，取得显著成效。2009 年，金融业的增长速度达到 13.9%。增加值达到 1720 亿元，占北京全市地区生产总值的比重为4.5%。

现在北京市已有全国最大的产权交易所，但与世界城市相比，交易量还是很

---

① 上海排在第 23 位，1511 亿美元。

② 任杰：《中国社科院发布世界城市综合排名》，www.cbmedia.cn/html/07/n - 120007.html - 网页快照。

小。在最新的国际金融中心排名中，纽约、伦敦、东京名列前3位。要建设世界城市，北京应创新金融监管体制，大力发展总部金融业。伦敦金融市场的吸引力主要体现在监管体制的高效灵活上。英国金融市场的监管采用金融服务局（FSA）的单一监管模式，它以原则监管和风险控制为基础，强调与企业的沟通协调而非公开惩戒，这样做可防范风险，又最大限度地降低监管成本。2006年3月，英国财政大臣戈登·布朗为加强政府与金融城的紧密联系，建议创立项目组，进一步提高政府政策的反应效率。这种新型金融监管体制，促进了伦敦总部金融业的迅速发展，当前，伦敦金融城云集了包括英格兰银行总部在内的世界各主要金融机构，有约500家各国银行在这里经营，有75%的世界500强企业在金融城设立分公司或办事处。建设区域性乃至国际性金融中心，是北京走向世界城市，实现其城市定位的过程中不可或缺的一个重要环节。北京要借鉴伦敦"以原则为基础"的监管理念，提高金融机构的创新能力，提高自身的金融服务发展水平，提高监管效率，要大力发展总部金融业，通过扩大入驻北京金融机构总部数量，采取单区中心、多区辅助的模式，调整金融机构的整体布局，不断把北京建设成为有特色，有创新的国际金融中心。

2. 大力发展旅游产业

旅游产业是朝阳产业，是绿色产业，是高附加值产业。在后工业化时期，旅游产业必将成为主导产业群中的主导产业，世界城市旅游产业发展的状况就是最好的证明。

旅游业是纽约第五大产业，每年为纽约带来300亿美元的收入，而数十万人的工作也有赖于旅游业的发展。曼哈顿唐人街的经济也一向倚重于旅游业。纽约市旅游业持续增长。纽约市2010年上半年迎来了2350万人次游客，比前一年同期增长了8.7%，预计全年将达到4750万人次游客的目标。从2010年1~6月，酒店的平均入住率比上年同期上升了6.8%，约等于100万间/夜。酒店业给纽约市纳税178亿美元，比上年增加了1/4。在全世界经济不景气的情况下，纽约旅游业的发展可谓是一枝独秀。①

伦敦是一座驰名世界的旅游城市，旅游业是伦敦最大的行业之一，每年大约有15000万人次的伦敦一日游，旅游收入每年大约为166亿英镑（约合人民

---

① 管黎明、张菁：《纽约旅游业兴旺　JFK扩建第四号候机楼》，2010年8月12日《侨报》。

币 2000 多亿元）。旅游部门提供大约 25300 个全职岗位。在过去十年里，伦敦海外游客数量增长迅速。据初步统计，2007 年伦敦接待了 2545 万游客，其中海外游客 1564 万人。另外，来自海外游客的收入是伦敦旅游业收入最主要的组成部分，而在 2007 年则首次突破了 80 亿英镑。2007 年，到伦敦的过夜游客每次旅行平均花费 377 英镑，或者平均每天花费 90 英镑。典型的海外游客会在伦敦停留6.2 天，而国内游客则停留 2.3 天。2007 年，过夜的休闲游客在伦敦花费总计 44 亿英镑，而商务游客则花费 33 亿英镑。①

东京特别重视旅游业的发展，旅游开发的总体目标定位是"具有活力与风格的世界都市"。② 2006 年访问东京的国内外游客数达到了 4.2 亿人，比上年度增加 3.7%，其中外国旅游者人数为 481 万人，比上一年度增加 7.1%；合计旅游消费收入 4 兆日元（约合 363 亿美元）；由此带来的生产波及效果为 9.4 兆日元（约合 854 亿美元），带动了 53 万人的直接和间接就业，对增加东京的经济活力作出了巨大贡献。③

东京计划在 2012 年接待的入境旅游者人数达到 700 万，国内旅游接待人数达到 5 亿，旅游消费收入 5 兆日元，经济的波及效果达到 10.7 兆日元（约合 909 亿美元），创出 66 万个就业职位。④

北京 2007 年入境人数为 435.5 万人，旅游外汇收入 45.8 亿美元⑤；2008 年，379 万人，44.5 亿美元；2009 年，412.5 万人，43.6 亿美元，3 年来有小降小升，基本停滞不前，还没有超过 2007 年的水平，比起纽约、伦敦和东京，仍然还有较大差距。所以要建设世界城市，提高经济发展水平，就需要大力发展旅游产业。

3. 建立中央文化区

世界城市文化特色需要有集中展示的区域。建设中央文化区，可以促进文化

① 《伦敦旅游业分析》，http：//www. sina. com. cn，2008 年 8 月 6 日，新浪财经。
② 《日本城市旅游发展战略研究》，该文章转自小柯论文网，网址：www. bob123. com，原文地址：http：//www. bob123. com/lunwen23/9568. html。
③ 郭颂宏：《日本城市旅游发展战略研究》，www. chinacity. org. cn/cspp/lypp/48494. . . . 2009 年 11 月 16 日。
④ 《日本城市旅游发展战略研究》，该文章转自小柯论文网，网址：www. bob123. com，原文地址：http：//www. bob123. com/lunwen23/9568. html。
⑤ 资料来源：《北京统计年鉴 2008》，中国统计出版社，2008。

创意产业的发展，对于城市旅游经济有很大助推作用。与世界城市相比，北京的文化设施相对较少，而且没有文化设施比较集中、功能比较齐全的大的聚集区。中央文化区可以是一个城中之城，融文艺、娱乐、餐饮、图书和艺术品展销为一体，既可以集中展示中华民族和北京地域的优秀文化，又可以增强北京文化名城的特色魅力和国际吸引力，还可以获得相当可观的经济收益。

作为世界城市，纽约是美国文化的聚集地。它位于曼哈顿的 SoHo 艺术区，已经发展成了集居住、商业和艺术为一身的一个完善的社区，拥有特色酒吧、高档时装店、艺术画廊和个性化的家居装饰品店等，已经成为全球游客的旅游景点。

伦敦的巴比肯中心，已经成为欧洲最大规模的多元综合艺术中心，涵盖艺术范畴包括音乐、戏剧、舞蹈、电影、语言及其他视觉听觉艺术，构成巴士底文化区欣欣向荣、人气十足的氛围，已经成为世界盛大聚会的重要举办地。

上野是东京的文化区，那里有东京国立博物馆，国立科学博物馆，国立西洋美术馆，东京文化会馆，东京都美术馆，上野公园等文化建筑和设施，都在上野地铁站附近。文化建筑的集聚，集中展示了东京文化的魅力，再加上这里每天有两场东京歌剧院的推广演出，因此来这里参观和看演出的国际游客很多。

对北京而言，"我们已经新建了西单金融街、建国门商务圈，可惜还没有形成足够的可以供普通市民从事文化消闲活动的新的文化中心区。"[①] 北京建设中央文化区（Central Cultural District，简称 CCD），是建设世界城市的需要。

建议在朝阳区或海淀区设立中央文化区，在两区规划的基础上，重新规划设计，可以加快建设的速度。

朝阳区政府正在建设北京潘家园古玩艺术品交易服务中心项目，规划占地面积 49207 平方米，总建筑规模约 14.6 万平方米。这块土地可以用作北京市的中央文化区的规划用地，而且中央文化区在这里建，还可以带动南城的经济和城市发展。

海淀区为突出文化特色，引导产业集聚，正在研究制定区域文化发展空间规划，力促"一淀·二园·三区·四街"发展格局的形成。在"二园"规划中，提出在杏石口地区建设具有世界影响的，包括国家排演中心、国家电影放映中

---

① 杜梅萍：《建言人文北京共谋和谐发展》，《前线》2009 年第 4 期。

心、国家大马戏剧院等众多演出场所在内的"北京西区艺术大道"。西山地区上风上水，环境优美，也是设立北京中央文化区的一处比较理想的地点。

4. 大力发展文化创意产业

文化创意产业作为一种国际性的新兴产业，具有消耗资源少，污染小，极强辐射带动性等特点。伦敦、纽约和东京等世界城市，无一例外都是创意产业最集中和最发达的地区，都因富有特色的创意产业而闻名遐迩。一直以来，伦敦都是个富有创意的城市。1997 年布莱尔政府成立"创意产业特别工作组"，明确提出要把创意产业作为英国振兴经济的新引擎，作为英国新形象和城市复兴的一个重要依托①。经过 10 多年的发展，当前伦敦已成为"世界创意之都"，它是全球三大广告产业中心之一、全球三大最繁忙的电影制作中心之一和国际设计之都。北京可以借鉴伦敦的经验，建立优质健康的文化环境，吸引创意人才聚集；借助于自觉发展文化创意产业的发展战略，规划创意产业发展蓝图，倡导创意产业概念，调整产业布局，建立创意园区，从资金、税收等方面提供适当的政策扶持；积极开辟与民间组织合作新途径，培养公民创意生活与创意环境。

---

① Lundvall, B. National Systems of Innovation：Towards a Theory of Innovation and Interactive Learning ［M］. London：Pinter Publishers，1992.

B.6
北京与世界城市的经济分析

李仲生[*]

一 世界城市的内涵与研究体系

世界城市是经济全球化的产物，在当代城市发展方面它处于全球体系中的最高等级。世界城市不仅是世界经济的控制中心，而且是世界政治、文化、科技、教育和信息中心，人口规模巨大。同时，它集中了较多的跨国公司、国际金融机构和国际经济与政治组织，是国际资本集散中心。此外，这些城市具有很高的开放度，是国际商品、资本、信息和劳动力的集散中心，其吸引辐射范围波及绝大多数国家甚至整个世界。并拥有现代化的城市基础设施，包括通信、咨询、科技、商业、市政公用等在内的生产性服务也很发达。从产业结构看，其经济形态已由工业经济形态向服务性经济形态转变，第一产业的比重极其低下、第二产业的比重呈现不断下降趋势，第三产业的比重远远高于第二产业和第一产业的比重，通常第三产业的比重占国内生产总值的比重在70%以上。从全球最具影响力的国际大都市看，纽约、伦敦和东京属于世界城市，它们最具有当今世界城市的某些基本特征。

世界城市作为特大城市的一种发展动态，其发展水平是由各种复杂因素综合决定的。从定量的角度考察，世界城市的确定及其发展程度也有一系列的指标体系，主要包括：反映城市经济综合实力的指标；经济结构和国际化经济功能的指标与服务功能的指标；人口规模和人才素质的指标；城市基础设施水平和交通、信息业国际化水平的指标等。为了简洁起见，本文仅选择一些有代表性的经济指标，设立一个世界城市国际化经济指标诸因素组成的函数公式。

---

* 李仲生，经济学博士后，首都经济贸易大学劳动经济学院日本经济研究中心主任、教授，日本早稻田大学特约研究员，研究方向为人口经济学、国际经济、人力资源管理。

$$I = f(Y, Y_r, y, y_r, P, b, S, D, S_t)$$

公式中，反映世界城市经济综合实力的指标 Y 为国内生产总值的规模， Y_r 为国内生产总值占全国的比重， y 为人均国内生产总值， y_r 为人均国内生产总值增长率， P 为人口规模， b 为进出口贸易总额， S 为第三产业产值比重， D 为跨国公司和国际知名大公司及分支机构数， S_t 为金融保险机构和外国金融机构数。

需要指出的是，上式所包含的经济指标，是笔者从众多指标中按照一定的标准精心选取的，这些指标基本上能够系统地反映一个世界城市的国际化水平。当然，衡量世界城市的指标体系是由各种复杂因素综合决定的，在理论基础上建立的以上经济指标体系，重要的是揭示了世界城市动态进程中显示的一种结构。这种立体的、多维的指标体系不单是考虑量化问题，而且还从定性和定量两个方面对世界城市的形成与发展进行系统的分析。

二 世界城市的形成与发展

世界城市是 20 世纪 70~80 年代在经济全球化的条件下，发达国家产业结构和优化的结果。这一时期正是发达国家的产业结构由工业社会向后工业社会过渡的时期，产业结构的服务化和服务的国际贸易成为世界城市形成和发展的经济基础。本节主要以城市经济发展的理论为依据，简单回顾纽约、伦敦和东京三大世界城市的发展历程，探讨其形成世界城市的经济成因。

（一）最发达的世界城市——纽约

纽约是美国第一大都市，也是世界上最大的国际都市之一。它不仅是美国的金融中心，也是全世界金融中心之一。纽约的经济功能还突出表现在管理方面。纽约位于美国东北部哈得逊河与大西洋交汇点上，属纽约州纽约县。市区人口 700 多万，包括郊区在内的大纽约市人口 1800 万。按市区人口计算，2004 年度纽约市的 GDP 为 4070 亿美元。纽约虽非首都，但发挥着国际政治中心的职能，联合国 6 个主要机构中的 5 个设在纽约，联合国总部大厦坐落在曼哈顿岛东河河畔。

第二次世界大战后，美国成为世界上经济最发达的国家，1946 年，联合国总部设于纽约，从此纽约成为世界的首位国际大都市。随着经济和城市化的发展，到 20 世纪 80 年代，纽约成为生产要素全球性配置中心。布雷顿森林体系使美元成为与黄金等同的世界硬货币是纽约成为全球的金融中心之一的重要因素。1981 年，美国联邦储备委员会批准建立"国际银行便利"（The International Banking Facility—IBF）后，使纽约成为继伦敦之后世界上第二个全球金融中心。海外企业在纽约股票交易所上市，使美国的资本市场成为全球的资本市场。纽约外汇市场的发展，商品期货市场的国际化，为跨国公司配置生产要素和资产经营提供了便利条件。在产业结构方面，纽约以其科技和资本的优势起着先导作用，通过合理的产业结构调整，成功加强了中心城市的实力和地位。

现在纽约已经成为全球规模最大的经营决策管理中心。随着联合国的机构日益增多，纽约成为世界的政治城市。在 20 世纪 60 年代，全球最大 500 家跨国公司中的 161 家的总部设在纽约，70 年代后由于地价的飙升引起一部分跨国公司迁移到巨大城市带内的其他城市。1989 年，纽约只剩下 59 家美国最大公司的总部。但纽约作为全球金融中心的功能却同时产生了。这些跨国公司设在纽约主要是为了便利其业务能够享用纽约的专业服务和金融服务。80 年代以后，纽约由跨国公司的集中地转变为跨国商业银行和其他跨国金融机构的集中地，著名的大通曼哈顿银行、第一花旗银行的总部设在纽约，几乎所有著名商业银行都在纽约设立了分行，以普天寿、大都会为代表的全球最大寿险公司和大量的共同基金管理公司的总部均在纽约，通过纽约证券交易所等经营着美国各大公司的 1500 种股票和国内外 1200 种债券。并通过纽约商品交易所等生产要素市场、商品期货市场，在全球范围内进行生产要素的配置。由于大公司、大银行集中于纽约，使纽约成为国际经济的控制和决策中心，它吸引了房地产、广告、法律、税收、设计、数据处理等各种专业服务部门。这些部门提供了大量就业机会，对外来人口产生了巨大的吸引力，由此推动了纽约城市经济的发展，这也是纽约位居当今国际经济中心之首的主要原因。

纽约的信息产业也很发达。在纽约都市圈内，分布着众多的信息产业为主体的知识和技术密集型产业，其中，美国电话电报公司、国际商业机器公司和朗讯科技等是美国和全球信息产业最重要的代表。纽约作为全球最主要的信息枢纽，各类生产要素市场每天都在生产和消费难以计量的数据和信息，并通过商业信息指导着全球投资和贸易运行。纽约集中全球最大的传播媒体群体，哥伦比亚广播公司、全国广播公司和美国广播公司的总部都设在纽约，控制着 2139 家电台和电视台。美国《纽约时报》、《华尔街日报》、《纽约每日新闻》、《商业周刊》、《时代周刊》、《新闻周刊》等都在纽约出版发行，其中《时代周刊》和《新闻周刊》还在海外发行。合众国际社、美联社以及众多的传播媒体和出版机构每天向世界发送最新的数据和信息。纽约作为最发达的世界城市的形象也随着新闻媒体渗透到世界各个角落。

（二）最早的世界城市——伦敦

伦敦是英国的首都，也是英国的政治、经济和文化中心，最大的海港和首要工业城市，又是世界上最早出现的国际化中心城市，在 18 世纪和 19 世纪曾是世界上最大的城市。20 世纪 20 年代初期以后伦敦作为世界第一城市被纽约所取代，纽约在 1925 年成为世界上人口最多的大城市。在第一次世界大战后，伦敦与其他的欧洲城市一样受到严重创伤，加上 20 年代的经济萧条和 20 年代末、30 年代初的经济危机，伦敦受到冲击，在商业和金融服务方面的吸引力日趋下降。但伦敦从综合实力看依然与纽约并列为世界上最大的国际大都市，当时伦敦是英国经济、政治和文化的中心，特别是在国际贸易往来和资本输出等方面在英国起着举足轻重的作用。在工业方面，电力机械、汽车制造、飞机制造等新兴工业在伦敦发展也很快，使伦敦成为英国现代制造业的生产中心。

20 世纪 60 年代以后，伦敦作为全球最大的金融中心之一是值得注目的。70 年代，布雷顿森林体系的崩溃，给以伦敦为中心的欧洲美元市场的发展注入新的活力，欧洲美元市场逐渐发展成为欧洲货币市场，伦敦银行间同业拆借市场利率成为全球国际资金融通的基准利率，伦敦成为世界的"金融首都"。70 年代后期，随着金融自由化、国际化的迅速发展，伦敦的金融部门开始兴旺，从 80 年代初期到 80 年代中期，有 115 个新银行迁入伦敦，到 1985 年底，伦敦共有 434 家银行，这时伦敦的外国银行多于国内银行。到 1999 年，伦敦已拥有 544 家外国银行和 526 家列在伦敦股票交易中的外国公司。随后在伦敦的外国银行略有下降，到 2005 年减少到 486 家。尽管如此，与世界上其他城市相比，伦敦仍拥有最多的外国银行。此外，伦敦的金融垄断资本，不仅控制着英国的经济命脉，对世界许多国家的经济有着重要的影响。伦敦的国内生产总值占了英国的 1/5，其超过 40% 的国内生产总值和 30% 以上的就业机会是以金融服务和商业为依托的。同时，伦敦作为全球性生产要素配置中心，具有规模大、全球化程度高的特点。

伦敦在全球性经营决策管理和高技术产业生产方面很发达。据英国《金融时报》的统计，1988~1989 年度英国最大的 1000 家公司中，除了金融机构总部外，有 208 家服务业公司和 204 家制造业公司的总部设在伦敦，其中有 73 家外资公司。目前，在大伦敦和伦敦都市，集中了与信息相关的知识型信息产业，技术密集型产业和传统制造业，产品以高科技为主。在工业领域伦敦作为英国最大的工业城市，机械制造、汽车、飞机、电子工业和石油化工等部门具有很高的水平，在国际上享有盛誉。尤尼莱弗、帝国化工、通用电气、英国宇航等大公司的总部设在伦敦，遥控远及世界各地的生产销售活动。

伦敦的竞争优势在于作为一个世界城市所扮演的角色，伦敦是国际金融中心，是欧洲文化和娱乐中心之一。无论金融和商务服务，伦敦在世界上具有主导地位，伦敦在制造业尤其在产品开发、制造工程学和营销等领域具有竞争优势。伦敦有很高的经济开放度和广泛的国际经济联系，是国内外贸易中心，国际贸易额占其本地生产总值的比重较大。从世界范围看，伦敦的国际商务超级服务水准已经使它能够与其他的竞争者竞争，而与之可竞争的世界城市只有纽约和东京。

（三）新兴的世界城市——东京

东京是日本经济、政治和文化的中心，作为世界上经济活动最为集中的大都市，集中了众多大型企业的总部、银行和股票市场，同时又是日本最大的国际金融中心、国际航运中心、工业中心和商贸中心。东京与其他国际大都市相比，企业和银行分别居第一位，股票市场居第三位。东京都中心区集中了东京绝大部分的政治、文化、国际交往、金融和经济管理中心职能，此外，还承担商业、信息业等高层次产业职能。

20 世纪 50 年代中期，东京因其优越的自然和经济地理条件，出现了大规模的制造业空间集聚，东京东南海湾地带成为日本新的制造业集聚地，东京制造业产值占全国制造业比重为 15%，食品、纺织、化学、钢铁和金属制品等部门成为主导产业，以资本密集型制造业为主导的产业结构成为东京经济发展的主体，东京已经成为日本的制造业中心。这一时期，随着工业化的迅速发展和城市雇用人口的扩大，农业向城市的人口移动规模迅速扩大，东京人口急速上升，到1960年增至831万人，成为世界上最大的都市。

20世纪60年代初期，东京以钢铁业、石油化工业和重型电机业为中心，出现了设备投资高潮，制造业生产以惊人的速度发展，使东京制造业结构发生巨大变化，重工业和化学工业的比例高达65%，制造业产值占全国制造业总产值的1/6。60年代以后，东京的制造业持续增长，产业结构不断优化。70年代初期以后，东京的产业结构发生了新的变化，冶金工业、化学工业等资本密集部门在制造业的比重逐渐下降，而第三产业，特别是金融服务业得到迅速发展，使第三产业的就业人数比重持续上升。这种就业结构的变化反映了"经济服务化"的显著趋势。同时，东京成为日本八大财团下属跨国公司和跨国金融机构的总部所在地，成为全国的生产要素配置中心和经营决策中心，东京基本上完成了由制造业中心向经济中心的过渡。

在经营管理方面，20世纪90年代初期，东京已经成为初具规模的全球性经营决策管理中心。这时东京对全球经济的重大影响已得到初步体现，全球最大500家跨国公司中的34家的总部设在东京，全日本30%的各类金融机构的总部设在东京，2000多家外国企业的地区本部和办事处也设在东京。自此，东京完成了由全国性经济中心向国际化大都市的转型。90年代末期，行业的分散和国际商业集团的增加确保了东京成为世界经济中心的地位。这一过程的主要动力在于随着世界走向全球化，东京形成了更多具有中心功能的板块集聚。这些功能主要与金融、制造业和服务业密切相关。在20世纪90年代，东京作为世界经济中心的地位随着该城市证券交易所的发展而增强，东京证券交易所在交易量和代理费用方面，都已超过纽约证券交易所，从而成为世界规模最大的证券交易地。具体来看，日本超过90%的外国公司集中在东京，它还聚集着众多海外金融机构的日本办事处及支行等外资企业、国内大中型企业的总部等。东京的支票交易额占全国的85%，股票交易额占70%，国外金融证券企业的95%都集中在以东京丸内为中心的三区，这反映了东京金融功能的集中程度。而东京也随之成为与纽约、伦敦并列的世界金融贸易中心之一。这一时期东京在金融贸易方面的优势主要体现在：作为世界最大的债权国、资本输出国和外汇储备国，金融资产庞大，外汇储备雄厚；对于世界范围内流动的国际金融资本而言，位于纽约和伦敦之间的东京金融市场，可以弥补这两个市场之间的空当。正因为这样，东京作为世界金融中心的地位逐渐得以确立和发展，东京逐渐成为世界城市。

三　北京成为世界城市的经济分析

世界城市是 20 世纪 70 年代以后在经济全球化的条件下逐渐形成和发展的，其内在机制是规模经济和聚集经济。从世界城市发展的历程来看，纽约、伦敦和东京的城市国际化尤其引人注目。北京从 21 世纪初期立志于成为世界城市。从经济发展来看，中心商务区、金融街、中关村等区域交相辉映，引领中国经济浪潮。但是就经济发展水平、产业结构等方面而言，北京距离世界城市还有相当的距离。

北京作为中国经济最发达的城市之一，自改革开放以来，在社会主义市场经济体制下，对全国经济的服务和宏观调控功能大大加强，逐渐成为区域性国际商务中心。20 世纪 90 年代以来，国际集团纷纷在北京设立控股企业或地区总部，至今在北京投资的跨国企业和国际知名大企业已有 247 家。另据最新资料统计，世界排名前 500 位的大工业企业和服务企业达 160 家，其中 120 余家集中在中央商务区（Central Business District，CBD）及其周边地区，在北京设立地区总部的有 25 家。美国的 IBM、摩托罗拉、朗讯，日本的日立、东芝、百特，德国的西门子，法国阿尔斯通、施耐德以及加拿大的北电网络等公司都在北京设立了地区总部。目前，北京"三资"企业已达 10000 多家，省级驻京办事处 46 个，市县级驻京联络处 100 多个，其他驻京办事机构 1000 多个，还有 80 多个国家和地区的商社、银行和跨国公司设立的 5600 多家办事机构。这表明北京已在一定程度上起着全国经济信息中枢的作用，并朝着世界城市发展。

从经济发展水平看，20 世纪 90 年代以来北京经济增长迅速，特别是 1992 年以来，经济增长率基本上保持在两位数的增长速度，具有很强的发展潜力（见图 1），但经济规模较小，2009 年地区生产总值占全国比重仅有 3.5%，相当于伦敦的 11.8%。人均国内生产总值增长率较快，2009 年达到 10070 美元，但与纽约、伦敦和东京世界城市相比差距是显而易见的（见表 1）。今后随着北京加快缩小与纽约、伦敦和东京等世界城市的发展差距，未来的数十年北京经济仍可保持高速增长趋势。北京经济目前正处在高速增长阶段，并正在向现代经济稳定

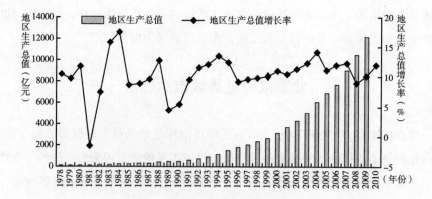

图1 北京市经济增长的变化

资料来源：根据国家统计局国民经济综合统计司编《新中国五十五年统计资料汇编》，中国统计出版社，2005；千龙网：《2009 年北京 GDP 修订数据出炉增速为 10.2%》，2010 – 07 – 20；北方网：《2010 年上半年北京生产总值 6372.6 亿元增长 12%》，2010 – 07 – 21；北京市统计局、国家统计局北京调查总队编《北京统计年鉴》各年版的资料作图。

表1 北京与世界城市的部分经济指标比较

指　　标	纽约	伦敦	东京	北京
地区生产总值 Y(亿美元)	26300(2010)	6955(2010)	29900(2010)	1476(2010)
地区生产总值占全国比重 Y_r(%)	17.9(2010)	29.6(2010)	16.5(2006)	3.5(2009)
人口 P(万人)	1940(2010)	1185(2007)	3670(2010)	1755(2009)
人均地区生产总值 y(美元)	49329(2004)	44091(2004)	66747(2008)	10070(2009)
外汇市场日交易额 f_s(亿美元)	7008(2007)	13300(2007)	2941(2010)	—
证券市场年交易额 f_k(亿美元)	89452(1999)	34030(2009)	39878(2009)	876(2004)
外国银行数 S_t(个)	265(2001)	521(2000)	101(1998)	43(2007)
500 家最大跨国公司总部 D(家)	25(1999)	29(1999)	63(1999)	13(2005)

资料来源：新浪网：《2010 世界城市经济排名》，2010 – 05 – 21；新浪网：《2010 世界百万以上人口大城市排名》，2010 – 02 – 11；东北网：《世界十大人口最多的超大型城市：东京第 1 上海第 7》，2010 – 09 – 13；中国网：《北京备战人口爆炸》，2010 – 06 – 19；四川在线天府论坛：《2008 日本城市 GDP》，2010 – 01 – 18；周振华、陈向明、黄建富：《世界城市——国际经验与上海发展》，上海社会科学院出版社，2004；新京报：《北京人均 GDP 破 1 万美元跻身中等富裕城市》，2010 – 01 – 22；中财税信息网：《海外银行纷纷告别伦敦》，2000 – 07 – 11；胡同网：《外国银行驻北京办事机构及分行》，2007 – 03 – 12；中国民生银行：《全球外汇市场日均交易额已超 4.1 万亿美元》，2010 – 07 – 27；全球金属网：《英国央行：伦敦 2007 年 10 月每日外汇交易额为 1.33 万亿美元》，2008 – 01 – 29；价值中国网：《弱者恒弱的大盘股造就上海股市全球第三》，2010 – 04 – 16；International Financial Market in the UK，British Invisibles，Dec.，1998。

增长阶段过渡，到 2020 年左右，北京的经济总量继续持续稳定地增长。到 2050 年左右，北京成为世界的经济中心和金融中心之一，北京人均国民生产总值将超过 7 万美元，以知识为基础的经济将占经济总规模的一半以上，城市化水平将迅速提高。

通常世界城市经济增长的潜在动力主要取决于资本、劳动力等生产要素的供给能力和科学技术的进步。从资金方面来看，估计未来数十年北京将维持较高的储蓄率和投资率，资金供给可以支持经济在较长时期里保持高速增长趋势。随着北京居民收入的持续增长，边际储蓄倾向将呈现持续上升趋势。同时随着北京投资环境的改善和巨大的市场吸引力，国际资本市场的一部分外国资本将会流入北京，外国资本投入的增加成为支持经济快速增长的重要因素。从技术发展来看，北京作为具有发展潜力的国际大都市，尽管同纽约、伦敦和东京等世界城市在技术上存在着很大的差距，但具有后发优势，在选择技术进步的实现方式上可采用购买、模仿、学习和创新等方式来实现技术进步，直接达到技术的规模经济水平，有利于产业技术的跳跃性进步和产业结构优化升级，北京技术进步的潜力巨大，技术进步将有利于经济快速的转型和增长。从其他方面来看，随着知识化和信息化的加速，以高新技术和知识为基础的新兴产业将会快速发展，并逐步取代传统工业的主导地位，成为支持经济持续快速增长的支柱产业群；随着北京高等教育的普及和城市化的发展，劳动力的质量不断提高，人力资本积累在经济发展中将起到更大的作用；不断深入的改革开放有利于促进生产发展因素的不断形成，从而使经济增长不断获得新的动力，促进经济的持续高速增长。

从人口规模来看，世界城市的规模一般大于国家或地区的中心城市。纽约、东京和伦敦等世界城市的人口规模在 21 世纪初期均在 1000 万人以上。特别是东京的人口规模长期居世界第一位。北京的人口增长速度也很快，2001 年的人口规模为 1380 万人，2009 年进一步增至 1755 万人，已达到世界城市的水平。2015 年北京的人口规模预计将达到 1940 万人，居世界第八位，2016 年和 2045 年分别突破 2000 万和 3000 万人，其人口规模在世界城市中仅低于东京。从将来人口发展的重要因素来看，今后北京的生育率尽管明显低于更替水平，但由于较大数量的人口流入，到 21 世纪中叶始终呈现持续增长的趋势，人口增长率自 2015 年以后逐渐减退，人口发展处于后期扩张阶段。将来的死亡率将长期处于较低状态，

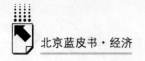

某种程度加速了人口增长。

从国际金融功能方面看，伦敦、纽约和东京三大世界城市都很发达，伦敦作为国际金融最发达的城市，一直是世界最大的外汇交易中心，2007年集中了全球外汇交易的34.6%，近年来伦敦在外汇交易领域的优势有所增强，目前占全球成交额的36.7%，对世界外汇市场走势有着重要的影响。纽约外汇市场是北美洲最活跃的外汇市场，同时也是世界第二大外汇交易中心，对世界外汇走势也有重要影响。纽约在证券市场方面也很突出，早在1997年集中了全球59%的证券市场融资业务，长期以来一直是世界第二大证券交易中心。东京的国际金融业也很发达，特别是在证券市场方面自20世纪90年代以来已超过纽约证券交易所，成为世界规模最大的证券交易中心。而北京在外汇市场交易量和证券市场规模方面，都明显低于纽约、伦敦和东京等世界城市。特别是金融的国际化水平仍存在很大差距。因而北京应该加大外汇市场和证券市场等国际金融业务，进一步完善国际金融市场的规范管理和服务。

应该看到，北京要发展成为世界城市，产业结构的升级是必要的。20世纪80年代中后期以后，北京实行了以能源、交通等基础性产业为重点的产业倾斜政策，通过产业结构的重组，推进产业结构的合理化，促进了高新技术产业，以流通、服务业为主体的第三产业的发展，使产业结构开始走向"技术密集型"阶段。并推行以"效率优先"为基本指导思想的区域发展战略，注重集中资金与资源实行重点发展，形成了地区间产业结构转换，使产业结构与产业布局相结合，同时带动了地区经济的发展。然而，北京的产业结构的变化在总体上较为迟缓，主要表现在：第三产业发展较快，但仍相对滞后。目前，从纽约、东京和伦敦等世界城市看，第三产业的地区生产总值比重和劳动力比重大多为70%~85%左右，其中纽约、东京等世界城市第三产业的地区生产总值比重均在82%以上，而北京第三产业的国内生产总值比重和劳动力比重均低于发达地区的平均水平。因而应在第三产业方面，加快商业、对外贸易业、服务业、金融业、保险业、旅游业、房地产业等投资少、收效快、就业容量大、与经济发展密切相关产业的发展。发展咨询业、信息业和各类技术服务业等与科学技术相关的新兴产业，并带动知识经济的发展。加强对交通运输业、邮电通信业、教育和科学研究事业等基础产业的投资力度，增加适量的经济活动人口，进一步改善劳动力就业结构，拉动生产性服务业发展，从而成为拥有良好连接性的世界城市。

从对纽约、伦敦和东京等三个世界城市全球化进程的实证分析，可以看出世界城市作为国际大都市的最高形式是一定的经济发展阶段的结果，同样也是世界经济全球化的产物。世界城市是新的国际劳动分工的协调和控制中心，人口规模巨大，同时是国际金融中心。国际金融贸易的巨大扩张、全球股票市场网络的形成，以及生产者服务全球市场的发展，已成为这些世界城市的经济基础的组成部分。这些城市也是各种各样商品和货币市场的最大集中地。值得注目的是，这些城市中运作的国际金融贸易均占有非同寻常的比重。伦敦1998年有将近20%的全球跨国国际银行的信贷业务和近36%的全球柜台衍生交易。近年来，纽约证券交易所占有全球证券市场资金的59%左右。这些城市作为全球经济的中心，依托其所在国家的经济实力和高度开放的经济环境，在全球范围内有效地配置生产要素，当今中国还没有出现纽约、伦敦和东京那样能够对世界经济起到极其巨大作用的城市。

北京的综合实力同纽约、伦敦和东京等世界城市的差距很大，综合经济实力仅相当于世界城市20世纪60年代的水平，人均GDP水平偏低，国际化经济功能和金融功能等方面差距也很大，而且不能满足目前北京国际交往的需要。北京要赶上或超过这些著名的世界城市至少还需要40年左右。北京建设世界城市应有一个长期目标，从现在起到2015年应基本实现城市现代化，主要现代化指标达到一般国际性城市的平均水平。2025年进入国际化城市的第一层次目标，使经济功能应达到区域国际性城市的水平，成为国际化大都市。到2050年，当我国的综合经济实力接近或赶上美国、日本等发达国家水平时，北京在经济方面将是全球性中心，通过经济控制功能，使其成为金融和服务业高度集中、高度发达的城市。这时北京将真正成为现代意义上的全球性世界城市。因此，北京应注重国际协调发展策略，发挥首都城市的优势，积极推进同其他国家城市和地区的经济合作和协调发展，为深化国际区域合作和城市间合作创造良好的条件和环境，促进国际贸易便利化，形成统一、开放的国际化市场。与此同时积极推进整体产业优化和全面升级，注重高端产业的发展，为提升北京的国际化水平和综合竞争力创造有利条件。并抓住经济全球化和信息化给城市带来的契机，发挥后发优势，积极参与国际经济竞争，提高其在世界城市体系中的地位，成为在世界上最具有影响力的世界城市。

参考文献

〔英〕伯特·霍尔：《世界大城市》，中国科学院地理研究所译，中国建筑工业出版社，1982。

〔美〕丝奇雅·沙森：《全球城市 纽约 伦敦 东京》，周振华等译，上海社会科学出版社，2005。

李仲生、马寿海：《国际大都市与宜居城市》，中国人口出版社，2006。

李仲生：《世界最发达的国际大都市纽约的发展》，《文明中国——构建和谐社会的理论与实践》，中国国际文化艺术出版社，2007。

李仲生：《世界最早的国际大都市伦敦的发展》，《构建和谐社会华人经典文集》，中国广播电视出版社，2007。

李仲生：《世界新兴的国际大都市东京的发展》，《光彩人生回眸·红色档案》，人民日报出版社，2007。

姚为群：《全球城市的经济成因》，上海人民出版社，2003。

〔日〕八田达夫：《東京一極集中の経済分析》，日本经济新闻社，1999。

〔日〕国土交通省都市地域整备局：《大都市圏のリノベーションプログラム（東京圏京坂神圏)》，财务所印刷局，2001。

〔日〕国土厅大都市圏整备局：《首都圏の将来イメージに関する調査報告書》，大藏省印刷局，1995。

G. B. Government Office for London. Four World Cities: A Competitive Analysis of London, Paris, New York and Tokyo, London, Llewelyn Davies Planning, 1996.

Knox, P. and Taylor, P., World Cities in a World System, Cambridge University Press, Cambridge, 1995.

Orum, Anthony M. and Xiangming Chen, The World of Cities: Places in Comparative and Historical Perspective, Boston, MA: Blackwell Publishers, 2003.

Saskia Sassen, The Global City: New York, London, Tokyo, Second Edition, Princeton University Press, Princeton, 2001.

B.7
世界城市发展的北京道路

郭万超*

尽管世界城市的成长具有一些普遍性规律，但没有一个统一的模式。纽约、伦敦、东京等世界城市均是根据自身特点，丰富和拓展了世界城市建设的内容，体现了世界城市建设的共性和地方适应性。北京在建设世界城市过程中要避免单纯效仿的思路，走出一条具有自身特点的"北京道路"。

一　北京道路的特质

世界城市建设道路是世界城市成长发展的基本方式，是推动世界城市建设进程中所采取的某种模式或战略安排。美国学者将世界城市发展模式概括为强调市场力量引导下的自然发育模式和强调政府力量推动的规划模式。前者以纽约、伦敦为代表，后者以东京为代表。前者属于欧美国家、先发国家，在文化环境上重视个体力量，在经济发展、政治传统上强调自由主义；后者属于东方国家、后发国家，在经济发展、政治传统上强调集体主义、国家力量。世界城市发展道路还有两个重要属性，一是基本社会性质，从这个角度看，已有的世界城市发展道路只有资本主义一种；二是发展的核心内容，现有的世界城市大都是工业化时期成长起来的，后来又经历了向后工业化的大转型。从1980年代起，技术创新几乎使世界城市的传统工业消失殆尽，代之而起的是新兴工业。由国际资本主导的财富市场，迅速而有力地重塑着传统世界大都市的轮廓。整个70年代，纽约、伦敦、巴黎等19世纪繁盛的国际大都市都已失去了曾有的活力。而新竞争者的出

---

* 郭万超，副研究员，中国社会科学院经济研究所博士后，北京文化产业研究中心副主任，北京世界城市研究基地副秘书长，国家教育行政学院经济研究中心特约研究员，北京市决策学学会理事，广西大学商学院兼职教授，中国发展战略研究会企业委员会专家。

现，更使这些正在陨落的"明星"黯然失色。尤其是东京与洛杉矶这两个最招眼的后起之秀，以其截然不同的发展模式，对伦敦、巴黎等老牌大城市发起了强有力的挑战，也为它们敲响了改革的警钟。这些世界顶级的大都市奋然而起，经过20来年的改造，纷纷脱去了19世纪煤烘烟熏的工业中心形象，面貌焕然一新。

世界城市建设是一个与时俱进的、动态的发展过程。北京在发展环境、发展阶段、政治文化背景等方面与伦敦、纽约、东京显著不同，显然不能简单模仿、复制已有世界城市的形态和发展路径，做亦步亦趋的跟随者，而是要借鉴已有经验教训，从世情、国情、市情出发，充分发挥优势潜力，努力创造自己的发展道路，作一个后来居上的赶超者。

这种道路的特质体现在以下三个方面。

（一）以中国特色社会主义为根本指导

对于世界城市的内涵，北京市委书记刘淇清晰地作出了这样的表述："北京建设世界城市要有别于纽约、东京等世界城市，我们要学习他们，但不能照抄，北京要发展社会主义的世界城市。"建设"社会主义的世界城市"是北京与其他世界城市最大的区别。社会主义不是一个标签，而是一种充满生机与活力的发展模式。在中国改革开放的伟大历程中，世人越来越感受到中国特色社会主义的魅力。虽然在很多方面中国暂时落后于西方，但是中国特色社会主义是一种不断成长上升的力量，这是中国的根本优势所在。我们建设世界城市，也要始终坚持社会主义方向，向世界展示中国特色社会主义强大的生命力。发达国家世界城市的形成过程中伴随着社会对立的现象，因此，目前世界城市面临的一大挑战就是社会两极分化。西方学者的研究表明，处于全球城市体系最顶端的世界城市也是贫富最为悬殊的地方，它们汇聚了巨大的权利，也造成了城市内部的两极化和边缘化。因此，中国建设世界城市是在社会主义制度框架下，不能重走"先分化后治理"的老路，必须坚持科学发展、和谐发展，使城市发展成果惠及最广大群众。此外，要坚持用科学发展观、转变经济发展方式、社会主义和谐社会、社会主义核心价值体系等中国特色社会主义的最新理论成果来指导北京建设世界城市的各项工作。

（二）面向后工业化时代

北京建设的世界城市要体现出鲜明的时代性。世界城市发展无疑具有许多共时性特征，但是不能因此忽略其阶段性，不同历史时期的世界城市具有不同的阶段性特征：前工业时代，世界城市是国际商品的聚集地，围绕商品集散功能，运输、金融、保险业等行业迅速发展。区位优势和交易能力是其竞争力的集中体现。工业时代，世界城市是国际工业资本、商业资本和金融资本的聚集场所，主要特点是以经济效益为中心、服务于高效率的工业化生产、获取最大的物质利益、创造与之相适应的城市精神文明，高度现代化、物质财富创造能力和国际经济控制力是其竞争力的集中体现。进入后工业时代，世界城市的特征发生了很大变化，一是服务业逐渐取代制造业成为城市发展的支柱行业，世界城市成为服务性城市和全球信息的聚集地；二是世界城市出现了政治、经济、人文、科技强势融合发展的特征，知识、技术、文化等信息资源的创造管理能力成为世界城市发展的重要条件，国际服务与控制、知识与技术创新、协调可持续发展能力成为衡量城市国际化水平的新内涵。

包括纽约、伦敦、东京在内的世界上几乎所有的大城市都是在工业化过程中成长的，不可避免地面临物质极大丰富的工业社会所带来的诸多问题，如环境污染、交通堵塞、人口老龄化、失业、两极分化、生活质量下降等。20世纪70年代以来，西方发达国家逐渐过渡到以信息化、知识化和服务化为主要特点的后工业社会，建立在解决工业社会遗留问题和关注可持续发展理念基础上的世界城市，也呈现新的发展动向与特征。在对传统工业社会以利润和权力为目标的价值体系的质疑与反思中，生态稳定、经济增长、社会和谐三者的统一正在成为衡量城市国际化水平的基本标准，这为其他城市通过可持续发展实现世界城市目标提供了可能路径。客观地讲，北京城市的发展基础也是建立在传统工业化和传统城市化基础上的。北京如果重复现有"世界城市"已走过的传统工业化带动的传统城市化老路，盲目照搬现有三大世界城市工业化过程中的经验，是难以追赶上乃至建成世界城市的。因此，要在深切把握后工业化时代的内在要求，努力抢占世界产业制高点，面向后工业化时代闯出一条新型世界城市发展道路。目前，北京已迈入后工业社会门槛，要认真研究后工业社会中建设世界城市的条件和思路，逐步实现经济社会从传统型向后工业型的革命性转移。从业态上看，现代服务业、生产性服务业（金融、信息、广告、咨询、法律等）成为后工业时代的标志性产业。《全球城市　纽约　伦敦　东京》的作者丝奈雅·沙森（Saskia Sassen）就以主要生产性服务业的集中程度来划分世界城市；比弗斯托克（Beaverstock, J. V.）和泰勒也指出，现代服务业是后工业时代的产物，并提出了用现代服务业来划分世界城市的具体方法和评价标准。在现代世界城市中，传统的零售业、批发业只占10%左右，而80%以上的财富来源于以知识与智慧为依托的服务经济。以纽约为例，在13个业态组成中居前四位的分别是：金融保险业、专业科技服务业、信息服务业、与管理相关的服务业，在整个国际贸易中这四者占将近50%，财富的积累主要靠这四个领域。此外，为了获取"可持续能力"与"发展红利"，北京必须以建设绿色世界城市为重要目标。

（三）强调政府主导与市场机制的平衡

在西方经济学里，一直存在着主张国家干预与主张自由放任两大思潮之间的分歧与论战。可以说，西方经济学就是紧紧围绕着这个主线展开的。其实，每个国家究竟应该采取何种模式要根据自己的发展阶段与基本国情而定，而没有一个放之四海而皆准的模式。在城市发展上也存在着这个问题，这首先是因为经济发展是城市发展的中心任务。西方以市场机制主导的世界城市发展模式是其特定文化与特定时代的产物，后发国家建设世界城市不可能也没有必要采取这种道路。后发国家的最大优势是后发优势，而为了利用这种优势，就不能单靠市场自发的推动，必须坚持政府主导与市场经济相结合。后发优势的充分发挥可以加快后发国家追赶先进国家的步伐。从历史上看，每一个世界城市都是依赖于国家城市化的发展而兴起的。英国是全世界最早实现城市化的国家，用了200年时间，美国用了100年时间，日本用了70年时间。我们国家需要多长时间？应该至少40年。因此，就像中国经济发展战略是一种追赶型战略一样，世界城市战略也是如此。

从现实看，当今时代，强调政府规划引导已成为世界城市发展的一大趋势。世界城市在城市治理、建设、管理、产业发展等方面都在全球处于领先地位。比如，在城市规划方面，东京的绿化隔离带和"多核多圈"的规划模式、巴黎的卫星城规划，都成为各大城市模仿的潮流。在产业发展方面，纽约曼哈顿建设经验、东京的产业升级模式、巴黎的"工业疏散"模式都成为全球各大城市学习的榜样。在城市治理体制方面，东京成立了首都圈整备委员会负责首都圈的开发建设，伦敦成立大伦敦政府负责协调大伦敦地区治理，都成为全球各大都市圈区域治理的学习典范。在人类社会各个领域中，政治发展是相对缓慢的，尽管如此，政府理性也在不断增强。在世界城市发展中，政府发挥着自觉纠偏与前向引导作用。中国是中国共产党执政的社会主义国家，其政府作为最广大人民利益的代表，具有资本主义国家政府没有的先进性。因此，北京建设世界城市有理由创新自己的道路，要扬市场和规划二者之长，补二者之短，既尊重市场的力量，又发挥政府规划引导调控的作用，最大限度地避免走弯路、走错路。通过制度、体制、机制创新，降低世界城市建设的制度成本、市场成本、社会修复成本、环境成本，提高世界城市建设的成效。这里举一个非常简单的例子，比如拆迁。凡是在拆迁方面搞得好的，都是政府主导与市场经济相结合的结果，凡是搞不好的，就是偏离了这个结合。

二　北京道路的主要阶段

世界城市内在功能的发育、综合实力的提升都需要一个过程，而不是一蹴而就的。北京建设世界城市必须尊重世界城市发展的一般规律，这种规律表现在时间与空间两个维度上，即伴随国家的崛起世界城市的形成发展一般都经历相当长的历史时期，在这个过程中，随着能量的增强，其辐射力所及范围也不断扩大，一旦扩展到全球就表明世界城市的形成。根据北京的现有发展水平和世界城市发展的一般经验，可以大致把北京建设世界城市的过程分为三个阶段。

第一阶段：奠基阶段，从现在到2020年，全面建设现代化国际城市，确立亚洲第一中心城市地位。

北京新修编规划的表述是："到2020年左右，力争全面实现现代化，确立具有鲜明特色的现代国际城市的地位"。刘淇书记在2009年底召开的市委十届七次全会上明确指出，首都经济社会发展已经进入全面建设现代化国际大都市的新阶段，要从建设世界城市的高度审视首都的发展。其实，确切地讲，这个阶段的目标应表述为亚洲第一中心城市，因为区域性国际城市是世界城市的必经阶段。这个阶段的主要任务是为世界城市建设打下全面的基础，同时也会形成世界城市的某些核心功能。

这个阶段的主要经济目标是人均GDP达到二万美元，主要社会目标是缩小城乡差别和居民收入分配差距；主要任务是加快经济发展方式转变，引导各类资源朝着建设世界城市的方向配置。"优化一产、做强二产、做大三产"，培育科技创新基地和金融、商务、信息中心，治理工业化遗留的环境污染、交通拥堵、贫富差距拉大等问题，加快基础设施建设，统筹城区区域协调发展。

第二阶段：架构阶段，2020～2030年，初步形成世界城市的基本框架。

这个阶段将基本构建与世界城市核心要素、核心功能相匹配的各种基本支撑条件，包括城市基础设施、产业结构、经济实力、城市布局等，世界城市的五大核心功能——世界经济（金融）中心、世界政治中心、世界文化中心、世界知识创新中心、世界航运中心——初步显现。

这个阶段的主要经济目标是人均GDP达到六万美元，主要社会目标是中等收入阶层成为社会的主体；主要任务是加快城市功能调整，形成大都市圈，使重化工业和服务业中不适应城市发展的业态向大都市圈腹地转移，完善第三产业内部结构，突出高科技产业和文化创意产业在城市发展中的地位，建立高度分工而又密切协作的社会化生产体系，促进城市从低端服务向高端服务转变，从松散型的区域经济协作向紧密型的区域经济协作转变。

第三阶段：成型阶段，2030～2050年，基本建成具有时代特征、中国特色和首都特点的世界城市。

这也是北京城市规划里直接确定的目标。这个时期，中国接近或达到中等发达国家水平，世界城市的五大核心功能——世界经济（金融）中心、世界政治中心、世界文化中心、世界知识创新中心、世界航运中心——完全具备，北京以自己独特的吸引力成为世界顶级城市的一极。那时候，她将实现经济繁荣、政治民主、文化多元、社会和谐、生态文明的高度统一，发挥着世界强国应有的光彩。

这个阶段的主要经济目标是人均GDP达到七万美元，主要社会目标是社会高度信息化和常住外籍人口比例大幅上升；主要任务是加快吸引与生成世界城市的核心要素，完善世界城市的核心功能。

三 北京建设世界城市第一阶段的基本要求

北京建设世界城市是一个相当长期的目标，不是一蹴而就的，对此一定要有一种理性的认识。同时，世界城市的战略构想又是站在明天谋划今天，世界城市既是未来的目标，又是现实的发展过程，要把当前工作与长期目标规划紧密结合，既要着眼远大目标，又要脚踏实地，充分体现前瞻性与现实性、长远性与阶段性的结合。当前，要根据北京建设世界城市的总体思路，制定建设世界城市第一阶段（2020年）的总体规划和"十二五"规划。刘淇书记指出："要从建设世界城市的高度，审视首都的发展建设，提高科学发展的水平、规划建设的档次和服务管理的水准。"[①] 要深刻理解建设世界城市新目标对北京现阶段发展提出的新要求，着力从三个方面推进工作。

（一）适应世界城市发展新目标，加快政府改革创新步伐

世界城市发展需要一种全新的政府模式。中国是共产党执政的国家，而且有着自己独特的历史文化传统，北京的城市政府要坚持这些特性，但是，在全球化日益深化的今天，面对建设世界城市的新任务，北京的城市政府必须重新审视自己，吸取西方政治文明的合理成分，借鉴世界城市政府的经验，加快改革行政管理体制，建设具有中国特色、国际水平的政府。世界城市是凭其在世界城市网络中的广泛联系而体现其重要地位的。那些具有最广泛的经济、政治、科技和文化交流联系，在全球城市网络中扮演关键角色的城市即为世界城市。而政府在世界城市联系中发挥着至关重要的作用。北京要在政府建设方面有十分清醒的认识，扩宽国际视野，加快政府管理创新，完善公共服务职能，从城市规划、产业激励、行政管理、社会保障等方面为企业、非政府组织和个人的发展创造条件。另外，迎接全球化的挑战，世界城市需要一种全新的公共管理模式，即全球化的治理结构。全球化加深了各国间的利益依存度，世界各国、各个城市之间必须携手合作。更重要的是，人类面临前所未有的、严峻的共同挑战，如气候变化、恐怖主义、跨国犯罪、流行疾病等挑战没有哪一个国家或哪一个城市可以单独应对，人类只有联合起来。因此，在市场原则、公共利益和认同基础上的跨界合作就显得尤为重要。而实现这种跨界合作，就必须建立一种政治、经济、社会和文化过程与全球力量的联系方式，形成一个有利于促进各种社会力量创造跨界流动的全球化的治理结构。像日本20世纪七八十年代崛起以后，吸引了很多国际组织，比如联合国大学设在东京，在那里培养联合国官员，这实际上就是一种国际公共服务功能，形成了日本的全球影响力。

---

① 刘淇：《加快经济发展方式转变　推进世界城市建设》，《求是》2010年第10期。

（二）根据世界城市发展目标，做好各方面的衔接、调整和结合

首先是新旧政策的衔接与调整。提出世界城市发展目标并不是对以往做法的完全否定，而是对过去思路的一种升华或发展。世界城市是一个更开阔的视野，是站在了一个更高的高度来审视北京的未来发展蓝图。我们要用世界城市这种目标规划来统揽北京经济、政治、文化、社会等各个方面的发展，在这个过程中，要做好新旧政策衔接，既要根据世界城市的新要求，重新调整政策措施，又要保持政策相对连续性和稳定性。要认真分析过去的政策、办法哪些符合世界城市的发展方向，哪些需要改进，哪些还没有做起来，哪些是基础性工作，哪些是核心工作。其次是紧密结合北京实际，创造性地建设世界城市。在经济学研究上，林毅夫教授有个观点，西方经济学在解释最发达国家现象时有其价值，但在解决后发国家的问题时经常会遇到"淮南为橘，淮北为枳"的困境。这是因为这些理论是生活、工作在最发达国家的经济学家依据自己所观察到的、主要是最发达国家的现象提出的。而发达国家和后发国家之间在发展阶段、先天禀赋、文化历史等方面存在很大差异，有些在二者之间看似相同的问题，实际上其成因和约束条件却经常不同。国家成功的发展道路都是本国人民根据自身国情通过努力实践而不断自主创新的结果。建设世界城市也存在同样的问题，必须既要借鉴西方理论、经验，又不迷信，敢于结合中国实际、北京实际（包括发展阶段、资源禀赋、历史文化等等）大胆创新，提出富有远见又有现实针对性的政策建议。最后，要做好与国家政策的衔接，北京的发展离不开国家的宏观环境，而且建设世界城市本身也是国家战略，建设世界城市不仅是北京城市发展目标，同样也是国家目标，这些都要求将北京自身的发展需求与国家的战略意图紧密结合起来，主动从国家战略高度规划世界城市的建设。具体就是要顺应国内形势发展，与国家的重大方针政策合拍。中关村国家自主创新示范区由区域创新中心向国家创新中心的转变，充分表明城市发展目标与国家战略目标的吻合。

（三）根据北京建设世界城市第一阶段（2020年）目标任务，确定工作重点

一是紧紧围绕世界城市核心要素、核心功能的培育，夯实必备基础，逐步提升北京的综合实力。世界城市核心要素、核心功能的形成是需要一定必要条件

的，要根据北京现阶段的发展水平，逐步创造和完善这些条件。经济、政治、文化、社会等各方面工作都要根据建设世界城市的新标准与新要求来展开。对于各方面的衔接问题上面已经论述。二是有针对性地加强北京建设世界城市的短板。这些短板包括京津冀都市圈不完善、创新能力比较弱、城市规划相对落后。比较突出的还有城市开放度不够。这点刘淇书记 2009 年在与政协委员座谈时就清楚地指出要扩大开放，对区域开放、对民营经济开放、对国际市场开放，积极创造条件吸引各种国际会议来京，吸引各类国际组织在北京落户，吸引各国高端人才在北京开创事业，加快北京发展的国际化步伐。三是不失时机地积极强化世界城市的核心要素、核心功能。例如，北京的资源集散功能已经相对比较强。2009年，北京外贸出口总额 2147.6 亿美元，高于纽约、伦敦和东京；首都机场客运吞吐量 6534 万人，货邮运量 146 万吨，成为全球第三大航空港。① 在此基础上，要提升集散资源的档次，扩大资源流动的影响范围，从区域内传统货物及人流交汇中心向世界高端资源和要素配置中心转变。再如，北京的跨国企业总部已经不少，下一步是要更好地发挥它们作为世界城市核心要素的作用。还有，有些核心要素可以运用巧力实现突破。城市的世界地位主要取决于其总体实力和网络地位的总和。城市的总体实力不可能实现大幅度的跨越性增长，但城市的网络地位则可以通过城市自身的巧妙运作和外部环境的改变在较短时间内获得大幅度提高。这样的例子并不少见，比如开曼群岛通过金融制度创新，一跃成为世界金融中心之一，香港、新加坡借助内地、东南亚门户之便成为主要的世界城市之一。最近北京加快引进高端人才就属于这种举措。

① 《从五个中心建设看北京世界城市"梦"》，《学习参考》（中共北京市委干部理论教育讲师团主办）2010 年第 5 期，第 78 页。

B.8
北京依托首都圈建设世界城市的
理论探讨与战略构想*

祝尔娟　吴常春　李妍君**

世界城市的形成发展与所在都市圈存在着共生互动的内在关系。北京要建设世界城市，必须加强与周边区域的竞争与合作，借助首都圈的整体力量，来逐步提升北京在世界城市格局中的地位及其影响力和控制力。

一　世界城市与所在区域关系的理论探讨

（一）世界城市必然崛起于世界增长重心地区最具实力的城市群之中

纵观世界城市的发展历程，有一个明显的规律性，即世界城市形成于世界经济增长重心所在区域最具实力的城市群之中。随着技术革命的更迭，世界经济增长重心在全球范围内不断转移，促进了经济增长重心所在区域的城市化进程，形成若干巨型城市群或大都市圈，其核心城市也在此基础上逐步发展成为世界城市。如19世纪中叶，随着第一次技术革命——蒸汽机革命的兴起，世界经济增长重心出现在英国，在伦敦到利物浦的英格兰中部地带出现了城市群雏形，伦敦在此基础上发展成为第一座世界城市。19世纪末20世纪初，随着第二次技术革命——电力革命的出现，世界经济增长重心向美国转移，在美国东北沿波士顿至

　＊　此文为祝尔娟主持的2011年度北京市教委社科重点项目《北京建设世界城市与京津冀一体化发展》和2011年度北京市自然科学基金《北京依托首都圈建设世界城市的路径研究》（项目批准号9112004）的阶段性成果，是北京市教委科研基地——科技创新平台——"都市圈研究中心（三期）"的研究成果（项目编号：PXM2010014205096577）。
＊＊　祝尔娟，首都经济贸易大学城市学院教授、首都经济研究所所长；吴常春、李妍君为首都经济贸易大学城市学院区域经济学专业硕士生。

巴尔的摩又出现了规模巨大的城市群，造就了纽约这座著名的世界城市。20 世纪 60～70 年代，以信息技术为代表的新技术革命风起云涌，世界经济开始向亚太地区转移，在日本经济崛起中塑造了东海岸城市群，并造就了东京这座新的世界城市。伦敦、纽约、东京是当今世界最具代表性的世界城市（见表1）。

表1　世界城市的发展阶段与技术革命和世界经济增长重心的关系

年　　代	技术革命	世界经济增长重心	世界城市	巨型城市群
19 世纪 40 年代	第一次技术革命（蒸汽机革命）	英国	伦敦	"伦敦 - 伯明翰 - 曼彻斯特"城市群
19 世纪末 20 世纪初	第二次技术革命（电力革命）	美国	纽约	"波士华"城市群
20 世纪 60～70 年代	第三次技术革命（信息技术为代表的新技术革命）	日本	东京	东海岸城市群

世界城市的崛起与技术革命、经济发展长周期以及新的世界经济中心形成有着密切的内在关系。根据俄国经济学家康德拉季耶夫的长波理论，经济发展大约以 50 年为一周期，自 18 世纪末以来，迄今世界经济已经历了四次长波，而每一次长波都有不同的主导产业来引领经济发展。由于各国对技术革命和接纳创新的反应不同，使新的主导产业总是率先产生于某些国家，从而造成世界经济增长重心的转移，最终形成新的世界经济中心和世界城市。国内学者宁越敏认为，长波与世界城市形成之间的关系可以表述为以下一系列环节：首先，新的主导产业形成后，必然导致该国在国际贸易中占有比较优势，这有利于产品的大量出口，从而造成该国的国际贸易出现大量顺超，成为国际贸易中心；其次，贸易的巨额盈余，使本国货币国际化程度不断提高，这有利于形成国际金融中心，而国际金融中心、贸易中心正是世界城市的主要功能；再次，一国在成为新的世界经济中心的过程中，通常伴随着大型跨国公司、跨国银行的出现，这些公司因业务需要，常将总部机构设置于世界城市之中，从而使世界城市成为世界经济的中枢。

（二）世界城市的形成发展依托于所在城市区域的强大支撑

国际经验表明，世界城市绝不仅局限于城市本身，而是更多地体现为"世界城市 - 区域"这一空间形态。它是在全球化高度发展的基础上，以经济联系为基础，由世界城市及其周边腹地经济实力较为雄厚的二级城市扩展联合而形成的一种独特空间现象，是一种新的城市组织形式。任何一个世界城市，都不是一个真正意义上独立维持的个体，它必须依赖于它所辐射的区域来汲取和释放"能量"。全球性世界城市纽约、东京、伦敦和巴黎，无不是依托所在城市区域来增强其国际影响力和控制力的。世界城市的发展程度受所在区域的发展程度的推动或制约。经济实力越雄厚、腹地面积越大、经济基础越好、城市化水平和区域一体化程度越高的区域，越有可能产生经济能量高、辐射力强的中心城市，而当其辐射力和影响力扩大到整个区域乃至世界范围时，就会发展成为世界城市。巨型城市群或都市圈是世界城市经济、文化、政治的载体和基础，决定了世界城市在世界城市体系中的地位和作用；而世界城市作为巨型城市群（或大都市圈）的中心城市，在带动区域发展中则起着主导、引领和核心作用。正是在世界城市的发展引领下，覆盖数个行政单元的都市圈、城市群逐步发展成为"全球城市区域"（Global City-Region，GCR），成为世界区域经济的新型增长空间。如美国东北海岸地区、伦敦地区、西北欧巨型走廊、日本的东京－横滨走廊等。这些全球城市区域，都是以全球性世界城市为核心，通过高速网络相连，主宰着全球经济命脉。可见，世界城市的形成发展无不与所在区域存在着相互依托、相互促进的内在联系。建设世界城市必须构建世界城市区域体系，世界城市的发展不是靠单个城市发展起来的，而是依靠整个世界城市区域的繁荣。

（三）世界城市是中心城市与周边地区相互作用的产物

根据都市圈理论，集聚和辐射是世界城市及其所在区域（城市群、都市圈）发展和演进的重要机制。一般而言，在集聚与扩散两种力量的相互作用下，人口的向心迁移和离心迁移贯穿于城市化发展的全过程。在城市化发展的初期，由于核心城市强大的集聚作用，人口不断由周边地区向核心城市的中心城区集聚。当核心城市规模达到一定程度时，其对周边地区的辐射和影响力逐步强大，但也随之因城市内部高密度集聚和空间有限性之间的矛盾带来各种"大城市病"（集聚不经济），于是出现了产业和人口向外扩散的内在动力和发展态势。这种要素和产业的疏散，在空间上表现为沿主要交通轴线圈层状的蔓延，既保证了核心城市本身规模的适度和产业结构的优化，又加速了周边地区的发展，并与次一级的中心城市融合形成更大一级的都市圈。显然，在城市化发展的不同阶段，核心城市的集聚与扩散的相互作用力不同，它与周边城市地区的关系也有很大不同。在集聚远大于扩散的城市化初级阶段，二者的关系更多地表现为中心对外围的要素"虹吸"和外围对中心的支持和服务，其结果是拉大了二者的发展差距；而在集聚与扩散并存，甚至扩散大于集聚的城市化加速发展阶段，二者的关系更多地表现为中心与外围的"互动"：一方面，中心辐射带动周边发展，对整个区域发挥着产业传导、技术扩散、智力支持、区域服务和创新示范等带动作用；另一方面，周边对中心则发挥疏解人口压力、承接扩散产业、提供生态屏障、基础设施共建、扩张发展空间等作用。可以说，世界城市是中心城市与周边地区相互作用的产物，是在与周边城市（地区）分工、互补、相互推动下，逐步由地区性城市、国家中心城市、区域性国际城市发展到全球性世界城市。

二 北京建设世界城市离不开区域合作的有力支撑

（一）北京依托首都圈建设世界城市，有利于增强经济整体实力

一般来说，经济总量决定经济地位。世界城市需要具备的支撑条件主要是：一定的经济规模、经济高度服务化和聚集世界高端企业总部、区域经济合作紧密、国际交通便利、科技教育发达、生活居住条件优越。近年来，北京在综合经济实力、产业结构优化升级、基础设施建设、国际化程度等方面取得了长足的进展，已基本具备了全面建设世界城市的基础和条件。2009 年，北京市全年实现地区生产总值 11865.9 亿元，按常住人口计算，人均地区生产总值达到 10070 美元，一两年内将跨入世界高收入水平（人均 GDP12000 美元）的地区行列。特别是产业结构已呈现后工业化社会的服务主导、科技主导的鲜明特征。但是与世界级城市相比，2009 年北京 GDP 仅占全国 GDP 的 3.53%，京津冀三地 GDP 占全国 GDP 也仅为 10.85%，而 2006 年伦敦的 GDP 占英国 GDP 的比重高达 16%，反映了北京的经济实力与成熟的世界城市还存在较大差距，区域基础还不牢固。

弗里德曼（1986）认为，世界城市形成的基本动力来自于新的国际劳动地域分工。在与世界经济的融合过程中，所有城市均会重组其经济结构和空间布局，从而使一些城市凸显为全球的关键城市。这些关键城市不再直接生产工业产品，而成为积累和扩散国际资本的基点，并通过复杂的全球城市体系成为整合全

球生产和市场的指挥者和协调者,即世界城市。显然,世界城市靠单打独斗是不可能形成的,其对全球经济的影响力和控制力有赖于所在区域的合理分工和整体实力。如纽约金融、贸易等功能在国内独占鳌头,费城重化工业比较发达,波士顿的微电子工业比较突出,巴尔的摩的有色金属和冶炼工业地位十分重要,而华盛顿的首都功能则为整个大都市圈抹上了浓重的政治中心色彩。可见,纽约在世界城市体系中的地位以及对于世界经济的控制能力,不仅仅来自于自身,还来自于它所在大都市圈以及整个美国东北沿海大都市带的整体经济实力。

推进首都圈一体化发展是北京建设世界城市的必由之路。纽约、伦敦、东京、巴黎大都市区的发展同质化程度很高,大都市圈内的发展水平都很接近,为他们成为世界城市提供了强有力的支撑。即使国内的上海,其所在的都市圈同质化程度、区域成熟程度也明显高于首都圈。北京目前正处在产业升级的关键时期,应当通过产业转移和产业升级,重构首都圈产业分工新格局,积极推进区域一体化进程,提升区域整体竞争力和综合实力,这是北京建设世界城市的有效途径。

(二)北京依托首都圈建设世界城市,有利于增强对全球经济的影响力和控制力

世界城市的本质特征是拥有全球经济控制能力。世界城市一般是指在世界城市格局中处于最高层次、能发挥全球性经济、政治和文化影响的国际一流大都市,其金融中心、管理中心是世界城市最重要的经济功能。与传统的城市发展主要是基于资源驱动战略来提升城市在全球城市等级体系中的地位不同,在经济全球化和信息化的背景下,基于全球城市网络的世界城市,主要不是依靠他所拥有的东西而是通过流经它的东西来获得和记录财富和控制力。从世界城市的形成过程来看,正是在其将传统生产制造产业扩散到周边、重点发展现代服务业、实现产业升级的同时,吸引跨国公司总部、生产者服务业、科技信息产业、国际商务活动、文化与旅游产业、国际会议及国际组织等大量、迅速地向它集聚,使世界城市的功能逐步上升为全球经济活动"控制中心"的。正如 Friedmann(1986)所指出,世界城市的形成过程就是"全球控制能力(global control capability)"的生产过程,而且这种控制能力的产生充分表现为少数关键部门的快速增长,包括企业总部、国际金融、全球交通和通信、高级商务服务。

北京在经济影响力和金融控制力方面具有诸多优势，但国际化程度较低，影响力主要局限在国内，需要区域通力合作。北京的现代服务业最为发达，2009年在北京的第三产业占比已达到75.8%，生产性服务业实现增加值占GDP的49.5%，其中仅信息传输、计算机服务及软件业和金融业就占全市GDP的9.1%和13.8%；文化创意产业和高技术产业成为新的经济增长点，分别占全市GDP的10.6%和17%。北京还是全国科技人才聚集中心、全国科技创新中心、全国重要的经济政策和经济活动的监管中心和信息中心，聚集了大量公司总部，尤其是高新技术企业总部和企业研发总部入驻。北京聚集的大型银行总部、大型电信企业总部等金融、电信企业总部达到588家。外资金融机构、金融资产总额占全国金融资产总额的60%左右，每天的资金流量超过100亿元，控制着全国90%以上的信贷资金和65%的保费资金。但由于我国的金融中心是分置的：上海是运营中心，北京是管理中心，北京作为首都，金融市场功能受到限制，缺少证券交易所、期货交易所和黄金交易所，金融市场的功能很难得到充分发挥。加上目前北京的银行业国际化程度还较低，金融控制力主要是国内的，影响力还较小。但如果站在首都圈范围来看，天津拥有金融创新先行先试的优势，在私募股权交易中心方面全国领先，完全可以与北京的金融总部所在地、资金雄厚、金融人才聚集等优势形成合力，北京以建设国际金融管理中心为目标，侧重发挥总部宏观决策作用；天津以建设国际金融运营中心为目标，侧重发展为区域经济服务的金融操作机构，共建具有国际影响力的金融中心。

（三）北京依托首都圈建设世界城市，有利于疏解北京的人口资源环境交通等压力

对任何一个城市来说，包括地理位置、气候条件、水资源、土地供给、能源供给等资源禀赋都是有限的。如果资源耗尽，意味着城市将面临不可持续的重大危机。但是，一个城市难以解决的发展难题，是有可能在更大的区域范围内得到破解的。北京目前的城市综合承载力面临严峻挑战，人口、土地、水源、环境、交通等承受重压，北京城市的未来发展，已经无法靠自己继续前行，必须加强区域合作。比如，从根本上解决北京人口压力、交通拥堵等问题，不仅需要加强北京近远郊新城建设，而且需要天津、河北等周边中小城市的快速发展，在疏解北京产业、人口、交通压力的同时，通过产业聚集，形成新的经济增长点，发挥吸

引和集聚外来人口、阻隔其进一步涌入北京中心城区的"反磁力"效应，促进首都圈向更高层次发展。又比如，北京建设"绿色北京"，也需要河北的支持和京津冀生态环境共建。在更大的空间范围内维持环境保护的统一性，减少对跨域水系、空气等的污染和破坏，保持良好的自然生态环境。再比如，区域性基础设施网络建设，需要首都圈共建共享，通过发展多元化的交通环境，加大轨道交通建设和多种交通之间的换乘，可形成区域内高等级的交通网络体系，不仅有利于大都市圈的形成和发展，还可以促进都市圈内人流物流畅通，提高城市经济和生活的效率。所以，无论从增强经济实力、破解发展瓶颈，还是提升城市的影响力和控制力来看，北京都需要积极推进首都圈一体化进程，在更大的区域范围内疏解资源环境压力，寻求新的发展动力和更大的发展空间。

三　北京依托首都圈建设世界城市面临重要契机

（一）世界增长重心向亚洲、中国转移，为北京建设世界城市提供了历史机遇

北京建设世界城市正面临前所未有的历史机遇。目前正处于世界第四次长波中，世界经济增长重心正在向亚洲、亚太地区转移。随着中国迅速崛起为全球第二大经济实体，中国正在成为新的世界经济中心之一，成为推动世界经济增长的重要发动机。北京作为中国首都，建设世界城市是时代使命和必然方向。这不仅是北京自身发展的内在要求，更是国家发展战略的一个重要组成部分。未来的中国需要建设若干个全球性世界城市以及以其为核心的全球巨型城市区。作为世界第二大经济体，如果没有一个能够掌控世界经济的中心城市，对我们这个国家来说，是相当危险的。从建设世界城市的综合实力来看，北京和上海都有这种可能，而北京拥有更多的有利条件。与长三角、珠三角一样，首都圈也是中国最有可能建成全球巨型城市区、实施全球化战略的地区之一。可以说，"十二五"时期是北京建设世界城市和首都圈建设全球巨型城市区的重要时期。

（二）京津人均 GDP 均超过 1 万美元，为京津同城化发展奠定了重要基础

根据人均 GDP 指标、产业结构等指标来判断，北京和天津在 2009、2010 年

人均 GDP 先后超过 10000 美元，预计到 2012 年京津两市人均 GDP 都将超过
12000 美元，根据钱纳里等学者依据人均收入判断发展阶段的理论，按照世界银
行提出的指标体系、中国社科院工经所陈佳贵、郭克莎等专家的计算方法以及国
家统计局综合司在国家统计局网站上提供的数据分析，北京和天津即将进入高收
入经济地区的行列（见表 2、表 3），为京津同城化发展奠定了重要基础。

表 2　不同收入阶段的标志值

	低收入经济	中等收入经济		高收入经济
		下中等收入经济	上中等收入经济	
1. 人均 GNP（1998 年美元）	760	761 ~ 3030	3031 ~ 9360	9361 及以上
2. 人均 GNI（2001 年美元）	745	746 ~ 2975	2976 ~ 9205	9206 及以上
3. 人均 GNI（2008 年美元）	975	976 ~ 3855	3856 ~ 11905	11906 及以上

资料来源：1. 来源于世界银行《1999/2000 年世界发展报告》；2. 来源于世界银行《2003 年世界
发展报告》；3. 来源于国家统计局综合司，国家统计局网站，http：//www. stats. gov. cn，2009 - 09 -
11。

表 3　工业化各阶段的产业结构变化

工业化阶段	三次产业的产值结构的变动
工业化前期	第一产业产值比重 > 第二产业产值比重
工业化初期	第一产业比重 < 第二产业比重，且第一产业比重 > 20%
工业化中期	第一产业比重 < 20%，第二产业比重 > 第三产业产值比重
工业化后期	第一产业比重 < 10%，第二产业比重 > 第三产业产值比重
后工业化阶段	第一产业比重 < 10%，第二产业比重 < 第三产业产值比重

资料来源：郭克莎撰《中国工业化的进程、问题与出路》，《中国社会科学》2000 年第 3 期；陈佳
贵等主编《中国工业化进程报告》，社会科学文献出版社，2007，第 23 页。

（三）京津冀三地发展阶段的不同步性，为重构区域产业分工新格局提供了重要契机

根据库兹涅茨的依据三次产业产值比重变化判断工业化阶段的理论及指标
（见表 3、表 4），北京很明显已开始迈向后工业化阶段；天津还处于工业化后期

阶段；河北仍处于工业化中期阶段。京津冀三地都处于产业升级的重要阶段，为推进区域产业空间优化、产业集聚、链接与融合提供了重要契机。北京处于发展阶段的跃升及产业升级的关键时期，产业发展呈现"服务主导、科技主导"的高端化趋势。天津处于重化工业、现代制造业和高技术产业集聚和极化阶段，产业发展呈现出重工业化、深加工化、技术集约化和产业高端化特征。河北省正处于重化工业加速增长时期。"十二五"时期是推进区域产业空间优化、产业集聚、链接与融合提供了重要契机。

表 4   2009 年京津冀三地人均 GDP 及三次产业比重

单位：美元，%

	人均 GDP	第一产业比重	第二产业比重	第三产业比重
北京	10070	1	23.2	75.8
天津	9136	1.7	54.8	43.5
河北	3555	13.0	52.1	34.9

（四）首都圈进入到城市化发展的重要阶段，具有区域一体化发展的内在需求

北京 2009 年末城镇人口占常住人口的 85%，在京津冀三地中城市化率最高，已进入城市化的稳定发展阶段。天津的城市化率为 77.23%，其城市化正由加速发展阶段向稳定发展阶段过渡。河北省 2008 年城市化率为 41.9%，低于全国（45.7%）3.8 个百分点，处于城市化的加速发展阶段。根据全球国际大都市区空间结构演变的一般规律：在城市化的初期发展阶段，人口及其他生产要素和经济活动向中心城区集聚，经济社会发展的主要推动力来自于中心城区；在城市化加快发展阶段，随着中心城区的逐步饱和、商务成本的提高，郊区的产业和人口集聚快于中心城区，经济社会发展主要依赖于中心城区和郊区一体化发展；城市化进入稳定发展阶段，城市间的个体竞争将转变为城市群间的竞争，相邻城市间的合作与分工日益紧密，经济社会发展的主要推动力依赖于区域一体化发展。"十二五"时期，北京将进入空间优化、建设新城、依托首都圈建设世界城市的新阶段；天津将着力推进中心城区和滨海新区"双城互动"、"区县联动"和京津冀一体化发展；河北则在做大做强中心城市，发展壮大中小城市，积极推进首

都圈一体化建设中寻找新的发展动力。这些都为推进区域一体化发展提供了重要的基础和契机。

（五）首都圈进入科学发展的重要时期，为推进区域经济社会生态一体化发展提供契机

尽管京津冀三地处于不同发展阶段，经济社会的发展重点有所不同，但"十二五"时期都要按照科学发展观的战略要求，在发展思路、政策重点及管理方式上将发生重大转变。在大力发展经济的同时，政府管理将转向民生主导，更加重视教育、医疗、社会保障等民生问题。缩小城乡基本公共服务差距，注重提高居民生活质量，建设绿色宜居家园，加快城市国际化进程，将成为新阶段的重要任务。"十二五"时期，京津冀三地也都将面临经济大发展与资源环境矛盾加剧的问题，因此，全面推进"低碳、绿色、循环"的经济建设，以发展低碳经济为契机，推广生态城区示范经验，调整改造社会经济结构，将成为京津冀发展的重要任务。这些为推进京津冀基础设施、生态环境共建、社会民生一体化发展奠定了基础。

四 北京依托首都圈建设世界城市的对策建议

（一）加快经济转型和产业升级，打造"多轮驱动力"

"十二五"时期，整个中国都进入经济转型、经济社会结构深刻变革的重要时期。未来5～10年，京津冀地区的经济能否继续保持较快发展，很大程度上取决于能否尽快实现经济转型，尽快形成投资驱动、消费驱动、创新驱动和产业高端支撑等"多轮驱动"的新格局。北京在率先迈向后工业化阶段的产业升级过程中，面临投资拉动作用减弱、产业转移带来增速减缓的风险。天津目前主要依靠大项目投资和外商投资拉动，消费驱动力和创新驱动力还明显不足。河北则主要依靠要素投入和资本密集型产业支撑，发展模式的粗放型特征明显。解决的途径主要是加快由要素驱动向创新驱动、由粗放向集约的发展模式转型，尽快形成"多轮驱动"格局。一是以科技引领为主导，着力培育战略性新兴产业，推进产业结构高端化，形成现代制造与现代服务"双轮驱动"；二是促进消费结构升

级，加大财政支出向民生倾斜，提高居民的可支配收入和消费率，形成投资与消费"双轮驱动"；三是加大向科技研发的投资力度，形成外援技术与内生创新"双轮驱动"。

（二）构筑区域新型产业分工格局，增强区域国际竞争力

区域一体化的核心和关键是产业一体化。京津冀产业一体化，应以新型产业分工为基础，强调部门内部分工，突出产品专业化和功能专业化，重构都市圈产业分工体系，形成错位竞争、链式发展的整体优势。而京津冀三地发展阶段的不同步性、产业结构的层次性，恰好为产业在区域范围内的转移、集聚与链接提供了现实基础和内在动力。正在迈向后工业化社会的北京，产业发展的重点是现代服务业，不适宜在首都发展的传统工业将向周边转移，而处于工业化中后期的天津和河北，重化工业和高技术产业还在集聚、极化阶段。这"一散一聚"，恰好为区域产业整合提供了重要契机和发展空间。从产业互补性看，北京的生产性服务业与天津、河北的制造业互有需求，具有很强的互赖性。从产业的层次性看，北京是区域内现代制造业的研究开发中心、技术创新中心、营销中心及管理控制中心，占据产业链条的高端位置；天津的优势在于拥有先进的制造技术和完备的制造业基础，处于产业链条的中端位置；河北省具有低价商务成本优势和基础制造业优势，处于产业链和价值链的低端。因此，以新型产业分工为基础，促进区域的产业转移、产业集聚与产业链接，京津冀完全有可能形成错位竞争、优势互补、共赢发展的区域产业分工格局，为推动区域持续增长提供强大的产业支撑力。

（三）联手共建首都圈生态环境和绿色宜居家园

"十二五"期间，天津与河北正处于重化工业和制造业集聚扩张阶段，也是高消耗资源、高污染排放的阶段。工业大发展，使控制碳排放的压力日益加大，保护生态环境的成本日益加大。北京，在致力于建设世界城市、历史名城和宜居城市的过程中，随着人口规模膨胀和城市规模扩大，现有资源如水、土地、环境等的压力越来越大。京津冀地区本来就是一个具有地域完整性和人文亲缘性，在区位、人力、资源、技术等方面具有天然互补性的区域。共建首都圈生态环境和绿色宜居家园，是京津冀在"十二五"时期的重要任务。本文认为可以从三方

面入手：一是从发展低碳经济入手，努力建设全国"低碳、绿色、循环"经济示范区；二是从优化"人居"生活环境入手，全面建设绿色宜居家园；三是从建立区域生态环境补偿机制入手，促进京津冀生态环境共建。如完善公共财政体系，构建横向财政转移支付制度，理顺资源管理的价格机制，建立和完善资源有偿使用和生态环境补偿机制。

（四）抓住"基本公共服务均等化"这一本质，推进城乡区域一体化发展

"十二五"时期，是京津冀三地统筹城乡发展、经济社会发展、区域协调发展的重要时期。而缩小城乡差距、居民收入差距、地区差距的核心和本质，决不是简单地缩小经济或收入差距，而是逐步缩小生活在不同地区的人所享受的基本公共服务水平的差距。一是地方政府应加大用于改善民生的财政支出，在本区域内积极推进城乡基本公共服务均等化。二是在大力发展经济的同时，大幅度提高市民的收入水平，让经济发展的成果更多地惠及百姓。三是改善公共服务质量，提高基本公共服务水平，不断提高市民的满意度和幸福指数。四是积极探索区域基本公共服务均等化的实现途径。

参考文献

西蒙·库兹涅茨：《各国的经济增长》，常勋等译，商务印书馆，1999。

H. 钱纳里、S. 鲁宾逊、M. 塞尔奎因：《工业化和经济增长的比较研究》，吴奇等译，上海三联书店、上海人民出版社，1995。

陈佳贵、黄群慧、钟宏武等主编《中国工业化进程报告——1995～2005 年中国省域工业化水平评价与研究》，中国社会科学出版社，2007。

世界银行：《1999/2000 年世界发展报告》、世界银行：《2003 年世界发展报告》、世界银行：《2009 年世界发展报告——重塑世界经济地理》，清华大学出版社，2009。

国家统计局综合司、国家统计局网站，http：//www. stats. gov. cn, 2009 – 09 – 11。

北京市、天津市、河北省 2009 年国民经济和社会发展统计公报及京津冀历年统计年鉴。

B.9
对北京建设世界城市的人才战略思考

王通讯　何学彦*

2009 年 12 月初，北京市委、市政府确定了首都工作新的目标：建设世界城市。《中共北京市委关于制定北京市国民经济和社会发展第十二个五年规划的建议》进一步明确，认真落实国务院批复北京城市总体规划提出的要求，"以建设世界城市为努力目标，不断提高北京在世界城市体系中的地位和作用"。世界城市是德国著名诗人歌德提出的概念。按照"全球经济与世界城市"网络研究小组提出的标准，北京已经属于 A + 类的世界城市，但还不是 A + + 的世界城市，还需要付出巨大的努力。专家认为，世界城市是国际城市的高端形态，具有五大要素，包括企业总部、高端人才、现代服务业、创新基地集群和信息化。这里，我们仅对世界城市建设中的人才战略问题发表一些意见，聚焦点放在寻找差距和建言献策上。

一　北京与世界城市比较存在的差距

北京与发达国家世界级城市相比较还存在较大差距，我们可以从以下几个方面进行比较。

1. 经济总量差距

经济总量是进行城市对比的首要指标，表 1 所给出的数据能够使我们清醒地认识到差距的存在。表中列出了两项对比数据：生产总值与人均生产总值。北京在经济总量上，大约是东京的 1/7，纽约的 1/4，伦敦的 1/3。人均 GDP 大约分别是东京、伦敦、纽约的 1/3、1/4、1/5。

* 王通讯，国家人保部人才科学研究院学术委员会主任；何学彦，中国发展战略研究会经济战略专业委员会委员。

表1　北京与发达国家世界城市经济总量对比

城市	生产总值 （亿美元）	人均生产总值 （万美元）	城市	生产总值 （亿美元）	人均生产总值 （万美元）
纽约	4159.4	4.9	东京	8028.6	3.2
伦敦	2909.6	4.4	北京	1186.5	1

　　北京与发达国家世界城市的差距，还表现在这个城市创造的生产总值在整个国家生产总量中所占的份额。表2所给出的数据表明，在这方面北京的差距更大，大约是世界城市的1/10左右。也就是在整个国家总量中比重还不够大。

表2　世界城市 GDP 占该国 GDP 比重

单位：%

城市	比重	城市	比重
纽约	24	伦敦	22
东京	26	北京	2.5

　　需要说明的是，上海市经济总量占全国4.6%，高于北京2.1个百分点。广州市经济总量占全国1.8%，已经紧追首都。

　　那么，北京与发达国家世界城市比较，哪个方面数据比较高呢？人口密度比较高。纽约、伦敦、巴黎大约每平方公里8500人，北京则达到1.4万人。将近人家的两倍。如此高的人口密度是好事也是问题。

2. 国际化差距

　　既然北京要建设世界城市，就有一个国际化问题。世界城市要吸引世界人民，要成为各国人才的向往之地。通常，衡量一个城市国际化水平的标准是该城市居住的非本国人口比重。表3给出的数据表明，北京在这方面的差距更大。

表3　非本国出生人口在世界城市中的比重

单位：%

城市	比重	城市	比重
纽约	36	巴黎	23
伦敦	28	北京	0.5

一般认为，国际化大城市，其非本国出生人口最低线在5%，由此可知北京在这方面的差距还相当大。

以上所做的比较，是我们关注的方面。如果从更加广阔的视角看，还有其他方面的一些差距。我们列出国际化城市的七个指标，以供参考。第一，基础设施国际化，包括国际航空吞吐量和国际航线覆盖面、国家航运吞吐量和国际航线覆盖面、国际通信业务量和国际通信覆盖面；第二，经济国际化，包括驻国外公司数与资本输出量、引进跨国公司数与资本输入量；第三，贸易国际化，包括进出口总额及其占GDP的比重、国际贸易对象国及其覆盖面、对外贸易总额及其占世界贸易的份额；第四，金融国际化，包括外资金融机构数及其占金融业务的比重、驻国外金融机构数与业务量；第五，第三产业国际化，包括入境旅游人数与创汇、出国旅游人数、国际信息业务量及覆盖面、国际咨询业务量及覆盖面、国际展览业务量及覆盖面；第六，教科文国际化，包括市民国际化意识和国际化知识、公务员国际化服务于国际化管理水平、高校外国留学生人数及比重、每年承办国际会议次数、每年接待国际组织次数；第七，外语环境国际化，包括外语人口比重、外语出版物数量与比重、外语媒体数量与比重、外语公共标识率。

3. 人才发展差距

北京与发达国家世界城市在人才发展方面同样存在较大差距。由于人才在国际缺少可比性，我们可以从其他方面寻找一些数据来进行比较。根据《全球城市竞争力报告（2005~2006）》提供的统计数据，每百万人口世界城市国际专利数量如下：伦敦、东京、纽约和巴黎均在1300件以上，我国上海为118件，北京稍逊于上海，为107件。在人才创造力方面，北京与发达国家世界城市差一个等量级。同样根据《全球城市竞争力报告（2005~2006）》以及《北京统计年鉴2006》，每千居民中高科技从业人数如下：东京52.7人，巴黎35.6人，伦敦29.7人，纽约19.0人，北京29.4人。

关于在人才方面北京与世界城市的差距，还可以参考2005年全球知识竞争力报告提供的数据。这份报告是世界著名的英国罗伯哈·金斯协会提供的。为测定世界城市（区域）知识竞争力的高低，这个协会建立了指标体系和评价模型。指标体系由5个模块19个指标组成。5个模块分别是人力资本、知识资本、金融资本、经济产出、知识可持续性。报告显示，在全世界125个知识领跑城市中，北京综合指数排名第119位，劳动生产率居第120位，平均月收入居第121

位，人均初等、中等教育支出居第 121 位，这些数据都比较靠后。比较靠前的指标是，人均政府研发投入，居第 14 位，人均高等教育支出，居第 49 位。

二　对于北京建设世界城市的人才战略构想

北京要建设世界城市，总的人才战略构想应该是，让高端人才能够在北京成长，能够在北京留住，能够在北京充分发挥作用，使北京成为世界杰出人才魂牵梦绕的向往之地。

为了早日建成世界城市，我们提出以下有关人才战略的四点建议。

1. 把培养与吸引的重点放在高端人才上

北京市不缺一般人才，缺的是高端人才。高端人才并非仅指科技人才，而是一个综合性概念。包括四层意思。

第一，按照中央人才工作领导小组的人才类别划分包括六类，即党政人才、专业技术人才、企业经营管理人才、高技能人才、农村实用人才和社会工作人才。

第二，对高端人才的吸引培养对象，应该做具体分析。并不是凡高端都是对象。要研究确定当前急需的、具有战略意义领域的人才类别，再分工到职能部门、相关企业加以落实。目前北京市确定的高端人才包括信息、生物、金融、现代制造、现代物流、文化创意等领域。

第三，对于一个大城市来说，高端人才要从全市全局考虑，在各区县间合理布局，包括科技人才、经营管理人才、金融人才、国际商务人才、艺术人才、法律人才等。产业集群需要的高端人才不仅包括科技类，还包括党政、事业、社会团体、中介类等。我们可以用"群英荟萃"来描述这种状态。

第四，在各类高端人才中，高端科技人才是重点。请问这类人物究竟从哪里寻找？方法之一是聚焦你要物色的人才的个人履历。这种人 70% 有过研究型大学的经历。因为这样的大学拥有享誉世界的国家实验室，故能造就大师级人才。统计表明，国际上享有盛誉的《自然》、《科学》两个刊物发表的论文，22% 是排名前十位的研究型大学作者提供的；影响人类生活方式的重大科研成果 70% 诞生于研究型大学。世界著名的研究型大学有 20 所，美国占 14 所，英国 2 所，日本 1 所。美国的如哈佛大学、哥伦比亚大学、加利福尼亚大学伯克利分校等。

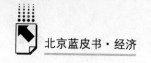

国家级高端人才的引进，应该是有过这种履历的对象。

北京只是一个城市，但是国家吸引人才的做法还是具有参考意义的，瞄准高端人才的标准还是必须坚持的，我国两弹一星功臣中，6位毕业于交通大学。我国1000多名两院院士中，200多名出自交通大学。中国古语说"名师出高徒"，是指"名师高徒效应"使研究型大学人才辈出。这就为我们寻求科技高端人才提供了方便之门。据中关村的研究，他们的高端人才有五大来源：海归中的杰出人才；国企改制中下岗的经营者；二次创业从原团队分离出来的佼佼者；从科研院所走出来的杰出人才；土生土长的奇才。

高端领军人才可以分为两个大类，一种属于专业型的，另一种属于经营管理型的。前者如倪光南，后者如柳传智。两类人才都是特别金贵的。在吸引培养过程中应注意以下三点。

第一，两种才能都具备的人才最可贵，但是这种人才不多。

第二，如果只有一种才能突出，另一种才能短缺，最好通过互补方式加以弥补。专业人才具有"细听蝉翼寂，遥感雁来声"的见识敏感，经营管理人才具有统帅全局、指挥若定的素质。世上无全才，组合成全才。

第三，两类人才的最佳状态是相互尊重，心理相容，相互支持，共襄大业。这也是组织政治思想工作的重点和关键。

引进个体人才，最忌才能平齐。平齐没有带动效应，不但难以创造业绩，反而容易带来"同性相斥"的弊端。美国加州大学由于引进了两个杰出人才跻身世界一流大学，一位是物理学诺奖得主密立根，一位是航空大师冯·卡门。同济大学引进留学德国的汽车博士万钢而收获一个杰出的汽车学科团队。这样的案例不胜枚举。这就是所谓"领头雁策略"。

谁是领头雁需要懂行人作出科学判断，这是非常需要专业眼光的事情。在这个问题上与其领导决定，不如依靠专家。中央关于进一步加强人才工作的决定说，评价专业技术人才要由同行认可，是很有道理的。

引进科技领军人才，不仅可以单个引进，还可以成建制引进。南京大学于1999年引进了美国哈佛大学医学院心血管研究室刘建宁教授等五人课题组一个团队，使南大一举成为分子医学领域世界一流科研团队。成建制引进犹如树木带土移栽容易成活。专家认为有三大好处：一是能快速形成创新团队，投入攻关战斗；二是有利于缩短人才之间相互配合的磨合期；三是有利于催生新的学科生长点，扩大引智成果。

2. 把人才优先的战略部署落到实处

全国第二次人才工作会议之后，北京面临着一项艰巨的任务，就是一定要把人才优先的指导方针、战略部署落到实处。人才优先四个字，讲起来容易，做到很难。为什么？因为我们具有强大的行政惯性，需要下决心调整财政支出结构，非常不容易。

人才优先的实质，是人力资本投资优先。具体来讲，是指国家要把教育投资、科技投资、继续教育投资等投资于人的财政支出，放到优先保证的地位。关于这种认识，媒体多有宣传，决议也不是没有作出，但就是做不到。我们以全国第一次人才工作会议召开之后的情况为例，据统计，我国财政性教育投入占全国GDP的比重，2003年为3.28%，2004年为2.79%，2005年为2.82%，2006年为2.27%，2007年为2.86%。目前，这个指标的世界各国平均水平为7%左右，发达国家达到9%，欠发达国家平均也达到4.1%。

另外，我们还可以考察继续教育投资的执行情况。据我们国家1982年的一项规定，单位对职工的这项投入，应该占到职工工资总额的1.5%，但是将近过去30年了，至今也未做到。南京大学的一项研究表明，从20世纪90年代中期起，国有企业人力资本投资就出现了大幅下降的现象。不到5%的企业加速投资，20%的企业年均教育经费人均10～30元，30%的企业年人均10元以下。其他国有企业多属亏损，基本停止人力资本投资。也就是说，全国基本上没有达到规定要求，但是也就不了了之了。责任谁负，不知道，怎么改进也不知道。

北京市的教育、科研投入状况怎样？继续教育的状况如何？是否比全国其他省市要好一些？我们可以提供一个思路供有关部门参考，就是要算一算财政支出中物力资本投资与人力资本投资二者之间的比例。物力投资就是基本建设投资、维修费用，像建设地铁、铺设高速公路、盖大楼等等；人力投资呢，就是教育、科技、文化、卫生、体育、娱乐投入。这二者之间肯定前者大于后者，是后者的若干倍。一般来讲在7～20之间。如果靠近前者，属于人力资本投资优先，如果靠近后者属于物力资本投资优先。这个数据，美国是3，韩国是8，我国前些年是15。我们可以算一算北京这个数是几，自然就可以得出相应的数据与结论。

按照我们对国家中长期人才发展规划的理解，真正实行人才优先，实际上，是要进行一场革命，发生政府财政支出结构方面的一场革命。希望首都率先革

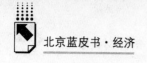

命，走在全国的前列。

3. 营造有利于拴心留人的宜居环境

古人云："地薄者大物不产，水浅者大鱼不游，树秃者大禽不栖，林疏者大兽不居。"环境条件对于人才吸引无疑是非常重要的。白居易就曾写诗感慨"卧龙无水动应难"。

由于高端人才能够创造大量的物质财富，所以他们对成本问题往往不太敏感，但对环境好坏比较敏感。这里讲的环境当然包括优美的自然环境，但主要是政治、经济、法律、教育等制度环境。

中东的迪拜，薪水很高，但很难留住人才。为什么？因为社会制度落后，限制、忌禁太多，影响精神生活、心理状态，让人受不了。例如那里的禁忌，会影响科研团队建设。更要命的是，那里没有破产概念，科研人员一旦得病住院欠了钱，将面临牢狱之灾。美国一对夫妇就陷入了这种困境。

建议北京市在以下几个方面加强环境建设。

第一，防止行政主导驱逐人才。行政主导是指无论什么事情行政职位高的说了算。这也是官本位的一种社会表现。外国专家说，行政主导是浪费资源、摧毁创造力的有效手段。

在科学研究、艺术创作、文化创意、体育攻关等方面，其内在规律的掌握并不是按照权力大小分配的。因此更需要听取和尊重专业技术人员的意见。要想留住高端人才，应该努力做到尽量减少行政干预，改革僵硬的行政体制。

事业单位行政部门的正确定位是做好后勤服务，保证业务人员能够心情舒畅地投身到各类创造性活动中去，取得突破和业绩。至于到底如何做好服务，重要的在于放权。赋予他们宽松条件下的仪器采购权、人员配置权、经费使用权。

第二，对高端人才要舍得投资。对人才投资不足一直是我国的一根软肋。世界银行 2004 年发布的各国研发投入占国内生产总值比重如下：世界平均 2.2%，高收入国家 2.46%，中收入国家 0.85%，美国 2.68%，日本 3.15%，韩国 2.64%，英国 1.89%，中国 1.23%。

中国排名前 20 名大学科研经费不到美国的 1/8，我国 211 和 985 工程大学重点支持的 7 所大学平均科研经费仅为美国一流大学的 1/10 左右。再深入一步看，国外的科研经费较大的份额使用在科研人员身上，我们的人员所得大约仅是人家的 1/10。这种规定就是不承认科研人员的人力资本价值。美国教授在为如何创造成果发愁，中国教授在为如何报销发票发愁。

有鉴于此，对选定为重点工程的项目，加大投资力度是十分必要的。为加大引才力度，广东很舍得斥巨资：提供领军人才每人 500 万元工作经费，100 万元住房补贴，专项经费高达 1 亿元之多。当然我们不能拼待遇，要拼事业前景。

第三，注意人才类别的平衡。当前北京急需引进的是高科技人才，但是，北京发展所需要的不仅是科技人才，还需要引进文学艺术人才，以及社会生活所不可或缺的各类人才。必须把发展经济与发展文化紧密结合起来，叫做经济文化化，文化经济化。失去了文化的发展，就失去了城市的灵魂。

从吸引人才的国际经验来看，如果只是吸引科技人才，到头来连科技人才也留不住。

美国加州的圣地亚哥、得州的休斯敦都曾有过教训。后来，他们把艺术家引来了，人才留住了。其中道理在于"孤阳不生，独阴不长"。多样化的人才集聚在一起，才更能激发一个区域的创造活力；其次，科技人才也不能整天只是搞科研。美国著名未来学家奈比斯特发现，在美国的一些医院，引进高科技的大脑扫描、心脏移植后，医院里的祈祷与按摩活动明显增多。这是为什么？经过认真思考，奈氏提出，这是因为高科技需要高情感与之平衡。中国人能够理解的道理是，阴阳一定要平衡。科学家生活的城市，更加需要文学艺术来滋养，他才感到舒适，他才喜欢长久居住下去。

晚年达尔文的一封信，透露他老人家的一个心愿，很能令我们深思。他说，"在三十岁以前，诗歌带给我的是巨大的快乐，但是许多年来，我已经一行诗也看不下去了。我的大脑似乎成了只会从大量事实中总结规律的机器了，如果我能够重新活过，我一定要每星期都读些诗，听些音乐。这些品味的丧失就是快乐的丧失，而且有可能还会损害我们的智力，更可能损害我们的道德，因为我们天性中的感情部分会因此而衰弱。"在这位大科学家看来，缺少精神生活的城市，智力与道德也会受到损害。这对正忙于搜寻高科技人才的我们，无疑是一个有益的提醒。

4. 对待高端人才要有宽容之心

对于高端人才，人们常常存在误解。最大的误解是认为他们只有优点没有缺点。其实正如一句西方谚语所说，"高山之下必有深谷"。他们的缺点往往比常人更大更多更突出。因此对待他们需有宽容之心。

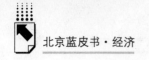

国外有"宽容指数"之说，并能进行测量。因为最近北京市正大力推进文化创意产业，所以我们想针对这类人才讲讲宽容问题。

美国经济学家佛罗里达认为，发展文化创意产业需要环境条件，提出须同时具备三个 T，这就是公认的三 T 原则，即技术（Technology）、人才（Tanlent）、宽容（Tolerance）。尤其是第三个 T，领导者的宽容比群众的宽容更加重要。宽容又包括三个方面：宽容个性，宽容缺点，宽容失败。

个性问题基本上是先天禀赋，后天改善较难，所以应该尊重。而且个性无所谓好坏，主要应看与其所从事的工作是否匹配。我国古代曹魏时期著名人才学家刘劭就曾经指出过，凡个性气质都具有双重性。他说，比如柔顺安恕之人，优点是"美在宽容"，缺点是"失在少决"；清介廉洁之人，优点是"节在俭固"，缺点是"失在拘扃"；沉静机密之人，优点是"精在玄微"，缺点是"失在迟缓"等等。美国著名作家海明威，小说写得好，但性格狂放，特别喜欢暴粗口；有的科学家成绩卓著，但待人貌似暴君。对此类问题，我们应该看其主流，勿拘小节。如果把他这个缺点去除了，他也就不再是他了。

缺点问题人人难免。世界上压根就没有只有优点、没有缺点之人。关键要看这个缺点是什么性质的缺点，对事业影响多大。美国南北战争期间，林肯要任命格兰特将军为统帅，遭到很多人反对。反对的理由是此人嗜酒成性。但考虑到格兰特是一位军事奇才，林肯还是任命了他。结果大获全胜。后人评论说，如果不是由格兰特当统帅，而是换了别人，美国历史会怎么写，还是问题呢。

在中国历史上，缺点很多而没有被领导所嫌弃，最终作出重大贡献的要数战国时期政治家、思想家管仲。其缺点有三：一是与朋友一起做买卖，每次赢了利，总是要多分一些；二是当兵打仗，曾经三次临阵逃跑；三是三次被委任当官，三次被赶了回去。当有人向齐桓公反映这些情况的时候，他的朋友鲍叔牙竭力为之辩解，讲清实况。后来齐桓公决定拜管仲为相，结果干成了惊天动地称霸中国的伟业。20 世纪 70 年代，美国纽约哥伦比亚大学政治系的课堂上，有两个学生表现可不怎么样。别的学生都在认真听课，他们两个却倚坐在教室后面左右两个墙角上打瞌睡，一副没出息的样子。但是上课的教授并没有责怪辱骂他们，照讲不误。你知道这两个人是谁吗？右后角的那位是奥巴马，左后角的那个叫李开复。

关于人才失败，问题比较复杂。人们认为人才就是能够成就事业的。失败了，叫什么？这涉及应该怎样看待成功与失败的问题。美国有家企业公开宣布，凡是没有失败经历的人不能提拔。这好像与我们的惯常做法蛮拧。在他们看来，没有失败过，就是没有探索过。不去探索，焉能创新？大家都知道高科技，但是很多人不知道，高科技的内涵就包括高风险，高风险就是失败几率很高。我们看到过一份材料，说是高科技的失败概率在94%以上。如果我们的领导者不能容忍失败，只是期盼成功，那你怎么能够带领队伍投身创造呢？科技部万钢部长上任后，出台一个文件，规定对确实经过努力，确实不能完成的课题，准予结题，这才是科学态度。在高科技领域，风险与利益并存，而且，越是利润大，越是风险大，二者是对等的。正是想清了这么一种关系，国外才冒出了一大批风险投资公司，在承担风险的同时，牟取巨大利润，而且收益颇丰。无论是信息产业，还是生物制药产业，文化创意产业，无不如此。

当我们谈到宽容的时候，用得到一句有名的话：比陆地宽广的是海洋，比海洋宽广的是星空，比星空宽广的是心灵。

转变发展方式

Transform the Development Mode Chapter

B.10

北京加快转变经济发展方式的战略思考

赵 弘*

在国际金融危机爆发两年后，世界经济进入了复苏轨道。联合国 2010 年末发布的《2011 年世界经济形势与展望》认为，2011 年世界经济将增长 3.1%，2012 年为 3.5%。全球经济实现全面复苏将是一个缓慢而曲折的过程。反思这场影响深远的国际金融危机，一个重要的共识是，推动世界经济全面复苏和可持续增长，必须加快经济结构调整，转变原有的经济发展模式。我国经过改革开放 30 多年的发展，取得了举世瞩目的伟大成就，但也面临产业结构不合理、资源环境矛盾日益突出、自主创新能力不强等矛盾和问题。为了切实解决这些问题，推动中国经济实现更大更持久的发展，党和国家从全局和战略的高度，对加快经济发展方式转变和经济结构调整作出了全面部署。北京作为首都，拥有丰富的科技、文化、人才资源，要在我国加快转变经济发展方式过程中担任排头兵的角色，充分发挥引领和示范作用。

---

* 赵弘，北京市社会科学院院长助理、经济研究所所长、研究员。

一 北京加快转变经济发展方式面临新的要求

成功举办奥运会和国庆 60 周年庆典活动后，北京进入了全新的发展阶段，提出了建设世界城市的宏伟目标，加快实施"人文北京、科技北京、绿色北京"发展战略，以更高的标准推动首都经济又好又快发展。站在新的起点上，北京转变经济发展方式面临新的形势和更高要求。

（一）提升经济总量和发展水平，缩小与国际公认的世界城市的差距

近年来，北京的经济总量增长较快，2009 年北京 GDP 达到 1.2 万亿元，形成了以生产性服务业、文化创意产业、高技术产业为主导的现代产业格局，第三产业占 GDP 比重达到 75.5%，产业总体结构较为合理。但与东京、纽约、伦敦等世界城市相比，北京的经济总量和发展水平还存在较大的差距。据普华永道计算分析，北京的 GDP 仅为东京的 1/12、伦敦的 1/3。从全国第二次经济普查结果也可以看出，北京 GDP 与上海还有 2500 多亿元的差距，且增速也低于上海。从 2009 年数据看，北京 GDP 已经比上海要少 3035 亿元。从人均 GDP 看，2009 年全市人均 GDP 刚刚超过 1 万美元，但与世界城市人均 GDP1.5 万~2.5 万美元的标准相比，还有较大的差距，与东京、纽约、伦敦等世界城市人均 GDP 的差距则更大。北京要加快世界城市建设，在关注优化产业结构特别是三次产业内部结构的同时，更要重点关注如何壮大经济体量。

（二）调整优化城市空间结构，推动城市经济均衡发展

"十一五"以来，北京市着力推动六大高端产业功能区发展，加快通州、亦庄、顺义三大重点新城建设，推动北京产业发展和空间布局优化取得了积极的成效。但是，北京"单中心"的城市空间布局仍然没有从根本上改变，空间结构矛盾依然突出，区域发展不平衡问题日益严重。一是中心城区职能过度集中，人口过于密集，承载了过多的经济发展功能。2008 年城六区以占全市 8.3% 的土地面积，承载了全市 62% 的常住人口、近 70% 的经济总量，引发了商务成本上升、交通拥堵等一系列问题。近年来北京加大了地铁等公共交通设施建设，但与东京、纽约等

相比，高速、大容量、网络化的城市轨道建设仍然滞后，机动车保有量增长过快，目前已达到 478 万辆，交通拥堵现象十分严重。二是南北区域经济发展的差异较大，统计数据显示，2008 年城南地区（原崇文、原宣武、丰台、房山和大兴）实现的 GDP 总量仅为城北地区（原东城、原西城、朝阳、海淀和昌平）的 1/5；财政收入仅相当于城北地区的 1/4；地均 GDP 仅为城北地区的 1/6。从北京整体发展看，这种不均衡、不协调的空间格局在很大程度上制约了城市经济可持续发展和功能进一步提升，在转变经济发展方式过程中，北京要积极实施首都空间结构调整与优化战略，内优外拓、重心外移，突破城市空间结构矛盾。

（三）提升北京城市功能，在国内外经济发展中发挥更大作用

世界城市的本质特征是对全球经济的控制力，其重要衡量指标之一是拥有的国际组织总部和跨国公司总部、地区总部数量。纽约、伦敦、东京等全球公认的世界城市，都是当今跨国公司和跨国银行总部的重要集聚地。目前，北京已经聚集了一批跨国公司地区总部和国内大型企业集团总部，总部经济集聚效应逐步显现。但与东京、纽约、伦敦、巴黎等国际大城市相比，北京还有较大差距，北京市政府研究室有关研究发现，纽约拥有制造业、金融业、软件业、高科技跨国公司总部 314 家，东京是 624 家，伦敦是 237 家，巴黎是 169 家，北京是 84 家，相差甚远。北京对国内外各类企业总部特别是跨国公司地区总部的吸引力和聚集力还有待提升。

金融功能也是世界城市的一个重要功能。2009 年北京金融业增加值 1720.9 亿元，折合 251.29 亿美元（占 GDP 比重为 14.5%），而 2003 年纽约金融业已经实现增加值 732.42 亿美元，是北京的近 3 倍。并且，北京金融业以传统的银行、保险为主体，证券、要素市场以及期货、期权等金融衍生品交易市场还有待完善，2009 年北京金融业增加值比上海略低，但各类有价证券成交金额仅为上海的 1/5。北京金融业的影响力和辐射力还有待加强。

（四）缓解人口资源矛盾，实现首都经济可持续发展

经历了多年的快速增长之后，北京经济发展面临的人口资源约束日益明显。据有关部门统计，截至 2009 年底，全市户籍人口 1246 万人，登记流动人口 763.8 万人，其中在京居住半年以上的 726.4 万人，人口总量已突破国务院批复的到 2020 年北京市常住人口总量控制在 1800 万人的目标。北京人均水资源量不

到全国平均水平的 1/8，人均土地资源不到全国平均水平的 1/6，100% 的天然气、100% 的石油、94% 的煤炭、70% 的电力、60% 的成品油需要从外埠调入。人口急剧增长、能源资源短缺制约了北京的可持续发展，北京需要不断创新，进一步加大人口疏解力度，促进节能减排和环保产业发展。

（五）拓展发展腹地，完善区域支撑体系

世界城市的形成和发展依赖于区域体系的强大支撑。任何一个世界城市都不是孤立的，纽约、东京都有强大的发展腹地。比如"东京－大阪"城市群面积仅占日本的 10.4%，人口占 60% 以上，国民生产总值占 70% 以上，是日本国民经济的主要聚集区域，为东京世界城市建设提供了重要支撑。

北京所在京津冀城市群发展相对滞后，主要是区域内部发展差距较大，北京处于后工业化阶段，天津处于工业化中期向后期过渡阶段，唐山、石家庄等处于工业化中期阶段，而张家口、承德则处于工业化初级阶段，在一定程度上影响了城市间的对接与合作。环京津地区有一条贫困城市带，据河北省扶贫办数据，2009 年，环京津贫困地区的 24 县人均 GDP 仅为京津远郊区县的 1/4，县均地方财政收入为京津远郊区县的 1/10。区域内部各城市之间的发展落差过大，制约了北京对周边区域的辐射带动作用，也制约了周边对北京的腹地支撑作用。在加快建设世界城市过程中，北京迫切需要辐射带动周边区域共同发展，拓展世界城市发展的腹地支撑。

二 北京站在更高起点上，转变经济发展方式将有更大作为

近年来，北京坚持"首都经济"发展战略，抓住筹办奥运契机，在转变发展方式方面进行了积极探索，包括大力发展生产性服务业、加快中关村发展、开发建设未来科技城、推进节能减排和生态环境保护等，加快经济发展方式转变取得了积极成效，为下一步工作开展打下了坚实基础。

（一）产业结构不断优化升级

2009 年北京市三次产业结构调整为 1∶23.2∶75.8，服务业的稳定器作用日

益突出。2005～2009 年北京服务业年均增长 13.1%，年度间波动较小。根据北京市第二次经济普查数据，服务业实际利用外资占全市利用外资的 72.9%；服务贸易进口额约占全国的 1/5，规模居全国第二；服务业从业人员 615.6 万人，占全市的 75.4%。生产性服务业发展尤为迅速，2009 年，全市生产性服务业实现增加值 5878.9 亿元，占地区生产总值比重达 49.5%，占第三产业增加值的比重达到 65.3%。文化创意产业年均增长幅度保持两位数，文化创意产业增加值占 GDP 比重不断上升，2009 年北京文化创意产业实现增加值 1497.7 亿元，占 GDP 的 12.6%，提前实现了"十一五"规划中确定的占比 12% 的目标。

（二）高端产业功能区建设取得积极成效

六大高端产业功能区以全市 7% 的平原面积和 16% 的能源消耗，集聚了全市四成以上的资产；2009 年，六大高端产业功能区实现增加值 4639 亿元，占全市 GDP 的 39.1%，对全市经济增长的贡献率达到 40.7%。六大高端产业功能区资产密度和实现产出相当于全市平均水平的 10 倍，成为高端产业聚集、集约发展的典型区域。

以中关村为例，中关村已经成为我国规模最大的高新技术产业基地，2009 年中关村实现总收入占全国高新区总收入的 16.5%；成为首都经济重要的增长极，2009 年中关村创造增加值占北京市 GDP 的 18.6%。中关村立足首都，技术成果流向全国，2009 年北京共成交技术合同 49938 份，成交额 1236.23 亿元，其中四成流向其他省市、自治区和港澳台地区。一大批高新技术企业立足首都，面向全国以总部经济模式进行布局，有力地带动了地方经济发展。以中关村上市公司为例，151 家上市公司 2009 年实现总收入超过 7200 亿元，其中京区收入 2200 亿元，京外收入达到 5000 亿元。

（三）总部经济成为首都经济的重要组成部分

近年来，北京依托独特的首都功能，以及丰富的人才、信息、技术等资源，吸引了一大批跨国公司地区总部、研发中心聚集，国内一些企业也将总部迁至北京以谋求更大发展。北京形成了一批具有较高知名度和影响力的总部经济集聚区。比如 CBD 成为跨国公司地区总部和国际金融总部聚集地，聚集了外商投资性公司 87 家，外资金融机构 229 家；中关村海淀园则形成了高技术产业总部和研发集群，聚集了微软、法国电信、日本理光等一批知名跨国公司，以及索尼、日立等40多家跨国公司研发中心。

总部经济的发展，有力地推动了北京产业结构优化升级。根据北京第二次经济普查数据，北京拥有跨国公司地区总部和国内在京企业集团总部784家，控制在京下属二级单位3894家，总部企业及其在京下属二级单位数量占全市单位数的1.8%，吸纳从业人员占全市的20.2%，拥有资产占全市的61.3%，实现收入占全市的44.8%，实现利润占全市的69.3%，成为首都经济重要的支撑。总部经济的发展显著提升了首都经济的竞争力和在区域乃至全球的资源配置能力。2010年，北京拥有《财富》世界500强的企业总部30家，数量仅次于东京。

（四）需求结构调整不断深化

消费对北京经济增长的贡献日益增强。2005~2009年北京社会消费品零售额年均增长16.3%，从2006年开始，消费对北京经济增长的贡献超过投资，2008年消费率达到57.5%。

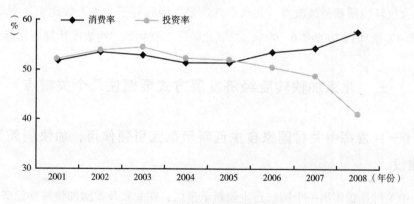

图1　北京消费率和投资率

外贸结构不断优化。2009年北京高新技术产品出口额是2005年的2倍，占北京出口总额的36.2%；机电产业出口额是2005年的2.1倍，占全市出口总额的63.7%。服务贸易发展较快，2008年北京服务贸易进出口总额大约是2005年的2倍；技术合同成交额由2005年的50.6亿美元增长到2008年的66.6亿美元。

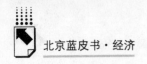

（五） 区域协调发展取得积极进展

2009 年，北京出台《促进城市南部地区加快发展行动计划》，在未来 3 年推动北京南部地区大发展。2010 年上半年，南部现代制造业产业带共完成全社会固定资产投资 291.5 亿元，同比增长 53%，呈现快速增长态势。

《促进西部地区转型发展意见》即将出台，将从交通等基础设施建设，生态修复投入，招商引资优惠政策、提升文化教育等服务功能方面，推动西部地区经济转型和提速发展。

（六） 生态环境与大气质量明显改善

节能减排工作取得明显成效。2006～2009 年，北京以年均 4.5% 的能源消耗增长，支撑了年均 11.6% 的经济增长速度。到 2009 年底，北京提前一年完成"十一五"节能目标的 119%。

生态环境进一步优化。2009 年，全市森林覆盖率达到 52.6%，比 2005 年提高 2.1 个百分点。中心城城市河湖水质基本还清。

大气环境质量持续改善。北京空气质量二级和好于二级天数比例从 2000 年的 48.4% 增加到 2009 年的 78%。二氧化硫、二氧化氮年均浓度达到国家标准。

三 北京加快转变经济发展方式要抓住几个关键点

（一） 发挥中关村国家自主创新示范区引领作用，加快创新型城市建设

中关村是我国第一个国家自主创新示范区，在北京及我国加快转变经济发展方式的进程中，有责任有义务也有条件承担更高的使命，发挥更重要的作用。一是探索体制机制创新，借鉴天津滨海新区调整行政区划、武汉东湖高新区、青岛高新区、长春高新区等在管理体制改革方面的经验，推进产业功能区整合，谋划大体量、地域完整的产业承载空间，形成强大的资源配置能力。二是整合空间资源，形成规模化空间载体。目前中关村发展面临着空间资源不足的约束，尽管规划出"一区多园"的空间格局，但多数园区规模体量小，且趋于饱和，难有大

的增量提升。中关村空间资源整合要跳出区县行政资源约束，以大手笔谋划新的空间载体，比如加快海淀山后地区建设，推动"中关村"品牌向东延伸，与七北路沿线的"中关村生命科学园"、"昌平科技园"、"未来科技城"等高端产业功能区整体定位，两区联动，打造大体量、成规模的高端功能区。三是大力发展战略性新兴产业，引领北京及我国战略性新兴产业发展。目前中关村已经拥有发展战略性新兴产业的良好产业基础。未来，中关村要依托良好的制度环境、政策环境和服务环境，围绕信息服务、新材料、生物医药、新能源等战略性新兴产业领域，培育一批具有国际竞争力的品牌，打造一批在行业范围内和在世界范围内具有重要影响力的企业，形成一批战略性新兴产业集群，成为北京和我国战略性新兴产业发展的策源地和重要载体。

（二）优化城市空间结构，形成"两城两带六高四新"空间格局

一是建设中关村科学城和未来科技城。中关村科学城打造高效运作的央地创新合作平台，聚焦高端要素、高端环节和高端业态，推动央院、央校、央企和民企等协调创新，提升中关村大街、知春路、学院路三条创新大道，成为示范区核心区的核心。未来科技城先期入驻神华集团、中海油、国家电网、中国华能、中国国电、中铝公司等15家大型中央企业研发机构，将未来科技城建设成为一流科研人才的集聚地、引领科技创新的研发平台，打造成为具有国际影响力的大型企业集团技术创新和成果转化的基地。

二是大力发展北部研发服务和高新技术产业发展带、南部高技术制造业和战略性新兴产业发展带。其中南部高技术制造业和战略性新兴产业发展带要有效整合亦庄、大兴为主体的城市南部产业空间资源，打造电子信息、生物医药、节能环保、新能源汽车等现代制造业和战略性新兴产业集群，建设成为高端制造业发展和对外辐射合作的重要承载区。

三是提升六大高端产业功能区。对六大高端产业功能区进行优化提升，腾笼换鸟，淘汰低端产业，集聚高端产业，进一步提升已有高端产业功能区的产出强度和产出效率，同时向临近空间拓展，实现联动发展。比如金融街西扩南延，与丽泽金融商务区联动发展；CBD 东扩西联，与东二环商务区联动发展，形成高品位的、体现世界城市水平的大型中央商务区。

四是培育四个产业功能新区。适应城市产业功能拓展、提升和优化配置需

求，坚持高标准规划、高水平建设、分时序推进，加快培育通州高端商务区、新首钢创意商务区、丽泽金融商务区和怀柔文化科技高端产业新区四个产业功能新区。

（三）提升首都城市功能，强化北京在全球经济体系中的支配力和影响力

大力发展总部经济，打造世界高端企业总部聚集之都。北京要进一步强化总部经济的地位和作用，使总部经济成为全市经济发展的整体性、长期性、宏观性的战略思路。加强促进总部经济发展的宏观规划，构建内外资统一的促进总部经济发展的政策体系；设立总部企业绿色通道，构建高效的服务联动机制，提升政府服务总部经济发展的能力与水平；鼓励本土大型企业走出北京、走出国门，在国内其他地区及海外更具成本优势的地区设立生产制造基地，实现企业的跨区域、跨国经营；积极完善城市基础设施与商务配套设施，建立专业服务支撑体系，营造良好的总部经济发展环境。

与此同时，北京要大力发展服务经济，特别注重发展金融服务、信息服务、科技服务、商务服务、流通服务等生产性服务业，加快经济结构由服务业主导向生产性服务业主导优化升级。大力发展知识经济，推动高技术产业、文化创意产业等知识密集型产业发展，努力成为战略性新兴产业重要策源地。大力发展绿色经济，坚决发展生态友好型、资源节约型产业，用更严格的产业标准和节水、节地、节能、节材等约束标准，推进经济发展方式转变。

（四）注重区域协调，加快西部发展，推动北京与河北"环首都经济圈"共赢发展

北京进入了更加注重区域协调发展的新阶段，要加快南部和西部地区发展，缩小区域内部发展差距。比如门头沟、石景山、丰台、房山等西部四区目前整体处于战略转型过渡期，传统产业正在退出、新产业正在培育，支撑区域发展的产业基础相对薄弱，要通过加强统筹联动，引导社会投资参与，逐步将西部地区打造成为生态友好、功能协调、经济繁荣、人文和谐的京西绿色发展新区。按照西部议案的部署，重点打造"一核——新首钢创意商务区，两区——房山新城现代产业发展区和丰台河西绿色产业发展区，三带——永定河绿色生态发展带、

108 国道沿线生态旅游休闲带、109 国道沿线生态旅游休闲带"的产业发展空间格局,建设一批重点产业园区和现代服务业综合体,提升区域发展的承载能力。

北京要进一步深化对京津冀区域协调发展的认识,寻求与"河北环首都经济圈"的共赢发展。河北已经高调推出"环首都经济圈",圈定了涿州市、三河市、香河县、固安县等 14 个县(市)加快建设和发展。北京和河北可在基础设施建设、产业梯度转移等方面加强合作,比如以建设快速通道为重点,以同城化为目标,推进 14 个县(市)交通基础设施与北京全面对接;鼓励更多的在北京不具生产优势的企业借鉴首钢经验,以总部经济模式优先向河北转移生产基地,推动首都和周边区域共同发展。

B.11

"十二五"时期北京市转变经济
发展方式的思路和对策

江树革*

"十二五"时期是北京改革发展和现代化建设的重要时期。在承继"十一五"时期北京城市建设和经济社会发展的成就基础上,"十二五"时期北京的建设与发展处在新的历史条件和国家全局发展的大势之中,承载着全市人民建设更高水平的小康社会的期冀,关系到北京未来的经济发展和持久繁荣。这一时期,新起点、新目标、新机遇和新挑战构成贯穿"十二五"时期发展全局的显著特征。因此,需要立足中国和世界发展的大势和北京发展的阶段性特征,以加快转变经济发展方式为主线,统筹谋划,科学发展,不断完善创新首都的经济社会政策,为建设具有中国特色的世界城市奠定坚实的基础。

一 "十二五"时期北京发展的阶段性新特征

"十二五"时期,在世界经济和我国改革发展宏观形势发生变化的大背景下,北京的现代化建设在发展阶段、外部环境、发展条件和发展目标等方面都发生了重大的变化,处于后金融危机时代、后工业化时代和后奥运时代以及低碳经济时代交叠并存的发展新阶段,具有鲜明的发展阶段特征。

(一) 新基础和新起点

"十一五"时期,以"人文奥运"、"科技奥运"和"绿色奥运"为显著标志的奥运经济的快速发展提升了北京的城市综合实力,推动了城市的基础设施建

---

* 江树革,北京市社会科学院社会学所副研究员。

128

设、科技发展和生态环境建设水平，进一步提升了北京的城市比较优势，也使社会文明程度获得进一步提升，提升了北京在国际上的地位。北京经济发展的成果成为"十二五"时期北京发展的基础。2010年1～11月全市完成地方一般预算财政收入2214.7亿元，比上年同期增长17%。① 目前，北京已经成为中国改革发展的窗口，成为世界舞台上一种中华文化符号和标识，需要乘势而上，实现新的作为，在建设世界城市的伟大实践中迈出重要而坚实的步伐。

（二）新目标和新任务

全面落实建设"人文北京、科技北京、绿色北京"的发展战略以及建设具有中国特色的世界城市，是"十二五"时期北京城市建设与发展的全新目标和全新实践。在继承改革开放30多年来改革发展成果特别是奥运八年筹办以来北京经济社会发展成果的基础上，"十二五"时期的北京需要在"十一五"建设和发展的基础上，适应首都在全国改革发展和现代化全局中的重要地位和作用，适应人民群众对于改革发展的新期待，以"人文北京、科技北京、绿色北京"的发展战略以及建设具有中国特色的世界城市为总揽，实现城市的跨越发展和整体提升，需要实现五大目标，承担着艰巨的发展任务。

第一，人文北京建设有新发展，文化事业进一步发展，城市的人文品格进一步提升，社会文明程度不断提高，与人文北京相悖的各种社会不良现象进一步得到根治。

第二，科技北京建设有新突破，科技创新能力进一步增强，北京作为中国科技龙头和引擎地位进一步加强，北京需要在"十二五"期间使一些技术和人才在国际舞台占有一席之地。

第三，绿色北京建设有新跨越，城市的生态环境稳步改善，生态环境建设的水平和质量有新的提高。

第四，世界城市建设全面推进，进一步推动京华文化走向世界，提升北京的国际化程度和世界影响力，为把北京建设成为世界级的服务中心、创新中心、金融中心、旅游会展中心和文化中心进一步夯实基础。

第五，坚持以转变经济发展方式为主线，形成转方式、促发展的"北京模

① 北京市统计局、国家统计局北京调查总队：《北京经济发展月报》，2010年11月。

式"取得新实效。也就是，以建设世界城市为更高的目标追求，以实施三个北京发展战略为依托，在"十二五"时期继续高扬"人文"、"科技"、"绿色"三大理念，推动北京民生、科技和环境建设再上新台阶，在全国转变经济发展方式的实践中走在前列。

（三）新机遇和新挑战

"十二五"期间，北京的发展面临着新的历史机遇，同时也面临着严峻的挑战，需要深刻把握首都发展的阶段性特征，化挑战为机遇，化机遇为发展，抓住机遇促发展。

1. "十二五"时期北京具有五个方面的发展新机遇和优势

第一，城市综合经济实力显著增强所确立的城市特定地位。经过多年的发展和建设，北京已经成为世界重要的经济、政治、文化活动的集中地，成为具有国际影响力的国际大都市，具有较为优良的人文环境、自然环境和较为发达的国内一流、世界先进的科学技术和高水平的社会服务和管理体制，吸引众多跨国公司和全球服务公司的总部聚集北京，总部经济优势十分明显，对世界经济的发展产生着重要的影响。

第二，世界科技革命的兴起与首都北京的城市科技特质与发展环境的历史契合。2008 年以来的国际金融危机，正在全球范围内催生新一轮的科技革命，这给北京这座文化科技型的城市带来难得的历史发展新机遇。北京需要抓住机遇，大有作为。

第三，产业结构高端化使得北京的发展获得更大的发展空间。在后工业经济时代，经过多年的发展，北京市的产业结构和经济结构发生根本性改变，体现了鲜明的以服务性经济为主的经济形态，第三产业增加值占 GDP 的比重超过 70%，率先进入以服务经济为主的发展阶段。

第四，经济实力的大幅提升为北京的更高水平的发展和统筹协调推进提供了保障。在后奥运时代，北京的经济发展水平上了新的台阶，为"十二五"时期北京的更高发展奠定了基础。北京在经过八年的奥运会筹办后，经济社会发展进入了以人均 GDP 一万美元为显著标志、以建设更高水平的小康社会为目标的发展新阶段。2010 年北京进入全国 GDP 万亿元俱乐部，经济发展步入新的阶段。

第五，北京的城市吸引力和比较优势进一步凸显。在奥运会筹办和国庆 60

周年后，北京市的城市吸引力和世界影响显著提升，进一步确立了北京在吸引人才、投资等方面的优势地位，发展环境显著改善。

2. "十二五"时期北京发展面临的挑战

"十二五"时期北京在面临有利的发展机遇的同时，也面临着一系列的挑战，面对着在进一步转变经济发展方式的过程中推动科技创新、建设低碳城市以及有效解决收入分配差距以实现社会公平正义的现实发展课题和重大民生课题的考验。这种挑战是源于发展的挑战，更多地表现为具有鲜明结构性特征的矛盾和问题。

第一，民生改善，差距明显。人民生活水平总体较大提高，但是部分社会群体生活困难问题依旧突出；在全体人民收入增长的同时，社会收入分配差距日益明显，造成北京城市贫富差距悬殊。

第二，科技进步，创新不足。总体上"十一五"期间技术有了较快的发展，但是，自主掌握的核心技术和关键技术缺乏，在世界城市中处于大而不强的地位。

第三，人才众多，高端缺乏。人才队伍总量规模庞大，但是高层次、领军型人才严重不足，突出地表现为人才众多而高端人才和创新人才不足的问题。

第四，总体发展，增长失衡。全市经济发展水平总体提升，但是不同区县、地区之间发展不均衡、不协调的问题十分突出，主要表现为贫富强弱严重不均的问题。

第五，经济发展，社会滞后。统筹经济社会发展工作不断取得进展，但是，以改善民生为重点的社会建设需要亟待加强，上学难、就业难、买房难、看病难和出行（交通）难成为"十二五"时期必须进一步破解的"五难"发展课题。特别是城乡接合部流动人口聚居区脏乱差的市容市貌与北京建设世界城市的发展目标和首都形象极不协调。对于北京而言，一方面是首都的社会建设事业走在全国的前列，有着强大的示范效应，同时，北京在发展中遇到的社会建设的难题在很大程度上也是全国乃至全世界所无可比拟的。

二 "十二五"时期切实转变北京经济发展方式的思路

转变经济发展方式是"十二五"时期全市工作的一条主线，也是首都经济社会发展模式的深刻变革，需要在"加快"和"切实"上下工夫，不断创新与完善经济社会政策，实现经济发展方式的变革，推动科学发展。

（1）要通过共建共享转方式。要在发展的过程中进一步调整收入分配政策，妥善处理共建和共享的关系。让发展成果更多惠及民生，实现共建共享的局面，更加注重实现社会公平正义和社会和谐稳定。要借鉴国际经验，对过高的不合理的垄断性收入进行必要的调节，在共建中实现共享和在共享中推进共建，实现和谐科学发展。

（2）要通过均衡发展转方式。要进一步解决北京发展中的结构性问题，实现不同地区的均衡、协调发展。逐步解决和调整经济社会发展不平衡的局面；同时，要通过建设以"人文"、"科技"、"绿色"为特征的世界城市为载体，进一步实现包括投资结构、消费结构、收入分配结构在内的结构性调整。

（3）要通过科技进步转方式。要更加重视科学技术的第一生产力作用，把经济发展转移到依靠科技进步和提高劳动者素质的轨道上来。而要实现经济发展方式的转变，关键在于通过制度安排形成实现科学发展的保障机制和工作机制，将转变经济发展方式从发展理念和发展目标变成发展的具体实践。要立足首都的科技优势和建设创新型国家的大势推动科技北京的建设。要根据"十二五"时期首都经济发展的特点和任务，迎接新一轮世界科学技术革命的浪潮，进一步转变经济发展方式，解决北京城市发展的内在动力问题，实现以科技创新为新的动力机制，进一步提升北京的城市竞争力和可持续发展能力，把北京建设成科技领先、经济发达、富有活力的创新型城市。

（4）要通过社会建设转方式。要坚持以人为本，进一步提升北京市社会建设的水平，实施人本化的民生导向型的社会政策。在"十二五"时期，需要把以民生建设为主要内容的社会建设摆在更加突出位置，进一步加强社会建设，完善社会安全网和继续改善民生，有效调节收入分配，解决人民群众住房、医疗、社会保障等发展存在的现实问题，提升社会福利整体水平，并将政策的着力点向社会弱势群体倾斜，进一步妥善处理效率与公平的关系，统筹经济发展与社会发展的关系，努力提高全社会的公共服务水平，不断增进全体人民的生活满意度和幸福感。

（5）要通过生态建设转方式。要适应全社会生态文明建设和低碳经济发展的需要，着力建设绿色北京。要立足于北京的现实，探索更加有效推进城市人口、资源和环境统筹发展的途径，实现北京市的可持续科学发展。特别是要在推进世界城市建设的过程中，全面提升北京的生态环境质量和生态水平，进一步提高人民群众的环境满意度。

三 "十二五"时期关于北京经济社会发展的几点政策建议

1. "十二五"期间要把首都的社会和谐建设摆在更加突出的位置

社会和谐不仅是北京城市功能定位的现实要求，也是世界城市的特质。实施"三个北京"发展战略以及建设世界城市赋予了首都和谐社会建设以新的内涵和要求，在"十二五"期间需要以转变经济发展方式为主线，实现政府工作质量和水平的全面提升，把进一步改进政府的管理与服务作为优化发展环境的重要内容和关键环节，进一步提高政策的科学性，着力建设人文政府和人本政府，为经济社会和谐发展创造良好条件。以此为前提，努力推进和谐社会工程建设，推动机关和谐、企业和谐、校园和谐、社区和谐、村镇和谐等，全面提升和谐社会建设水平。

2. 努力助推企业特别是中小企业发展，增强经济活力和可持续发展能力

在"十二五"时期，要继续坚持推动民营和中小企业的可持续、健康发展作为解决就业问题、促进就业增长和稳定就业主渠道的方略。经过多年的努力，北京市的中小企业和民营企业获得了较好的发展，已经成为北京市国民经济重要组成部分，在推动科技发展，促进经济增长，创造就业机会和保障民生等方面发挥着不可替代的重要作用。2008年以来爆发的国际金融危机突出体现了民营和中小企业的重要性，但是同时也暴露了民营经济发展的脆弱性。

第一，要加大对"非公经济36条"的落实，为民营经济发展营造良好的政策环境。特别是在"十二五"期间，需要继续培育中小企业，在金融风暴过后，要继续不懈探索"十二五"时期中小企业的金融服务体制机制的建设和政策创新问题，推动小额贷款公司的发展，努力搭建融资平台，改善企业发展的融资条件，优化发展环境，从体制上保障中小企业的可持续发展。

第二，对从事中小企业贷款担保的担保机构给予更多、更有力的支持，特别是对于远郊区县那些专门从事中小企业贷款担保的小型担保机构应给予更多的支持，包括注入资本金、减免税、建立代偿补偿机制，小额贷款担保补助和通过再担保为小型担保机构增信、分担风险等。

第三，实现首都民营企业的科学发展，人才建设是关键。要针对传统的人事人才工作与非公经济发展形势不适应的问题，创新非公经济和非公社会组织人事人才工作，对优质民营企业和对首都经济、社会、科技发展具有重要作用的企业予以人才政策倾斜。

3. 在"十二五"时期要着眼于建设世界城市和切实转变经济发展方式，大力推进科技创新和人才振兴战略

建设人文北京的世界城市，人才建设是关键，必须造就一大批高素质、高水平具有很强创新能力的高端人才队伍，特别是高端专业技术人才队伍。

第一，要努力在全社会营造尊重知识、尊重人才的社会氛围，在全社会树立追求知识、追求专业成就的职业成就价值取向，在全市营造与人文北京的人文品格和城市品位相适应的人才发展和成长环境，在全社会进一步弘扬尊重知识、尊重人才、崇尚劳动、崇尚贡献的首都人文文化和城市精神。

第二，要推进人才建设的国际化发展，要根据北京世界城市内建设的发展大势，加强本土人才的国际化发展，采取切实措施推动高层次领军人才和高端人才的培养，努力造就大批具有本土经验与国际视野的国际化高端人才。

4. 以改善民生和完善社会安全网为目标，不断推进社会保障制度的建设

"十一五"期间，在市委、市政府的正确领导下，北京市的社会保障建设取得了长足的发展，一些关系民生的重大社会保障和福利政策的出台和实施，使得广大人民群众得到了实实在在的利益和实惠。但是，应该看到，与建设世界城市的目标相比，与人民群众建设更高水平的社会保障的要求相比，我们的社会保障水平还有待进一步的提高，这成为"十二五"时期社会建设和社会发展的重要目标之一。因此，需要建立城乡一体化的社会保障体系。加快社会保障制度整合与衔接，建立城乡居民一体化的社会保障体系，实现社会保障人群全覆盖，使城乡居民更好地享受到社会保障制度。健全公共财政对社会保障的投入机制，提高社会保障水平。目前，法国的社会保障水平基本在30%左右，其社会保障支出已经占到法国GDP的近1/3。因此，在"十二五"期间，在大力发展北京经济的同时，需要进一步提高社会保障给付总水平，逐步建立社会保障给付的稳定增长机制，不断提高人民群众的幸福感。

节能减排促进北京绿色转型[*]

黄海峰　高农农[**]

一　北京市资源环境现状

近年来，北京市紧紧围绕建设"人文北京、科技北京、绿色北京"的战略任务，既重视环境保护，又保持了经济平稳较快发展，促进了社会和谐稳定；不断推进环境污染防治和污染减排，强化环境安全监管，使全市的环境持续得到改善。但受到自然环境条件限制和人口、资源、能源消耗持续增长以及北京市及周边地区经济发展势头强劲的影响，主要污染物排放总量消减任务十分艰巨，环境压力较大，环境质量持续改善的基础尚不稳固。

2009 年北京实现地区生产总值 11865.9 亿元，人均达到 68788 元，分别比 2008 年增长 10.1% 和 6.2%。其中，第一产业增长 4.6%，第二产业增长 9.7%，第三产业增长 10.3%，三次产业结构为 1∶23.2∶75.8。城乡居民居住水平继续提高，全年城镇居民人均可支配收入达到 26738 元，农村居民人均纯收入 11986元，分别比 2008 年增长 8.1% 和 11.5%。

2009 年北京市能源消费量为 6577.7 万吨标准煤，同比增长 3.96%。按 2005年可比价格计算，万元 GDP 能耗为 0.6074 吨标准煤，比 2008 年下降 5.57%。[①] 北京能源消费结构比较合理，煤炭占比为 32%，全国这一比例是 70%。北京市

---

[*]　该研究得到 2009 年北京市教育委员会研究课题：《"绿色北京"创新团队建设》、北京市教育委员会研究课题：《加快节能减排建设"绿色北京"的政策机制研究》课题（课题编号：SZ2010100055002）的资助，吸收了李锦学博士论文《论北京市经济的绿色转型》部分成果（指导老师：黄海峰）。

[**]　黄海峰，北京工业大学经济与管理学院教授，博士生导师。主要研究方向：循环经济、经济转型、战略管理等；高农农，北京工业大学经济与管理学院博士研究生。主要研究方向：节能管理、绿色经济等。

①　数据来源：北京市统计局，《北京市 2009 年国民经济和社会发展统计公报》。

能源消费大部分靠外省市输入，2008年煤炭消费的自给率也只有21%。北京属于资源型重度缺水地区，人均水资源占有不足300立方米，是全国人均水资源的1/8，世界人均水资源的1/30。2009年北京市水资源总量20亿立方米，比2008年下降41.5%，用水总量35.8亿立方米，比上年增长2%。北京市城镇绿化覆盖率达到44.4%，比上年提高0.9个百分点。城镇人均公园绿地面积14.5平方米，比上年增加0.9平方米。林木绿化率达到52.6%，比上年提高0.5个百分点。

在地区生产总值增长10.1%、人均地区生产总值突破1万美元、常住人口达到1755万人、机动车保有量超过400万辆的情况下，二氧化硫和化学需氧量排放总量分别比上年减少了3.59%和2.49%。[①]北京市污水处理率为80%，比上年提高1.1个百分点。生活垃圾无害化处理率为95.8%。市区空气质量达到二级和好于二级的天数为285天，比上年增加11天，占全年总天数的78.1%，比上年提高3.2个百分点。

总体上来看，北京市物质资源及能源压力逐年增长。居民活动对生物资源产品及能源产品的需求越来越高，但自身生态承载力无法满足不断扩大的资源需要，可供地区消费的能源量增长速度不仅低于经济整体增长速度，而且略低于地区能源消耗总量增长速度，超额资源及能源需求成为限制区域发展的障碍。北京市的能源消耗增长速度远低于经济增长幅度，主要污染物排放也实现了逐年下降，空气污染物排放也有比较明显的下降，固体废弃物污染排放量下降最显著，但单位人口面临的环境压力在不断提升。

二 北京市节能减排成就

（一）节能目标完成情况

2005～2009年北京市万元GDP能耗持续下降，以2005年价格为不变价，由2005年的0.80吨标准煤下降至2009年的0.61吨标准煤，已累计下降23.34%，提前一年超额完成"十一五"期间万元GDP能耗下降20%的节能目标。

---

① 北京市环境保护局：《2009北京市环境状况公报》。

2009 年万元 GDP 能耗为 0.6074 吨标煤，下降 5.57%，其中第一产业万元增加值能耗为 1.0225 吨标煤，同比下降 2.82%；第二产业万元增加值能耗为 0.8880 吨标煤，下降 11.42%；第三产业万元增加值能耗为 0.3581 吨标煤，下降 1.21%。2006~2009 年，北京市以年均 4.47% 的能源消耗增长支撑了年均 11.65% 的较快经济增速，平均能源弹性系数为 0.38，初步形成了低消耗、低排放的经济发展模式。经过测算，"十一五"前四年全市累计实现节能 1730 万吨标煤，其中结构节能 1290 万吨标煤，占全部节能量的 75%，为节能主导因素；技术节能 320 万吨标煤，占 18%，管理节能 120 万吨，占 7%。

2009 年北京市二氧化硫排放量为 11.88 万吨，比 2008 年削减 0.44 万吨，同比下降 3.57%。化学需氧量排放量为 9.88 万吨，比 2008 年削减 0.25 万吨，同比下降 2.47%。

(二) 节能对转型的推动成效

第一，产业结构不断升级。服务经济主导的产业结构进一步得到巩固，金融、体育、文化创意以及高技术服务业等发展较快，2009 年服务业增加值占 GDP 比重已到达 75.8%，第三产业的贡献率已达到 73.1%，对地区生产总值增长的拉动达到 7.5 个百分点。第三产业万元增加值能耗仅为全市万元 GDP 能耗的一半，是推动北京市万元 GDP 能耗下降的主要力量。完成首钢等一批高耗能、高耗水、高污染企业的转产和关停，淘汰水泥立窑生产线等落后工艺设备，全市单位工业增加值能耗显著下降。

第二，能源结构逐步优化。优质能源占总能耗比例显著提升，以煤炭为主的能源消费结构得到了根本转变，煤炭占比仅为 32%，而全国的这一比例是 70%；电力、油品、天然气等优质能源使用量大幅上升，2009 年在全市能源消费总量中的比重达到 67%，比 2005 年提高近 10 个百分点；可再生能源利用实现跨越式发展，发布出台《北京市振兴发展新能源产业实施方案》和《北京市加快太阳能开发利用促进产业发展指导意见》，2008 年可再生能源利用量达到 153 万吨标煤，比 2005 年增长 140%，占能源消费总量 3% 左右。[1]

第三，新技术新产品得到推广应用。发布"北京市节能节水减排技术推广

---

[1] 国家统计局能源统计司编《中国能源统计年鉴 2009》，中国统计出版社，2009。

年度计划"，在奥运工程中广泛应用节能环保技术，积极推广高效照明产品，覆盖了北京市级公共机构及全市六成以上城乡居民家庭。从2009年起，在北京市重点用能单位推广应用高效电机、变压器等节能设备。

第四，节能体制机制不断完善发展。实施《北京市固定资产投资项目节能评估和审查管理办法（试行）》，出台了《北京市合同能源管理项目扶持办法（试行）》及两个配套实施办法；对大型公建和重点用能单位实施节能监察；从审核、验收、资金支持、专家及咨询机构管理等全过程规范；与18个区县政府、北京经济技术开发区管委会签订了节能目标责任书和主要污染物总量削减责任书；北京市财政加大投入，并积极争取到国家财政奖励资金和国债资金，支持节能减排各项重点工程的实施；对符合标准的退出企业给予资金奖励。

第五，重点领域节能效果显著。政府机关，对政府机关用电、用热计量改造和开展节能改造；建筑领域。新建建筑全部实现65%的节能设计标准，对普通公建开展节能改造；工业领域，对重点用能企业开展节能目标考核和实行用电在线监测；交通领域，轨道交通快速发展，通车里程突破300公里，占公交出行比例达34%，积极发展新能源汽车。

第六，全民节能意识显著提高。公交出行比例从2005年的28.1%提高到2009年的38.9%。开展了节能产品推广工作，高效节能家电在居民家庭中的拥有率也逐年提高，市民逐步形成了节能型的低碳生活方式及绿色消费习惯。

尽管"十一五"期间北京市在节能减排做了大量工作，打下了良好基础，但仍存在要节能新技术应用难度大，基于市场经济的节能激励机制仍显缺乏，能源监测、统计、计量、执法等能力建设比较薄弱，节能标准体系建设还需加快等问题。

三　节能减排的国际启示

北京作为中国的首都，中国目前正处于快速工业化的经济发展阶段，这决定了北京面临的人口、资源和环境压力很大。提高能源效率、减少污染排放是北京市面临的一项长期的任务和不得不解决的挑战。节能减排是应对这一挑战的有力手段，同时也是建设"人文北京、科技北京、绿色北京"和"资源节约型、环境友好型社会"而采取的必要政策措施。

（一） 北京仍处于绿色转型的初级阶段

北京已形成以第三产业为主、第二产业和第一产业为辅的产业结构模式，其服务业及制造业具有一定特色，正处于绿色转型及区域创新水平不断提升的阶段。但北京市与全国一样，也存在社会主义初级阶段的一系列问题，仍处于绿色经济发展的初期。一方面，北京市具有绿色经济发展转型的多项有利条件，另一方面，不断涌现的环境问题已成为制约北京市经济进一步发展的重要障碍。北京经济发展注重物质经济，依赖于其他经济区域的资源输入及产品、废弃物的交换，事实上选择了"先污染、后治理"的工业化道路。尽管随着政府及居民环保意识的不断加强，北京的空气污染、水污染等情况有所减轻，同时资源的供求比例状况也得到改善，但是北京以消耗资源为代价的经济发展方式仍然没有根本改变。

（二） 欧盟推行节能减排的经验

2007年3月，欧盟各国领导人制定了"3个20%"总目标，承诺到2020年将欧盟温室气体排放总量在1990年的基础上至少减少20%，将煤、石油、天然气等化石能源的消费量在1990年的基础上减少20%，将可再生能源占总能源消耗的比例提高到20%。欧盟的这一目标具有以下特点。

第一，搭起了法律框架。欧盟基本立法中涉及节能减排的法律文件主要包括《单一欧洲法》和《欧洲共同体条约》。如2002年欧盟颁布了《建筑物能源指令》，该指令规定了公共部门、能源供应商的具体义务，并设计了详细的预算、审计方法等，要求2008～2016年连续9年节能9%。欧盟各国也各自制定了相应的节能减排法律法规，德国早在1976年就通过了《节能法》，德国制定节能减排法律法规的三项基本原则是污染者付费原则、预防原则和合作原则。

第二，欧盟政府的节能减排管理以间接管理为主。为保证政策顺利实施，政府就节能减排的政策与公众、能源供应商、工业企业以及社会中介组织联络，进行政策宣传、项目咨询和信息沟通等服务；重视发挥非政府组织促进节能减排的作用，如欧盟能源技术组织等。

第三，利用财政政策、金融政策等手段促进节能减排。节能减排的财税政策主要包括财政补贴和税收两种形式，财税政策可以使污染企业的外部成本内部化，促使企业努力改进生产技术，自觉地进行节能减排；节能减排的金融政策主要包括绿色信贷、绿色保险以及绿色证券政策，国际上与环境保护相关的金融政策大多数是国际组织和金融机构自愿制定的原则标准，通过市场机制激励企业进行节能减排。

第四，产业政策与科技创新。节能减排的产业政策主要是鼓励环保产业的发展，鼓励运用技术创新改进旧设备的生产能力、降低污染程度、发展新能源等；技术创新是实现节能减排的重要应用手段。

北京市节能减排应遵循从单项节能向系统节能转变、从末端节能向源头节能转变的原则，节能管理要从粗放型节能向精细化管理的原则。要不断吸收国际节能减排的先进经验，完善节能减排法律体系，改进政府管理方式，建立有效的环境税收制度，选择恰当时机引入碳税，强化实施绿色金融等市场化手段利用节能减排这一抓手推进绿色发展方式的转型。

四 发展低碳技术 推动北京绿色转型

能源的节约和高效利用关键在于节能技术的进步，北京的绿色转型除了法律法规、政策等方面的支撑外，还要利用北京本身的人才优势、技术优势推动低碳技术创新和低碳技术的集成应用，利用低碳技术提高能源的利用效率。北京低碳技术集成示范应用要做好以下五个方面。

1. 建立北京城区能源供应技术集成系统

绿色北京的能源供应原则是减少需求、使用低碳能源、分散产能。从供应系统的工作范围来说，包括城市层面、社区层面以及终端层面。城市层面的主要技术既包括大型可再生能源技术，也包括传统能源的清洁利用技术，如热电冷联供技术、余热余压利用技术等；社区层面的技术主要包括区域层面的分布式能源技术和低品位能源的利用技术；终端层面的能源技术主要涉及建筑节能、高效节能减排的应用等以减少终端能耗需求。

2. 建立绿色交通体系

完善城区空间与交通整合技术集成系统，北京的绿色交通体系建设主要是通过土地、建筑的混合利用和多中心的城市结构发展以减少居民出行需求；通过推行多层次一体化的公交系统建设，以及城区公共步行通道、专用自行车网络设计等措施，提高居民的绿色出行比例。此外还要鼓励发展绿色交通工具，鼓励电动公交技术、电动及混合动力汽车的研发和推广，减少车辆使用中的二氧化碳排放。

3. 北京城区水资源回收利用和废弃物管理整合系统

水资源的可持续管理的主要技术包括城区雨洪收集及利用技术、城区中水处理及回用技术和建筑及市政节水技术等；固体废弃物循环管理系统主要包括城区生活垃圾的分类收集技术、废弃物的资源化处理技术、废弃物再利用技术和废弃物无害化处理技术。

4. 保护改善城区自然生态系统

城区的自然生态系统建设应以保护、修复和补偿为原则，保护已有自然生态资源，修复遭受破坏的城市森林、湿地、河道等重要城市景观板块，并对城区建筑等自然生态要素破坏殆尽的人工环境进行生态修复和补偿，建立完善城区生态安全网络，提高城区自然生态系统的碳汇能力、生态保育能力和抵抗自然风险能力。

5. 绿色社区和绿色建筑系统

居民住宅区和建筑物的绿色设计、绿色建设和绿色改造，主要通过合理规划和建筑节能设计，高效节能设备使用，对现有的建筑进行节能改造，以减少住宅和建筑物在建设和使用中的能源消耗和二氧化碳的排放；通过水资源和固体废弃物的"生态循环"系统，提高社区（建筑）的资源利用效率，减少污染；通过住宅区（建筑）环境的景观生态设计，提高城区生态网络的完整性、碳汇能力和生物多样性。

五　北京市绿色转型的途径

为了经济的绿色转型，需要处理好经济、人口与环境保护的关系，在环境承载能力范围内谋求社会经济持续发展，合理化城区布局，利用节能新技术减少社会经济系统所需要的能源消耗和物质输入，提高废弃物处理的资源化率。

（一）打造绿色城区，促进城区能源系统化利用

绿色城区是按照自然生态原则对城区结构进行调整，使产业区及居住区在整

个城区范围内呈网状分布。首先应调整政府机关的集中分布状况，将彼此之间联系较少的政府机关在整个城区范围内呈网状分布。其次，应完善郊区的公共设施，配套娱乐及购物场所，使搬迁到郊区的组织和个人不降低生活水平。最后，应发展物联网技术，通过打造数字城市缩短公众之间的距离。

（二）实施绿色创新，从源头开始减少能源的使用和资源的浪费

1. 倡导绿色设计

在生产工艺设计过程努力降低原材料和能源的消耗，减小环境成本；在新产品、新工艺的研究与开发中，增加产品的耐用性、可处置性、可分解性、循环性和重复使用等性能；产品外观设计上遵循小型化、轻型化；在材料上使用环保替代材料；在包装设计上实行简易原则，减少一次性包装，提高包装废弃物的回收再生利用率，并标明产品的化学组成，加强对绿色包装的宣传。

2. 建立绿色物流系统，降低在流通领域中的能源消耗

绿色物流系统主要由绿色包装、绿色运输、绿色流通加工、绿色仓储构成。合理规划配送中心、配送路线，提倡共同配送，提高往返载货率等。使用绿色运输工具，降低废气排放量等。采用可降解的包装材料，提高包装废弃物的回收再生利用率。将分散加工转向专业集中的流通加工，以规模作业方式提高资源利用率，集中处理流通加工中产生的废弃物。最终建立起包括生产商、批发商、零售商和消费者在内的生产、流通、消费、再利用的循环物流系统。

（三）建立绿色工业、绿色农业、绿色服务业和废弃物资源化产业

绿色工业体系是具备较高生态效率，资源消耗少、经济效益高、污染排放低的工业体系。绿色企业是工业体系的基本单元，企业内实行清洁生产，通过企业之间副产品或废弃物的循环利用延长企业产业链，提高资源、能源利用效率，为相关产业创造更多的就业机会。

1. 绿色农业体系的关键是土地和土壤的保护问题

利用有机垃圾生产有机肥，减少了土地对化肥的依赖，同时也减少了生产化肥所消耗的大量化石能源。养殖业产生的大量的畜禽粪便和废水，利用沼气热电联产有机肥技术，将这些废弃物转变为能源资源。如果把北京市所有的有机生活垃圾和养殖业粪尿考虑在内，并对城市和养殖行业引入恰当的废弃物管理战略，

则北京市的养殖场可以成为潜力巨大的可再生能源加工厂。

2. 绿色服务业体系

服务业本身的特点决定了其对自然资源的依赖性较小，北京市在中国的独特政治、经济、文化地位和国际化大都市的定位决定了北京市应将服务业作为经济的主体。发展能够带来资源节约的文化传媒、教育等高端服务业，把北京建设成为国际著名旅游地、古都文化旅游，国际旅游门户与服务基地。

3. 废弃物产业链

建立废弃物回收再利用系统，形成资源－产品－资源循环物质链，既可减少社会经济系统的物质输出，又可减少物质输入。废弃物的回收和再利用一方面可以向生产领域源源不断地提供大量的再生资源，减轻末端处置压力，拉长产业链，创造新的就业机会；另一方面可以通过生产者责任延伸制度使企业强化对资源的减量化、再利用、再循环和无害化。

（四）建设绿色政府

北京政府在绿色转型过程中，应充当实践者、示范者、服务者而不是指挥者。首先要树立绿色理念，绿色转型不单单是技术上的创新，更重要的是观念的变革。其次要做好自身的节能减排工作，政府作为市场中的主体要实行绿色消费，落实绿色采购，减少公车数量，倡导绿色办公、绿色出行等。最后还要提供绿色服务，整合环保部门、企业、高校和科研院所，建立绿色技术创新服务网络，成立独立于交易双方的专门评估机构，收集信息，减少信息交换点，提供绿色技术咨询、培训、交易中介、风险投资等服务。

（五）培育绿色文化

北京市实施经济的绿色转型，要用建设生态文明代替经济文明作为长期目标。培育绿色消费，只有绿色消费成为居民的一种习惯，选择绿色产品成为自觉消费行为，绿色产品市场才会真正形成，北京市经济的绿色转型才有可能通过市场调节手段得以完成。

B.13
低碳经济条件下北京外贸可持续
发展面临的挑战与对策

温晓红*

在国家一系列调控措施作用下，2010年北京对外贸易经受住金融危机的严峻考验，外贸进出口实现了较快的恢复性增长，总体恢复好于预期。扭转了2009年全年负增长的局面，进出口规模已高于金融危机前的同期水平。

一 北京地区进出口增速显著，贸易规模
已恢复至金融危机之前水平

（一）外贸进出口保持平稳增长，总体恢复好于预期

首先，前10个月北京地区外贸进出口保持平稳增长。前10个月，北京地区累计实现进出口总值2432亿美元，比上年同期增长42%，与2008年同期相比增长2.7%。其中，出口454亿美元，同比增长16.9%；进口1978亿美元，同比增长49.3%；累计贸易逆差1524亿美元，同比提高62.7%。

图1显示，2010年以来，由于国内外经济贸易环境整体有所改善以及国家出台的一系列稳出口、扩进口政策效应继续显现，北京地区进出口贸易已经扭转了2009年全年负增长的局面，地区进出口增速显著，贸易规模已经恢复危机前的水平。前三季度外贸规模超过2009年全年2148亿美元的外贸规模。

其次，北京地区是我国贸易最发达地区之一，也是金融危机后贸易增长恢复领先地区。贸易增速高于全国，对全国进口增长以及对环渤海地区外贸增长贡献

---

* 温晓红，北京市社会科学院经济研究所副研究员。

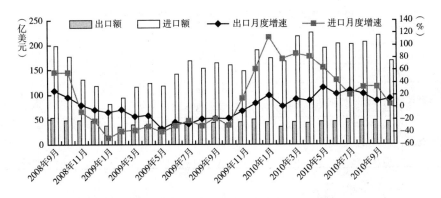

图1　2008年9月以来北京地区月度进出口增长情况

显著。前10个月北京地区外贸规模在全国各省（市）中排名第4位，占同期全国进出口总值的10.2%；进出口同比增速高出全国整体增速5.7个百分点，其中进口规模占同期全国进口总规模的17.6%，对全国进口增长的贡献率为20.2%。同期，北京地区外贸规模占环渤海地区43.3%，对环渤海地区外贸增长的贡献率为46.5%。

（二）贸易结构持续优化

一般贸易增长快于加工贸易。一般贸易进出口增速是加工贸易进出口增速的2倍。前10个月北京地区一般贸易进出口1944亿多美元，占同期北京地区进出口总值的79.9%，进出口规模同比增长49.3%，增速为同期加工贸易进出口同比增速的2.4倍。其中，出口198亿美元，同比增长19.5%；进口1747亿美元，同比增长53.6%。

国有企业为进出口主力，民营企业增长强劲。与全国外商投资企业进、出口规模占半壁江山不同，在各类外贸经营主体中，北京地区国有企业进出口规模仍然居首位，见表1。前10个月，北京地区国有企业累计进出口1679亿美元，同比增长39.7%，占同期北京地区进出口总值的69%；其中出口234亿美元，同比增长17.7%；进口1444.8亿美元，同比增长44.1%。同期，外商投资企业进出口562.9亿美元，同比增长33%；民营企业在应对国际金融危机的冲击中表现出较强的活力和竞争力，民营企业进出口190.7亿美元，同比增长1.1倍，出口增长32.8%，进口增长47.6%，分别占总额的7.4%和7.8%。

表1　2010年1~10月北京地区进出口贸易方式情况

项　目		出口		进口	
		金额(亿美元)	同比(%)	金额(亿美元)	同比(%)
总　额		453.8	16.9	1978.6	49.3
贸易方式	一般贸易	197.7	19.5	1746.57	53.6
	加工贸易	196.8	18.2	124.4	23.4
企业类别	国有企业	234	17.7	1444.8	44.1
	外商投资企业	180.2	11.7	382.7	46.1
	民营企业	39.6	32.8	151.1	47.6

（三）与新兴市场和发展中国家经贸合作不断加深，双边贸易额超百亿美元的主要贸易伙伴增至7个

在全球经济复苏中，新兴市场和发展中国家经济增长强劲，与我国双边经贸合作不断加深，企业开拓新兴市场的积极性和主动性明显增强，市场多元化取得明显成效。值得关注的是，前10个月，北京地区与主要贸易伙伴双边贸易在百亿美元以上的国家和地区达到了7个，比2009年同期增加了1个，新增的国家为韩国。其中，与欧盟双边贸易总值318.9亿美元，增长28.6%，占同期北京地区进出口总值的13.1%；与东盟进出口161.2亿美元，增长27.6%；与美国进出口158.1亿美元，增长26.7%；与日本进出口150.4亿美元，增长28.9%。

表2　2010年1~10月份北京地区与主要贸易伙伴进出口总值

单位：亿美元，%

国家(地区)	金　额			比上年同期增减比例		
	进出口	出口	进口	进出口	出口	进口
欧盟	318.9	81.5	237.4	28.6	8.9	37.1
沙特阿拉伯	189.4	4.0	185.4	58.0	-24.4	61.9
安哥拉	176.1	3.1	173.0	65.6	-20.8	68.9
东盟	161.3	73.4	87.9	27.6	42.2	17.5
美国	158.2	34.4	123.8	26.7	30.5	25.6
日本	150.4	29.0	121.4	28.9	28.0	29.1
韩国	106.6	18.3	88.3	17.0	-13.1	26.0
俄罗斯联邦	85.9	6.5	79.4	24.4	43.6	23.1
澳大利亚	79.8	8.1	71.7	53.9	28.3	57.5
巴西	72.0	4.9	67.1	41.5	20.4	43.4

资料来源：北京海关。

（四）中低端产品出口恢复相对较快，第一大出口产品手机出口量增价跌

一般的，在世界经济复苏过程中，国际市场需求增长呈现着从低端产品到中端产品再到高端产品的顺序逐步恢复的特点。这使得北京以中低端产品为主的出口贸易恢复相对较快。前 10 个月，北京地区出口机电产品 277.5 亿美元，增长 11.9%。其中，出口手机 1.4 亿台，增长 15%，价值 90 亿美元，下降 5%。同期，出口成品油 53 亿美元，增长 78%；服装及衣着附件 14.7 亿美元，增长 9.8%；集成电路 11.8 亿美元，增长 21.6%；7 月 15 日取消出口退税的 406 种"两高"产品，钢材出口 18.3 亿美元，下降 17.5%；煤 9.6 亿美元，下降 28.7%；农产品 8.1 亿美元，下降 8.9%。

（五）资源性产品和汽车进口大幅度增长

前 10 月，北京地区进口最大的三大产品分别为原油、铁矿砂和汽车，占地区进口总额的比重分别达到 45.9%、5.5% 和 7.5%。

由于国内经济全面复苏，经济增长势头强劲，原材料和零部件进口 1439 亿美元，增长 48.9%，占进口总额的 72.6%。其中，受国内经济增长对资源性产品需求拉动，原油、铁矿砂等进口大幅度增长，成为进口增加的最主要因素。前 10 月，北京地区原油进口 908 亿美元，增长 62.3%。北京地区铁矿砂进口规模已突破 100 亿美元，进口铁矿砂 108.7 亿美元，增长 42.3%。

受汽车下乡、以旧换新和购置税优惠等鼓励汽车消费政策拉动国内汽车市场销售火爆。国内车市旺盛刺激汽车进口高位运行。同时，为了适应中国市场鼓励节能减排的政策，奔驰、宝马、大众等品牌纷纷向中国引入排量较低、价格"亲民"的进口车型。这些是 2009 年汽车进口保持高增长的主要原因。1~10 月，北京地区汽车进口 147.8 亿美元，增长 1.2 倍。

二 低碳经济下北京对外贸易可持续发展面临挑战

在各国共同抗击百年一遇的国际金融危机两年后，世界经济已逐渐步入了后

金融危机时期。可以肯定，世界经济将由此进入一个新的大调整时期。其间，全球经济将低速增长、供求结构将发生较大的变化，贸易保护主义倾向将日趋加强，世界经济及国际贸易的发展将更具不确定性。其中，最突出的变化之一是向低碳经济转型已经在全球获得越来越广泛的共识。

全球金融危机促使世界经济加速向低碳化深入发展，低碳经济成为应对气候变暖、实现全球减排目标、促进经济复苏和可持续发展的重要推动力量。主要发达国家凭借在低碳领域的技术领先和制度创新优势，加紧部署和实施低碳经济发展战略，构筑世界新一轮产业和技术竞争新格局。北京传统的高碳经济、外贸发展模式和贸易可持续增长面临严峻挑战。

（一）碳关税的实施将改变国际贸易竞争格局

由于技术和能源效率的不同，在不同国家生产同一产品的碳排放量是有差别的。在发达国家生产某一个产品可能是一个单位的碳排放，而在发展中国家生产，由于生产工艺相对落后，能源效率低，可能要超过一个单位的碳排放。这样，加入碳减排的因素将影响传统的国际贸易模式。也就是说，把原来碳排放的外部性纳入成本考虑的话，即将环境成本内部化，那么，传统的比较优势将发生改变甚至逆转。推动发展中国家贸易增长的成本优势不复存在。从这个意义上说，碳减排或将改变传统国际贸易模式。

"碳关税"有可能成为低碳全球化条件下"合法"的绿色贸易壁垒新形式。发达国家的温室气体减排行动将通过世界贸易的传导机制，给尚未承担减排义务的发展中国家带来巨大影响。目前，备受关注的是美欧等发达国家力图将应对气候变化与国际贸易挂钩。其中，最主要的措施是实施所谓的"碳关税"。2009年6月通过的《美国清洁能源法案》规定，美国有权对从不实施温室气体减排限额的国家进口能源密集型产品时征收"碳关税"。此前，法国政府也建议欧盟对发展中国家的进口产品征收碳关税。美欧等发达国家正凭借其在新能源、节能环保领域上的领先优势，试图推动形成"碳减排"、"碳关税"等规则或准则对发展中国家的减排施加压力。中国、印度等发展中国家面临巨大的减排压力。"碳关税"的实施将改变国际贸易竞争格局，对发展中国家出口贸易构成新的障碍。

（二）主要发达国家纷纷加快向低碳经济转型，构筑全球竞争新格局

2008 年全球金融危机爆发后，美国、欧盟和日本推出前所未有的大规模经济刺激计划，不约而同地将投资重点放在低碳领域，以促进经济复苏，培育新增长点；通过制定和实施中长期战略规划，以主导世界低碳技术和产业发展。同时，力图凭借其在低碳经济发展中所拥有的竞争优势，以及他们制定低碳经济"游戏规则"的主导权影响国际贸易格局。

美国奥巴马政府推行绿色新政，培育新能源产业。2009 年 2 月，奥巴马签署《复苏与再投资法案》，实施总额为 7872 亿美元的经济刺激计划，内容包括开发新能源、节能增效和应对气候变暖等方面。2009 年 6 月通过的《美国清洁能源法案》构成了美国向低碳经济转型的法律框架，表明美国在气候变化政策基调上的根本性转变。奥巴马政府以开发新能源为核心的绿色新政并非仅追求经济复苏的短期目标，更着眼于经济的未来发展。同时，在全球应对气候变暖问题上掌控主导权。

欧洲是低碳经济的起源地，也一直是全球低碳经济的领头羊。在排放指标、科研经费投入、碳排放机制、节能与环保标准、低碳项目推广等各方面，欧盟引领低碳潮流。2009 年，欧盟宣布在 2013 年前出资 1050 亿欧元支持绿色经济，促进就业和经济增长，保持欧盟在低碳产业的世界领先地位，接着又提出在未来十年内增加 500 亿欧元专门用于发展低碳技术，将在风能、太阳能、生物能源、二氧化碳的捕获和储存等六个具有发展潜力的领域大力发展低碳技术。除了致力于在低碳技术领域保持全球领先之外，欧盟还开创了许多低碳发展机制，如排放交易体系。在全球碳交易中，欧盟排放交易体系一直占据主导地位。2008 年，欧盟排放交易体系交易额为 919.1 亿美元，交易量为 30.9 亿吨二氧化碳当量，占全球碳交易的比重分别为 72.7% 和 64.2%。与此同时，欧盟利用其低碳制高点优势，一方面在气候谈判中向其他国家施加温室气体减排压力，借机向外输出"绿色技术"；另一方面不断提高进入欧盟市场产品的环保标准，制造"绿色壁垒"。

日本是资源稀缺国家，历来十分重视节能减排。其汽车产业正是凭借节能优势而后来居上。近年日本政府大力推行节能减排计划。2009 年 4 月，日本公布

总额为 15.4 万亿日元（合 1540 亿美元）的经济刺激计划。其中，投资未来的核心内容就是低碳革命，投资规模达 1.6 万亿日元（合 160 亿美元）。目标是到 2020 年太阳能利用达到世界第一；对可再生能源的利用规模达到世界最高水平；在世界上最早实现普及环保汽车；推进低碳交通革命，发展世界最先进物流；成为资源大国，领导世界低碳再循环潮流。

发达国家正通过大力发展低碳技术和相应的管理模式，形成低碳优势，继而在气候谈判中施加碳减排压力，同时逐步提高相关的碳标准，从而在国际贸易中形成低碳壁垒，制定绿色标准，迫使发展中国家减排，借机向外输出低碳技术和管理模式。

（三）全球经济再平衡，贸易保护主义抬头

金融危机使全球经济正面临一个历时多年的再平衡过程。金融危机后，发达国家对过度金融化、虚拟化的发展思路进行了重新调整。发达国家兴起所谓"再工业化"，实质上是重新重视实体经济。美国总统奥巴马在国情咨文中提出了"国家出口行动计划"（National Export Initiative）。该行动计划将对出口管制措施进行改革，帮助农场主和中小型企业增加出口量。目标是在未来五年使出口量增长一倍，为美国增加 200 万个就业岗位。2010 年贸易代表办公室还将发表一个关于非正常的动植物检疫方面的技术性贸易壁垒报告，这些技术性壁垒阻碍了美国农牧场主及其他出口方从贸易中获得最大收益。

不可否认的事实是，在金融危机的背景下贸易保护主义卷土重来。金融危机大规模爆发之初，各经济体实施经济刺激政策几乎同步协作，但随着世界经济从衰退走向复苏，由于各国复苏步调不一致，区域不平衡开始显现，国际政策合作意愿减弱，协调难度加大。在国内压力下，主要经济体将优先解决国内就业、产业发展等问题，继续出台各种贸易限制措施和保护措施。中国一直是全世界遭受贸易摩擦最多的国家之一。中国出口能力强大，相应带来很多贸易摩擦。同时，中国产品结构层次较低，很容易成为限制重点。中国贸易格局不平衡，成为很多贸易伙伴最大的贸易逆差来源。其中，中美贸易摩擦成为全球焦点，无论是人民币汇率、政府采购、自主创新、产业政策，还是投资环境和贸易不平衡问题。美国的目的很明确就是要求中国更多地承担全球经济失衡的调整责任。

贸易可持续发展应该不仅体现在对外贸易总量上的持续增长和对外贸易结构

和质量上的提升，而且体现在保持资源、环境、人口和社会等方面的协调发展。伴随经济的高速增长，北京也付出了相当大的资源、能源和环境代价。目前北京对外贸易增长模式在国际低碳经济压力下是难以持续的，也不符合自身的利益和发展内在要求。

1. 出口市场高度集中于环境标准要求不断提高的发达国家和地区

在目前国际贸易格局中，发达国家仍然是国际贸易最主要的需求方。北京对欧盟、美国、日本等三个市场直接出口贸易占地区出口总额近1/3，还不包括间接的转口贸易，如香港。目前，名义合理、形式合法的绿色贸易壁垒成为发达国家进行隐性保护的主要技术手段，在产品加工标准制度、包装标签、卫生检疫、绿色补贴等多个方面对我国产品的出口形成障碍。未来发达国家的低碳壁垒将多种多样，比如低碳通行证、碳关税，等等。发达国家除了自己转变发展方式，也将通过贸易和投资影响发展中国家的经济增长和发展方式。事实上，我们已经看到发达国家与碳相关的环保标准在不断提高。如，2009年10月欧盟通过新法规，普遍提高了纺织品、鞋类及电器的环保标准，直接限制了部分低端产品进入欧盟市场。欧盟还单边提出，2012年将航空业纳入排放交易制度，进出欧盟的航空公司至少每年要掏出24亿欧元的"过路费"。随着形形色色低碳标准的设立，贸易门槛不断提高，我国如果不改变目前以低技术、低环境标准等"高碳经济"为主的出口商品结构，那么要进入发达市场的难度将越来越大。

2. 北京贸易出口结构隐含高碳风险

根据世界资源研究所（WRI）对各国各部门碳排放的统计，中国的出口商品中所含的碳排放量是最高的。这也就意味着，一旦实施"碳关税"，中国的出口商品将受到更大的冲击。目前机电、建材、化工、钢铁等高碳产业占据了中国出口市场一半以上的份额。作为"高耗能产品"品类之一，2008年中国对美国出口机电产品1528.6亿美元，约占中国对美国出口总额的61%。显然，征收"碳关税"在短期内将对上述行业出口产生严重的冲击。

相对于国内其他地区，北京地区出口结构中机电产品、高技术产品出口比重较高，但是这些产品大多数仍然处于所在产业的中低端环节。总体上，北京仍然处在国际贸易分工价值链低端，自主知识产权、自主品牌、自主营销渠道和高技术含量、高附加值、高效益的产品比重低。北京高技术产品出口贸易特点主要是外商投资企业出口、加工贸易出口为主。这些从发达国家转移进入的产业其品牌、核心技术、营销渠道都由其母公司控制，而我们基本上是赚取加工费。这实际上形成了碳排放在中国、消费在国外的碳排放转移方式。

3. 北京贸易持续增长的能源与资源供给和成本约束

化石能源和资源的不可再生和稀缺性决定了其价格长期上升趋势，而且随经济景气呈现剧烈波动的特性。同时，国际大宗商品市场错综复杂，价格不完全由供求决定，往往各种投机套利力量和利益集团也可以左右价格。在主要发达国家超低利率水平和宽松货币政策背景下，投机炒作和美元汇率走低等因素可能继续推动大宗商品价格上涨，推高中国企业的进口和出口成本。国际大宗商品价格可能高位剧烈波动，加大中国企业进出口的经营风险。像其他国际大城市一样，北京是一个能源、资源严重依赖外部供应的特大型城市。因此，北京贸易持续增长面临严峻的能源与资源供给和成本约束。目前，能源和资源进口已经超过北京进口贸易额的一半。其中，仅原油进口就占总进口额的近一半，另外，5.5%进口额为铁矿砂（虽然最终消费不完全在北京）。由于 2010 年以来，国际市场石油价格上升至 90 美元，使得实际原油进口数量同比只增长 20.2%，但进口额却增长了 62.3%；同样，由于铁矿砂价格上涨，进口数量减少 5%，而进口额反而增长了 42.3%。这意味着消费相同数量的原油、铁矿砂，我们多付出了成本，假如技术构成不变，那么单位产品的成本上升，产品竞争力下降。高能源价格与高资源价格不仅侵蚀着"中国制造"本就微薄的利润，其供应的连续与否甚至影响到国计民生的稳定，成为我国经济发展的"拦路虎"。

4. 中国低碳核心技术与发达国家差距很大

目前全球正逐步进入向低碳经济转型的阶段。新能源、可再生能源、非化石能源、电动汽车、物联网、智能电网等等都是科技突破的重要方向，涵盖了绿色电力、绿色汽车、绿色工业、绿色建筑等新兴战略产业，这些领域的技术进步和产业化开发，将推动产业结构调整、经济增长方式转变，并将带动新一轮低碳经济的高水平发展。

世界发达国家都很重视低碳技术的研发，欧盟到 2013 年投资 1050 亿欧元用于绿色经济；美国能源部最近投资 31 亿美元用于碳捕获及封存技术研发。目前研发主要集中在三个方面：第一，减碳技术，包括节能减排，煤的清洁高效利用，油气资源和煤层气的勘探开发技术等；第二，无碳技术，包括核能、太阳能、风能、生物质能等可再生能源技术；第三，去碳技术，如二氧化碳捕获与埋存。

我国在发展低碳经济方面已有良好开端，但在核心技术方面与发达国家有很大差距。联合国开发计划署《2010年中国人类发展报告》指出，中国实现未来低碳产业的目标，至少需要60多种骨干技术支持，其中有42种是中国目前不掌握的核心技术。

三 北京的应对策略

国内要素成本上升、资源环境约束强化，以及国际贸易格局调整，正在倒逼中国加快转变经济发展方式。应该看到，无论发达国家出于何种目的极力推进低碳全球化，无论发展中国家是否愿意，如果碳排放对气候变化的影响确定，那么，低碳经济将成为未来经济发展的必然模式。对于北京来说，未雨绸缪、积极应对是不二的选择。如果北京能够抓住世界经济向低碳化转型的机遇，那么低碳经济作为一种可持续的经济发展模式将成为推动北京发展方式转变和贸易可持续增长的新机遇。

（一）以低碳经济、绿色产业为切入点，发展战略性新兴产业

长期以来，中国对外贸易发展更多注重数量扩张，竞争力主要依靠劳动力、资源能源等生产要素的低成本。随着中国经济快速发展和国际市场竞争加剧，传统发展模式难以为继。2008年爆发的国际金融危机，严重冲击了世界主要经济体的同时，催生了新的技术革命和产业结构的深刻调整。低碳经济、绿色产业成为后危机时代各国关注和推动的焦点。北京必须建立发展低碳经济战略规划和保障机制，研究制定低碳经济发展的中、长期规划。研究低碳经济模式下的产业政策，制定低碳财税激励政策。提高产业绿色准入门槛，发展低碳技术，建立低碳技术投资机制。以低碳经济、绿色产业为切入点，大力培育和发展战略性新兴产业，形成北京新的竞争优势产业，为贸易的可持续发展提供产业支撑。同时，要加大投入，对具有优势的传统产业在能源消耗、污染排放、生产组织、产品升级等方面进行低碳化改造。

（二）转变出口增长方式，优化出口商品结构

为适应国际市场绿色贸易发展的趋势，必须构建绿色贸易体系。我国应适时

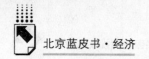

调整贸易政策，调整和修改我国某些不合时宜的外贸政策法规、环保政策法规，使其充分体现我国要履行的国际环保公约的义务，综合考虑贸易活动中环境影响、气候成本内部化等问题。

为应对"碳关税"的征收和提高产品国际竞争力，应主动绿化外贸出口商品结构。在保持出口贸易适度增长的同时，更加重视优化出口结构。要更多地通过低碳、节能、环保等绿色技术和手段，支持出口产业向高端发展。通过提高出口产品的技术含量、环境标准、降低资源消耗等方式提高产品国际竞争力。积极支持新能源、节能环保领域的重点产品、技术和服务开拓国际市场，促进贸易增长方式的转变。

应加大政府扶持力度，尤其是引导民间投资，提高自主创新能力，促进新兴产业逐步向国际化转变，加快出口企业产品结构和产业结构调整，推动产业由低端向高端转移，淘汰落后产能，优化出口结构，鼓励自主知识产权和自主品牌产品出口，提高出口产品科技含量和竞争力。

（三）激励企业进行低碳化生产和经营

低碳技术和低碳产业的兴起与发展将主导未来世界经济发展。企业竞争将取决于低碳产品与技术的竞争。发达国家的经验表明，低碳技术研发应用的关键在于市场信号的正确引导。发达国家温室气体减排政策手段，包括排放税（能源税、碳税）、排放权交易等。其中，碳税是促进国内企业减排的主要政策手段。碳税一般是对煤、石油、天然气等化石燃料按其含碳量设计定额税率来征收的。通过建立碳税制度，将燃料成本内部化，并以此来控制温室气体的排放量，促使企业根据各自的成本选择控制量。通过排放权交易，奖励低排放企业，惩罚排放超标企业，激励企业进行低碳化生产和经营。政府还可以通过低碳产业规划、财政税收的扶持、金融融资的支持，引导企业进入低碳产业、开发低碳技术、发展低碳产品。

（四）优化能源结构和提高能源效率

北京发展低碳经济的瓶颈之一是能源结构的高碳化和能源利用的低效率。在北京能源结构中仍然高度依赖煤炭，约占总量的1/3，新能源和可再生能源的使用严重不足。更重要的是能源利用低效率。经济低碳化有很大的提升潜力。我国能源利用效率为 33%，比发达国家低 10 个百分点；单位产值能耗是世界平均水平的 2 倍多，比美国、欧盟、日本、印度分别高 2.5 倍、4.9 倍、8.7 倍和 43%。能源利用效率与国际的差距表明，我国节能潜力巨大。根据有关单位研究，按单位产品能耗和终端用能设备能耗与国际先进水平比较，目前我国节能潜力约为 3 亿吨标准煤。[1]

北京在发展低碳经济中，节能减排是当前和今后相当长时期的艰巨任务。必须通过政策措施和市场手段进行惩罚和激励。应该鼓励企业开发与利用煤炭的清洁技术；鼓励生产过程的低碳化，发展节能环保技术，并应用于生产过程，提高能源利用效率；大幅度提高对风能发电、光伏发电、生物质能等可再生能源的开发利用的投资力度。

（五）多渠道推进低碳和绿色技术国际合作

应对气候变化在于科技创新。中国发展低碳产业需要广泛的技术支持和掌握核心技术。目前大量低碳技术都掌握在发达国家手中。北京必须充分利用科技和人才优势，加快发展低碳技术。同时，积极探索发展与其他国家之间的合作伙伴关系。中国与欧盟美国等发达国家和地区在能源和气候安全方面具有相互依存性，共同的利益也导致在低碳产业领域内有着广阔的合作空间。因此，除了自主研发外，我国作为经济高速发展的发展中大国，应积极参与低碳化的国际合作，增强自主研发能力。加强与发达国家的技术交流合作，开展项目技术合作、经验交流及能力建设等合作活动。通过联合国清洁发展机制（CDM），引进、消化、吸收先进适用的低碳技术。要利用我国的巨大市场潜力和庞大外汇储备，引进低碳技术、进口先进的节能环保设备。通过合作研发、技术转让等途径提高我们的技术水平和创新能力，缩小与发达国家在低碳技术上的差距。

---

① 中国能源利用总体状况，http：//www. jn. buct. edu. cn/detail. asp？ id = 119。

B.14

"十二五"时期北京加快发展绿色经济问题研究

刘 薇[*]

一 "十二五"时期北京市加快发展绿色经济面临的新形势

(一) 全球绿色新政开启了下一轮经济周期

2008年爆发的金融危机给全球经济带来了重创,同时也是一次转变发展方式的机遇,提高资源生产率是实现世界经济全面转型的有效途径。联合国环境规划署执行主任施泰纳(Achim Steiner)提出了"全球绿色新政",其基本想法是应该对全世界所有地区生态创新进行调整,运用公共支出创造工作岗位,实现经济社会可持续发展。这意味着一场以能源和原材料使用效率为目标的崭新的工业革命即将来临。现在,在科技和经济领域已经开始了所谓的生态化改造,绿色科技新周期的征兆已经出现。

(二) 实现绿色发展是我国的迫切现实需求

我国正在充分利用世界经济调整带来的产业升级压力,明确提出了发展战略性新兴产业,大力推进绿色经济,争取在新一轮世界经济增长与产业、技术革命中取得竞争优势。选择绿色发展是破解我国资源环境约束的必然要求,也是加快经济发展方式转变、提高国际竞争力的必然要求。为发展绿色经济,我国提出了培育以低碳排放为特征的新的经济增长点,加快建设以低碳排放为特征的工业、建筑、交通体系等具体部署。

---

* 刘薇,北京市社会科学院经济所。

（三）打造世界城市的宏伟目标对绿色北京建设提出了新要求

北京已进入全面建设世界城市的新阶段，面对人口资源环境的压力，更加迫切地需要加快转变发展方式。

1. 发展绿色经济是建设绿色北京的主要内容

奥运后北京进入了新的发展阶段，按照科学发展观的要求，北京提出了建设"人文北京、科技北京、绿色北京"的战略任务。建设绿色北京，符合科学发展观全面协调可持续的要求，符合国内国际经济社会发展的趋势，符合人民群众对宜居环境的需求，是建设繁荣、文明、和谐、宜居的首善之区的题中应有之意。要切实把绿色北京理念具体化，积极发展绿色经济，大力推进新能源产业、低碳产业，使之成为绿色北京建设的主要内容。

2. 绿色经济引领产业结构调整

《绿色北京行动计划（2010～2012年）（讨论稿）》从绿色生产、绿色消费和生态环境三个方面描述了一个绿色之城的形象，明确提出要通过实施清洁能源利用工程、绿色建筑推广工程、节能环保新技术等九大绿色工程全面提升北京绿色发展承载能力。在绿色生产方面，北京市将发展新能源和节能环保产业，2012年，其销售收入力争达到1450亿元。着眼于建设绿色现代化世界城市的远景目标，北京市提出要将城市发展建设与生态环境改善紧密结合，以切实提升首都可持续发展能力为核心，把发展绿色经济、循环经济、建设低碳城市作为首都未来发展的战略方向；深入推进节能减排，积极开展低碳经济试点，全力打造绿色生产体系。

3. 发展绿色经济是"十二五"时期推动首都科学发展的重要任务

大力发展绿色经济。加大节能减排力度，强化责任考核，执行最严格的能耗和环保标准，坚决淘汰高耗能、高污染企业，重点抓好工业、交通、建筑等领域节能减排，促进循环经济发展，建设资源节约型、环境友好型社会。加快推进低碳技术创新，加大节能新技术、新产品推广力度。加快构建安全、稳定、经济、清洁的现代能源产业体系，积极推进延庆新能源和可再生能源示范区建设，推广使用太阳能、生物质能等清洁能源，改善能源消费结构。完善环保科技和经济政策，建立健全污染者付费制度。建立多元环保投融资机制，大力发展环保产业，鼓励并支持新能源汽车的生产与使用。[①]

---

① 《中共北京市委关于制定北京市国民经济和社会发展第十二个五年规划的建议（2010）》。

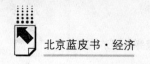

二 "十二五"时期北京市发展绿色
经济的主要机遇与挑战

"绿色经济"最初是由经济学家皮尔斯在 1989 年出版的《绿色经济蓝皮书》中提出来的，它是以市场为导向，以传统产业经济为基础，以生态环境建设为基本产业链，以经济与环境的和谐为目的而发展起来的经济形式，是产业经济适应人类新的需要而表现出来的一种状态。"十一五"时期，北京在践行科学发展观，实现绿色发展方面的确是走在全国前列的，但在下一个发展阶段仍然面临着以下几方面的严峻挑战。

（一）清洁生产创新技术

企业的清洁生产技术创新是绿色经济发展的重要内容。当前北京的清洁生产技术创新主要集中在工业领域，并取得了一定成就，但仍与发达国家和地区的清洁生产技术创新水平差距较大。其次，清洁生产必须向第三产业延伸，目前北京市已形成了以第三产业为主导的产业结构。第三产业的持续发展带来了经济的增长、就业人口的增加，同时也带来了能源消耗的增加和生态环境的污染与破坏，服务业特别是传统服务业的清洁生产技术创新至关重要。

（二）可再生能源利用

按照北京市"十一五"能源发展目标，北京市在提高电力等清洁能源使用比例的同时，要有计划、分步骤地开发利用新能源和可再生能源，尽快完成可再生能源替代常规能源的过程。从世界能源发展趋势来看，许多国家都把发展可再生能源作为能源政策的基础。目前，北京市优质能源和可再生能源的利用量仅占能源消费总量的 1.1%，与发达国家相比有较大差距。

（三）环境基础设施建设

环境基础设施主要包括绿地系统、生活污水处理系统和垃圾处理系统。总的来说，北京的环境基础设施建设在"十一五"时期取得了令人注目的成就，2009 年市区和郊区污水处理率分别为 94% 和 51%，城八区和新城生活垃圾无害化处理率达到100%。但与世界发达城市相比，无论是在认识理念还是在具体实践过程中都有较大差距。以绿地系统为例，绿地系统规划建设存在着布局与结构不合理、生态学依据不足等问题，绿地系统的生态功能并未得到充分发挥（俞孔坚等，2010）。

（四）基于生物多样性的商业（有机农业）

随着首都经济社会的飞速发展，北京农业的表现形态和功能发生了深刻变化，有机农业成为都市型现代农业的重要内容，有机食品成为首都消费者新的时尚追求。北京市作为祖国的首都，郊区农业基础较好，经过近些年的高投入和高产出的开发，目前正处于由现代农业向可持续农业转型的关键时期。

（五）绿色建筑

2009年，北京市城镇民用建筑总能耗为2105.6万吨标准煤，占全市终端能耗6577万吨标准煤的32%。因此，从城市生态环境的角度看，包括生活能耗、采暖空调能耗等在内的建筑能耗业已超过工业成为社会第一能耗大户。换言之，发展"绿色建筑"和建筑节能，保证建筑物在建设和使用过程中节约资源和能源保护环境，是建设"绿色北京"的基本要求。

（六）绿色交通

绿色交通是21世纪以来世界各国城市交通发展的主要潮流。欧盟和美国都把多模式交通、服务品质、生活品质和环境保护等作为发展交通的核心价值。北京在城市交通发展中仍存在机动车保有量增长较快、交通拥堵、安全形势严峻；城市交通环境虽比以前有了很大改观，但仍然不够理想，机动车尾气污染严重；交通噪声污染严重，影响城市社会经济发展；交通科技人才短缺，科技进步任务艰巨等问题。

三 "十二五"时期北京市绿色经济产业体系构建

绿色经济是环境效益与经济效益并重的经济模式，因此绿色经济产业是发展绿色经济的核心，它既包括传统产业的绿色化，又包括发展、培育新兴环保产业

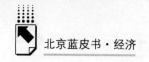

和绿色产业。从门类上看，绿色经济产业涵盖了从传统工业、信息技术到农业、服务业等诸多产业，一个适宜地方自然条件与经济发展阶段的绿色经济产业体系是地方发展绿色经济的支撑，也是绿色经济效益大小的最直观体现。

（一）北京市绿色产业发展的总体原则

1. 绿色经济原则

北京绿色产业的发展，要以绿色经济思想为基本原则，依靠科技创新，以减量化和非物质化为绿色经济的基本原则。强调以最少的消耗实现经济运行，在产业运行过程前端开始即体现绿色经济的环境友好特性。以减量化和非物质化作为原则不仅有助于降低消耗，而且由于参与产业链流通的物质和能源减少，生产和消费后端的排放也将随之降低。实现减量化和非物质化需要涉及经济运行系统的各个领域，包括从地理区位布局到产业结构的合理规划、对资源及交通运输的统一管理、生产及消费方式的改进、居民观念的更新等等。

2. 创新性原则

一方面应注重新兴技术密集型产业与绿色经济理念的结合。需要对具体的技术形式加以辨析，开发和推广循环利用、污染防治等有针对性的技术，主要依靠可再生资源并在其再生能力范围内进行消费，对于非可再生资源，在未来存在替代资源的前提下进行消费，而排放要以环境吸收能力为前提。另一方面应注重创新成果与产业及市场的结合。北京市在利用已经形成的要素禀赋基础上，还应尽快完善其在创新成果向产业转化方面的不足，加强区域创新基础能力建设，增强绿色知识创新与技术创新转化能力。

3. 突出特色原则

北京绿色产业的发展要充分发挥自身优势，坚持依靠科技创新发展特色经济，开发绿色优势资源，生产绿色产品，在国内外市场竞争中树立北京特色产业和绿色产品的品牌优势，以特取胜。

（二）北京市绿色产业发展的战略路径

1. 升级改造传统产业

加强资源节约、环境保护技术的研发和引进消化，对重点行业、重点企业、重点项目以及重点工艺流程进行技术改造，提高资源生产效率，控制污染物和温室气体排放。制定更加严格的环境、安全、能耗、水耗资源综合利用技术标准，严格控制高耗能、高污染工业规模。依法关闭一批浪费资源、污染环境和不具备安全生产的落后产能。采用信息技术改造提升传统产业。

2. 大力发展环保节能产业

环保节能产业为首都经济带来了新的增长点，提高了首都经济的增长质量，带动了首都经济其他行业发展，为市场提供就业机会。从整体规模和发展水平上来看，北京市节能环保产业还处于初级发展阶段，存在着企业技术创新能力不强，缺乏关键核心技术和产品、产业内部分工不清晰，没有形成分工合作、协同发展的产业链条等问题。在未来的发展中，要积极推行选择性市场化运营模式，要加快地方政策法规、标准体系建设，推动产业发展，拓宽筹融资渠道，加大投资力度，积极推进环保技术创新，建立以新技术环保企业为主体的环保产业体系。

3. 资源综合利用产业

一要组织开展共伴生矿产资源和大宗固体废物综合利用、"城市矿产"餐厨废弃物资源化利用、秸秆综合利用等循环经济重点工程。二要大力推动再制造产业发展。三要加强再生资源回收体系建设，尽快建设完善以城市社区和乡村分类回收站和专业回收为基础、集散市场为核心、分类加工为目的的"三位一体"再生资源回收体系。四要推动再生资源国际大循环，增强国际再生资源的获取能力。

4. 新能源产业

新能源产业将逐步成为未来全球经济增长的重要驱动力。北京目前可再生能源利用量占年度可利用量的20%，尚有较为广阔的发展空间，可为新能源技术成果转化和产业培育提供土壤。结合国家新能源产业振兴规划编制，根据国家的总体部署，继续深入研究北京市资源、要素优势和特点，合理定位北京市新能源产业和布局。当前着力发展太阳能光伏发电、新能源汽车、低风速风电等关键领域，积极推进高品质生物燃油、氢燃料电池、第二代纤维素制乙醇等新能源技术研发，积极培育北京本地可再生能源市场，大幅提升可再生能源利用量和可再生能源装备产业水平。同时，合理布局延庆、平谷、昌平、通州等一批新能源产业基地，打造区域性产业集聚区；对接国家新能源科技重大专项，促进生物质能工程技术中心、国家风电产业平台等在京落户，鼓励相关科技园区建立新能源企业

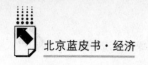

孵化器，孵化一批拥有自主知识产权和竞争力的新能源企业（高新宇等，2009）。

（三）制定完善的促进绿色产业发展的政策法规

纵观国内外绿色经济及产业的发展历程，有一个鲜明的特点，就是需要通过政府制定并有效实施有关的法律法规、方针政策来引导、推动其发展，也就是其形成与发展，必须依靠政策的扶持。此外，由于绿色产业中的公共经济的部分属性，存在外部性特征，在发展绿色产业过程中，政府应充分发挥投资主导作用、以制度建设为重点，结合市场经济规律，完善政策环境。因此绿色产业是政策引导型的产业，没有法律法规保障和政策引导与支持，就没有绿色产业的健康快速发展。

在促进绿色产业发展方面，北京按照"前端引导、过程推进、全程监管"思路创新体制机制，构建了促进绿色产业发展的长效机制。一是率先建立了节能评估审查制度；二是率先探索推行合同能源管理，出台了《北京市合同能源管理项目扶持办法（试行）》及两个配套实施方法；三是率先建立了清洁生产全过程工作体系；四是建立健全考核评价监督执法机制。但是当前北京市绿色产业的发展仍存在以下问题有待研究：①政策法规体系尚需完善；②激励机制仍有待提升，需要从价格、金融、标准等多方面加强引导；③对政策激励约束的实施效果进行有效评估。

四 "十二五"时期北京市加快发展
绿色经济的主要对策措施

（一）加强规划引导，制定适合北京特色的绿色产业发展战略

1. 加强规划引导

将绿色经济、低碳经济发展理念和相关发展目标纳入"十二五"规划和相关产业发展规划中。绿色产业发展主要是解决环境污染突出、实施末端污染控制，不断满足市场绿色产品和食品的日益需求问题。因此，对传统产业企业，要提供末端控制产品与技术服务，积极引导传统过剩型产业向绿色产业转移，推动

产业内部企业兼并联合，尽快改变北京绿色产业总体规模偏小，企业分散的局面；对新企业则应采取通过变更生产工艺、采用洁净生产技术，以消除污染或最大限度地减少污染。另外要推进绿色产品开发战略。开发绿色产品和绿色食品既可取得较高的经济效率，又能获得良好的社会效益，还可吸引地方政府、企业、个人和外资进行产业投资，推动绿色产业的快速发展。

2. 完善扶持政策

完善政策体系，健全激励机制。进一步推进资源性产品价格改革，落实好成品油价格和税费改革方案，完善天然气价格形成机制。继续实行差别电价、脱硫电价、煤层气发电电价附加、余热余压发电上网等政策，完善可再生能源发电电价管理和费用分摊机制。落实健全污水垃圾处理费征收和使用管理，提高重金属污染物排污费缴纳标准。推进建立生态环境补偿机制。加大税收、金融对绿色经济的支持力度。

3. 构建绿色产业的市场网络体系

在市场经济条件下任何产业的发展都离不开一个健康、完善、规范有序的市场体系。大力疏通流通渠道，着力构建绿色产品市场网络，是发展绿色产业产品的基础性工作。首先，在准确选择绿色产品消费群体与目标市场的前提下，通过专业化与大众化相结合的方式构建绿色产品流通网络。其次，面向国内外市场，构建以贸易为导向的农贸结合、工贸结合、农工贸相结合的大型流通企业，为绿色产品开辟"绿色"通道，促进绿色产业的发展。

（二）开展环境创新，在全社会推广绿色、低碳生活方式和消费模式

环境创新是通过技术经济、组织、社会和制度改变导致环境改良的过程（Ursula Triebswetter，2008）。环境创新体现了创新过程中的环境目标。创新对解决环境问题的作用包括两种形式，一种是直接面对环境问题的产品和生产过程创新，另一种是间接体现环境友好性的生产及消费方式创新。环境创新的动力既包括推动企业环保的因素也包括创新活动的普遍决定因素，与法律制度、宏观政策、文化背景等条件都密切相关。北京开展环境创新，应充分发挥创新主体的主观能动性。

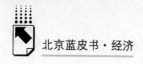

1. 鼓励企业关于环境项目的对外合作

国际经济合作的技术外溢效应是推动创新的重要因素。企业在能源节约方面的积极性高于排放治理的现状，可以多鼓励企业在污染减排方面的对外合作，不仅使企业赢得经济利益及国际市场份额，同时还使企业获得排污治理方面的环境技术外溢效应。

2. 普及宣传教育塑造环境文化

环境文化直接关系到创新主题的行为方式，是环境创新长期维持的重要保证。法律、宣传、教育等多种工具对于环境文化的塑造都会发生作用。在完善法律特别是产权相关法律的同时，还应发挥宣传、教育的作用。通过宣传及教育塑造环境文化，有利于形成创新主体的自觉环境创新意识，并在自觉行为下进行环境创新，包括环境文化创新，从而达到文化与创新的持久循环。

（三）建立健全科技、统计、信息等支撑体系

加大对节能、清洁能源、碳捕获利用与封存等技术的研发和产业化投入。逐步建立温室气体监测统计、气候变化信息共享平台和信息服务体系。建立绿色产业的信息服务机构与分类、统计及审计系统，定期收集、公布国外有关绿色产业的信息，全面了解国外有关绿色产业的政策内容、企业动态及相关信息，为企业提供信息咨询服务。借鉴国际经验，根据北京产业发展的需要，对产业绿色化的结构、特征、出台时机以及透明性等内容进行全面深入地研究。同时，由于目前对绿色产业的界定不十分明确，无法获得相关信息，很难对该领域的发展情况有全面的了解，从而也会影响到对该领域的研究与分析，影响到政府制定相关政策的可操作性和针对性，因此还应该逐步建立国家级绿色产业的分类、统计和审计系统等。

参考文献

OECD, Environmental tax & green tax reform ［R］, Paris, 1997.

闫敏：《中国发展绿色经济政策选择》，《中国投资》2010 年第 8 期。

李春才：《略论绿色产业》，《江西财经大学学报》2004 年第 5 期。

俞孔坚、王思思:《基于生态基础设施的北京市绿地系统规划策略》,《北京城市规划》2010 年第 9 期。

周绪宝等:《北京市有机农业和有机食品发展的战略思考》,《北京农业职业学院学报》2010 年第 1 期。

张晓强:《中国绿色发展战略路径》,《政策瞭望》2010 年第 7 期。

高新宇等:《北京新能源产业发展思路及政策探析》,《中国能源》2009 年第 9 期。

专题研究

Monographical Study Chapter

B.15

通胀风险在走强
成本推动将是主因

邢志俊*

2010 年，受经济回升需求趋旺、全球和国内流动性充裕、自然灾害频发、劳动力成本上升、资源品价格上调等因素影响，北京市价格运行整体呈现温和上涨局面。2011 年，全球新一轮宽松货币政策所暗藏的输入性通胀压力与国内来自农产品、劳动力、资源品等方面的结构性通胀压力可能交汇推动价格继续上行。

一 当前北京市价格运行特点

2010 年，北京市价格运行呈现"消费者价格温和上行、生产者价格冲高回落、住房价格波动调整、资本价格探底回升"四大特点。

---

* 邢志俊，北京市经济信息中心。

（一）消费者价格温和上行，生产者价格冲高回落

1. 食品和居住价格上涨拉动居民消费价格指数温和上涨

2010 年以来，北京市居民消费价格指数同比逐月攀升，8 月达到 102.8% 的年内高点。2010 年 1~9 月，北京市居民消费价格指数同比上涨 1.8%，比 2009 年同期提高 3.4 个百分点，成为自 2009 年 1 月以来的最高点，涨幅低于全国 1.1 个百分点，环比波动幅度超过全国水平；低于上海（102.7%）、天津（103.3%）和重庆（102.8%）的水平（见图 1）。

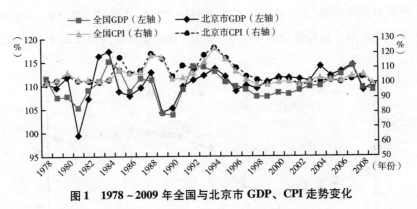

图 1　1978~2009 年全国与北京市 GDP、CPI 走势变化

其中，食品类价格上涨 4.4%，居住类价格上涨 4.0%，二者分别拉动总指数上升 1.4 个百分点和 0.5 个百分点，成为推动北京市居民消费价格指数上涨的主要因素。2010 年以来，消费品价格指数走势较为平稳，服务价格指数经过年初 3 个月的大幅上涨后，渐呈高位趋稳态势（见图 2）。1~9 月消费价格指数和

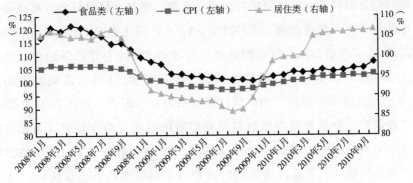

图 2　2008 年以来北京市 CPI 以及食品类、居住类价格月度走势变化

服务价格指数同比分别上涨 1.3% 和 3.1%，较 2009 年同期分别提高 1.3 个百分点和 9.1 个百分点。

2. 输入型压力与 2009 年基数共同作用使得工业品出厂价格指数和原材料价格指数冲高回落

2010 年以来，北京市工业品出厂价格指数和原材料、燃料动力购进价格指数全面结束 2009 年的负增长局面，并以 5 月为界，结束上行冲高之势，渐趋回落。受生产资料价格上涨推动，工业品出厂价格指数 5 月达到 103.8% 的年内高点；之后受生产资料中加工工业品价格的下降和生活资料中衣着类、一般日用类、耐用消费品价格下降影响，涨幅逐月下行，9 月达到 101.1%。1~9 月，北京市工业品出厂价格指数为 102.3%，比 2009 年同期提高 8.6 个百分点（见图 3）。

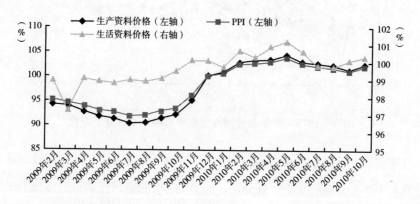

图 3 2009 年至 2010 年 10 月北京市 PPI 与生产、生活资料价格月度走势变化

原材料、燃料动力购进价格指数受动力类、黑色金属材料类、有色金属材料和电线类等产品购进价格上涨的推动，1~9 月同比上涨 11.5%，比 2009 年同期提高 25.7 个百分点。其前期价格上涨波动主要来于国际油价、铁矿石价格上涨的输入性带动和市场持续回暖，投资增加，5 月后涨幅趋缓则是受 2009 年同期经济形势好转，相关原材料价格走高的影响。对比 2004 年以来北京市工业品出厂价格指数与原材料价格指数的月度走势变化可以看出，2010 年以来二者再现 2004~2008 年的工业品出厂价格指数低于原材料价格指数的走势，这在影响工业效益改善的同时也积蓄了对后市物价上涨的压力（见图 4）。

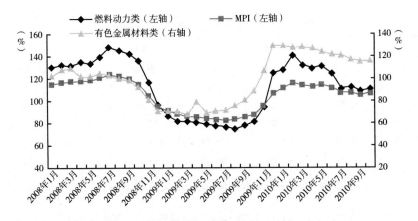

图4　2008年以来北京市MPI与燃料动力类、有色金属
材料类价格月度走势变化

（二）供给减少和投资炒作叠加促使生活必需品价格全面上涨

2010年以来，受自然灾害、粮食减产、竞争性收购、投机炒作、上涨预期加强等影响，北京市以粳米、面粉为代表的粮食价格全面上涨，25公斤袋装盘锦粳米和古船面粉于9月底分别达到94.2元和67.4元，均较2009年同期上涨约7.6%。根据季节调整后的月度价格走势看，北京市粳米、面粉价格已再创2009年5月以来的历史高位（见表1）。猪肉价格在经历1～3月的持续下跌后，在国家收储政策启动和供应量季节性减少等因素的推动下，4月开始向上回升，9月末猪肉价格已回升至15.3元/公斤，较2009年同期每公斤上涨0.58元。鸡蛋价格走势与猪肉价格基本类似，端午节后，随着季节性消费需求增加与饲料成本上涨等推动，价格逐步回升上涨，9月末批发市场平均零售价达到4.39元/斤，较2009年同期上涨12.28%。蔬菜价格总体呈波动式上行态势，受主要产区天气影响以及上游化肥、运输等成本推动，北京市鲜菜价格前5个月涨幅均在25%以上，截至9月末同期涨幅依旧高达13.1%。食用油价格前期总体趋稳，但9月随着国际豆类期货上涨，北京市食用油价格普遍上调，涨势已显。

尤其是受供应减少和游资炒作的影响，出现了"蒜你狠""逗你玩""糖高宗""姜你军"等价格暴涨的情况，北京市绿豆价格一度飙涨至每公斤18元。虽然在政府调控和季节性供应改善的因素下有所回落，但截至9月绿豆涨幅仍为

表 1   2010 年北京市主要农产品价格变化

名　称	粳　米	富强粉	花生油	白条猪	鸡蛋	油麦菜
规格等级	25 公斤袋装	25 公斤袋装	桶装	新鲜统货	新鲜完整	新鲜中等
产地品牌	辽宁盘锦	古船	鲁花			
单　位	元/袋	元/袋	元/5 升	元/公斤	元/箱	元/公斤
1 月 31 日	91.58	64.84	86.36	14.29	149.05	4.69
6 月 30 日	94.22	64.59	86.24	13.45	148.75	1.49
7 月 31 日	94.24	65.18	86.25	15.44	166.71	2.28
9 月 30 日	94.24	67.44	88.15	15.33	164.25	3.80

82.7%，而大蒜、生姜价格则是直线攀升，9 月达到最高，分别为 18.9 元/公斤和 16.3 元/公斤，与 2009 年同期相比，涨幅分别高达 120%和 63.4%（见图 5）。

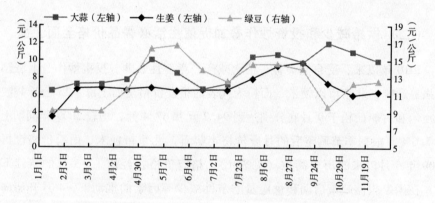

图 5   2010 年 1～11 月间北京市大蒜、生姜、绿豆价格变化趋势

（三）住宅销售价格波动调整，租赁价格持续攀升

2010 年初，在市场需求回旺、开发商资金宽松等因素促使下，北京市一手、二手住宅销售均价一路飙升（见图 6）。一手住宅销售均价于 4 月高达 21825 元/平方米①，二手房成交均价于 5 月达到 23673 元/平方米②。4 月末随着"新国十条"、北京市"京十二条"的出台，一手住宅销售均价于 5 月应声而落，但 6 月

---

①　数据来自市房地产交易网。

②　数据来自中原地产统计。

企稳后价格再次逐月走高，9 月一手住宅销售均价为 18986 元/平方米，仍较 2009 年末的高点每平方米上涨 1653 元。二手住宅成交均价于 6 月回调，持续 3 个月后，9 月再现上涨，达 22746 元/平方米。与此同时，住宅租赁价格持续攀升，1～9 月北京市住房租赁价格同比上涨 18.3%，涨幅较 2009 年同期提高 19.6 个百分点，较上半年提高 4 个百分点。原因：一方面来自房地产调控新政后部分买房者由购房转入租房，租赁需求扩大；另一方面，近年来住房租赁价格也在不断攀升。此外，部分学区房租赁价格上涨等多因素，最终诱发住房租赁价格持续攀升。

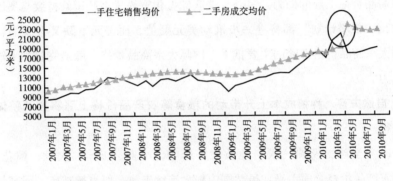

图6　2007 年以来北京市住房市场价格月度变化

（四）股票市场价格探底回升

2010 年以来，受房地产调控加紧预期和欧洲主权债务危机，再加上 2009 年大盘快速上涨带来的获利回吐的多重影响，股市呈现探底回升的态势，上证综指从 1 月 4 日的 3243 点一路下探至 7 月 2 日的 2319 点，高点跌幅达 28%。进入下半年后，国内经济朝向宏观调控的预期发展，股市连续震荡上行，并在 10 月 25 日一举冲破 3000 点关口，低点涨幅达 32%。

二　未来影响价格的因素分析

总体来看，2011 年推动价格上行的因素多于抑制因素，价格上行的压力依旧偏大，而且伴随 2011 年下半年国内经济的重新提速，价格上行压力将加重。

（一）推动价格上行的因素分析

1. 发达国家新一轮宽松货币政策在推动国际大宗商品价格上涨的同时，加大了输入型通胀压力

2010 年下半年，全球经济复苏步伐放缓渐趋明显，主要经济体为遏制经济下滑，正在引发新一轮量化宽松货币政策，先是日本宣布继续下调已接近于零的利率水平，并推出数十万亿日元的资产收购计划；紧接着美联储表示要进一步刺激经济。新一轮宽松政策可能导致的流动性泛滥及其滞后效应正成为 2011 年推升大宗商品价格上涨的助力。另外，美联储量化宽松货币政策的持续与奥巴马政府的"出口倍增计划"都将进一步推动美元贬值，而美元下跌又会成为以美元计价的大宗商品价格上涨的主要推手。国际大宗商品价格上涨最终将加大输入型通胀压力。

2. 自然灾害、种植成本上升带动的粮食等农产品价格上涨将推动整体物价水平上行

2010 年全球受极端气候与地质灾害影响，小麦、玉米、大豆、棉花、糖、橡胶等农产品价格全面走高。虽然国内粮食连续丰收，但夏粮减产、国家收储价上涨，还是为农产品价格未来上涨提供了基础。加之，外资入侵国内农产品市场，高价收购，提早收购，更是助推了农民惜售、看涨的预期。另外，国内人工、化肥、燃油等种植和运输、储藏成本提高，也在不断助推粮食、蔬菜、水果等农产品价格的上涨。2010 年农产品价格上涨的滞后影响与 2011 年农产品继续上涨的叠加，将会推动整个物价上行。

3. 水、电、气等资源品价格上调加大价格上涨压力

国内节能减排目标与资源品价格长期以来被低估的双重压力，正推动国内资源品价格上调。2010 年北京市继水价分阶段上调后，居民用电价也将在国内阶梯式电价征求意见结束后，面临上调；燃气价格方面，非居民用气已经上调，居民用气也将在年内上调。同时，非居民供暖价也已上调。成品油方面，10 月再次上调。此外，2010 年新疆原油天然气资源税改革、西部资源税改革以及近期热议的煤炭资源税改革，也将加大 2011 年价格上涨压力。各种资源品价格上涨将最终推动消费者和生产者价格上涨。

4. 劳动力成本提高将推动价格的螺旋式上升

近年来，在产业加快向中西部转移以及东部城市生活成本上升的情况下，出现了劳动力回流现象。加之，新生代农民工就业诉求的提高，带来了包括北京市在内的一些大城市服务性行业劳动力短缺，家政服务、加工制造等行业劳动力成本有所上升。同时，各地最低工资标准的普遍上调也在推动劳动力成本上涨。伴随国内收入分配体制改革与劳动力供求结构的变化，劳动力成本上升将成为长期趋势。而劳动力成本提高在一定的触发机制下将会推动价格的螺旋式上升。

另外，2011 年新 CPI 权重的采用也将推升居民消费价格上涨。新 CPI 权重中居住类权重会有所提高。水、电、燃气等居住成本的上涨与住房贷款利率的提高，将会推高居住类价格，新的 CPI 权重的使用将再次拔高北京市居民消费价格。

（二）抑制价格上行的因素

1. 国内通胀预期管理的加强有助于抑制价格大幅上涨

2010 年以来，国内在通胀压力不断增强的情况下，一方面，通过连续上调存款准备金率、发行央票、加息等手段来调节市场流动性；另一方面，通过加强收储和投放力度来调节重要商品市场的供应；同时还通过打击哄抬物价和停批农产品电子交易市场来加强市场监管，近期的加息也有助于调控物价上涨。2011 年在通胀预期加强的背景下，国内通胀预期管理将进一步加强，这将有助于抑制价格的大幅上涨。

2. 国内商品市场总体供过于求有助于平抑价格上涨

随着市场经济发展，国内商品市场总体处于供过于求的状态，这仍是 2011 年抑制价格上涨的主要因素。同时，尽管国内产能调控力度加强，但多年来形成的钢铁、水泥、造船、电解铝、煤炭、化工、多晶硅、风电、汽车、维生素 C 等行业的产能过剩问题，在短期内无法解决，也将成为抑制工业品出厂价格、原材料、燃料动力购进价格上涨的主要因素。

3. 国内经济趋于平稳有助于缓解价格上涨压力

2010 年下半年以来，受 2009 年基数偏高、房地产调控加强、节能减排推进和地方投融资平台整顿的共同影响，国内经济增速趋缓。考虑 2011 年全球经济复苏放缓下，外需减弱与国内调结构、促转型的深入推进以及 2010 年上半年基数偏高的影响，国内经济增速将减缓，这在一定程度上有助于抑制价格大幅上涨。

此外，2011 年人民币升值预期与稀土等资源类产品国际争夺加剧都从一定程度上增加了价格走势的不确定性。

三 2011 年价格走势判断

综合考虑上述影响因素，并结合预警方法，初步判断出，2010 年第四季度，北京市三大价格指数各月涨幅趋缓，全年居民消费价格指数，工业品出厂价格指数，原材料、燃料动力购进价格指数有望分别保持在 102%、103%、112% 左右。2011 年北京市三大价格指数上行压力加大，预计居民消费价格指数在 104% 左右，工业品出厂价格指数和原材料、燃料动力购进价格指数在 105% 和 115% 左右。住宅市场价格波动将趋平稳。

（一）2011 年消费者价格指数温和上涨

2010 年第四季度，从综合反映北京市 CPI 未来走势的先行合成指数（见图 7）当前仍呈自 3 月后的涨势趋缓态势看，北京市居民消费价格指数各月涨幅可能有所趋缓；环比折年率自 2 月高点后的回落趋稳态势和其与 CPI 间的 8 个月的时滞规律也显示出，第四季度北京市居民消费价格指数月度涨幅趋缓的态势。综合以上分析，第四季度北京市居民消费价格指数月度涨幅将有所放缓，在粗略估计第四季度各月涨幅的基础上，大致得出翘尾因素对 2010 年北京市居民消费价

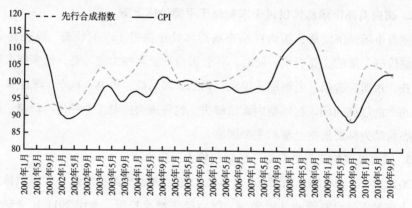

图 7　2001 年以来北京市 CPI 与先行合成指数当月走势变化

格的影响为 0.2%，若后期价格不出现异常波动的话，2010 年新涨价因素约为 1.8%，粗算得出 2010 年北京市居民消费价格指数为 102%。

但反映北京市 CPI 未来走势的各先行指标渐呈"由落转升"态势，预示着 2011 年北京市居民消费价格上涨压力加大。从构成先行合成指数的各指标近期 变化情况看，除北京市规模以上工业增速回落趋稳外，6~9 月，国内货币量 M0 增速并非持续收紧，8 月增速高达 16%，仅次于年初的 22%；流通环节生产资 料价格指数则在 9 月一改连续 8 个月的增幅放缓态势，再次小幅上升；北京市城 镇居民可支配收入则呈增速加快。由此来看，2011 年北京市居民消费价格指数 上涨压力加大。考虑翘尾因素对 2011 年 CPI 的影响约为 2%，新涨价因素在 2% 左右，粗略估算 2011 年无异常情况下，北京市居民消费价格指数在 104% 左右， 年度走势与货币政策、调控时机和力度相关。

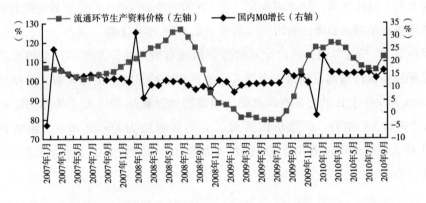

图 8　2007 年以来流通环节生产资料价格月度涨幅与国内 M0 增长变化

（二）2011 年生产者价格指数涨幅将扩大

2010 年第四季度，从综合反映北京市 PPI 未来走势的先行合成指数（见图 9）自年初高点出现后逐步回落，当前仍处回落的态势判断，北京市工业品出厂 价格和原材料燃料动力购进价格指数月度涨幅趋向放缓。在初步预测第四季度各 月涨幅的基础上，粗略得出翘尾因素 2010 年对 PPI 和 MPI 的影响分别为 2.7% 和 6.7%，结合 2010 年价格变化，大致得出新涨价因素对 PPI 和 MPI 的影响分别为 0.3% 和 5.3%，粗略估计 2010 年北京市工业品出厂价格和原材料燃料动力购进 价格指数在 103% 和 112% 左右。

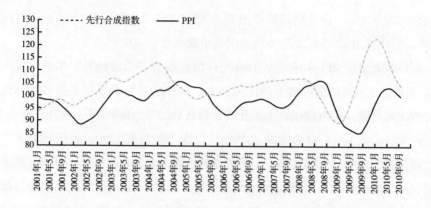

图9 2001 年至 2010 年 9 月北京市 PPI 与先行合成指数月度走势变化

但从构成先行指标近期出现涨落分化态势看，推动 2011 年 PPI 上行的力量有所加强。具体来看，7~9 月期间，OECD 和六个非成员国的综合领先指数和国内货币供应量增速放缓；美国大宗期货指数 CRB 逐步上扬（见图 10），美国货币供应量 M1 增速加快，国内全社会投资增速有所加快；北京市社会消费品零售总额依旧保持较高位增速；全国工业增速也渐趋平稳。由此来看，推动北京市 2011 年 PPI 上行的力量有所加强。考虑翘尾因素对 2011 年 PPI 和 MPI 的影响在 1% 和 5% 左右，新涨价因素对二者的影响约为 4% 和 10%，粗略估计 2011 年工业品出厂价格和原材料燃料动力购进价格指数全年上涨分别在 5% 和 15% 左右。

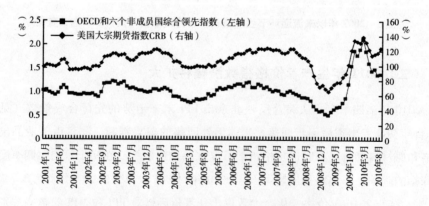

**图10 2001 年以来 OECD 和六个非成员国综合领先指数及
美国大宗期货指数 CRB 变化趋势**

（三）资本价格震荡上行

2011 年国际汇率波动、国内通胀问题以及货币政策成为影响股票市场的主要因素。虽然 2011 年全年货币环境相对紧缩，但由于目前央行基础货币投放量大，房地产调控收紧后房地产炒作资金外流，加上海外热钱大量涌入，2011 年资金流动性充裕的基本格局不会改变，这成为支撑股市上行的根本因素。但在治理通货膨胀的进程中，政府势必会出台一系列政策或通过政策组合拳来调控，这将对股市带来阶段性负面影响。总体而言，在经济向好、人民币升值和通胀预期加剧的背景下，震荡上行将是股市的基本运行趋势。

（四）农产品价格继续上扬

1. 2011 年北京市粳米、面粉等粮食价格将稳步上涨

2010 年频发的气候灾害已给 2011 年全球粮食供应带来巨大威胁。美国、俄罗斯、澳大利亚、泰国、越南等各国均已报告，2011 年粮食减产。与此同时，为应对金融危机而产生的大量流动性却在兴风作浪，国际农产品价格普遍走高。加上国内粮食托市价格连年上涨、农民惜售、上涨预期加强等多重影响，2011 年粮价上涨已成大势，但国内连续 7 年丰收，仍是 2011 年抑制粮价不会大涨的主要因素。北京市粮食供应主要来自外埠，受国内外环境影响较大，预计 2011 年粳米、面粉等价格将稳步上涨（见图 11）。

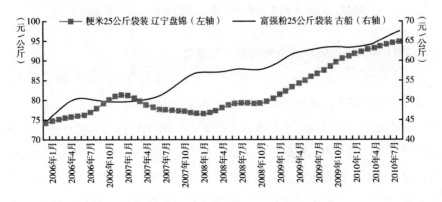

图 11　2006 年以来粳米、面粉价格走势（季调后）

2. 2011 年北京市猪肉价格总体呈上升势头，但高点不会超过 2008 年的水平

从 2006 年 1 月至 2010 年 9 月北京市猪肉价格周期波动情况看（见图 12），当前北京市猪肉价格上升态势较为明显。而且，生猪养殖饲料玉米价格在国际期货价格上涨、国内主产区减产、国家托市调控等多重因素的影响下，2010 年下半年上涨趋势逐步加强，生猪养殖成本不断提高，正成为推动 2011 年猪肉价格上涨的推手。同时，2010 年 5 月之前的猪肉价格下跌所导致的生猪存栏数量下降也给后市供应带来负面影响，随着传统消费旺季的到来，供应吃紧可能会进一步推动肉价上涨。不过 2010 年 7 月后猪、粮之比重回 6∶1 盈亏点上，并逐月提高至 9 月的 6.5∶1 的水平，有利于生猪养殖以及 2011 年后市供应量增多，这将从一定程度上抑制肉价走高。若无大的疫病等灾害情况发生，2011 年北京市猪肉价格上涨不会超过 2008 年时的水平。

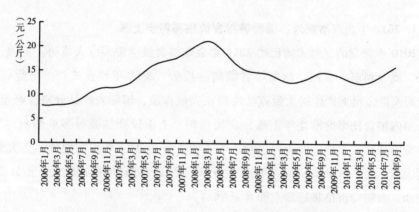

图 12　2006 年以来猪肉价格季节调整后的当月价格走势

3. 2011 年北京市食用油价格仍有上涨压力

伴随大豆连续 3 个月涨价后，2010 年 10 月北京市食用油价格普遍上涨，不少粮油批发市场 5 升装桶装油上涨在 5 元左右，而多数大型超市也已收到食用油上涨的通知，食用油价格已步入上行通道。由于包括北京市在内的国内食用油特别是大豆油与国际粮油市场高度一体化，因此，2011 年国际大豆价格走势将在很大程度上影响国内食用油价格的波动。根据 2010 年 10 月美国农业部发布的报告显示，美国大豆单产、产量及库存均出现下调，全球供应量较 2009 年减少了 1.79%，而 2010 年度全球大豆需求量却增加了 6.3%，供需变化，可能会推动 2011 年大豆及食用油价格的上涨。农产品价格上涨所推动的加工行业和原材料价格上涨，在价格传导的作用下，最终将拉动生产和消费价格的全面上涨。

四　政策建议

（一）加强对生活必需品的监测和预警

加大粮、油、肉、蛋、菜等生活必需品市场监测力度。一要扩大监测范围。将监测重点由大型农贸市场、超市扩大到居民密集的社区、高校以及中小学食堂。二要及时掌握市场运行情况。了解和掌握粮、油、肉、蛋、菜等重点监测品种的涨价苗头和涨价信息，把握农产品批发市场粮、油、肉、蛋、菜等重点监测品种的进货量、库存量、交易量变化情况。对批发价格一次上涨超过 5% 或连续上涨的情况，监测机构要及时报告，并对价格变动的成因进行详细了解，深入分析，提出建议措施。三要加强价格预测预警。加强价格预警的研究，建立价格预警体系，追踪前期预测效果，不断提高预测分析能力。

（二）加大生活必需品的供应保障力度

一要加强储备。按照满足北京市 7 ~ 10 天消费量的标准来加大面粉、食用油、肉、禽、蛋、蔬菜等居民生活必需品的储备，指导企业适当增加商业库存，鼓励超市增加举办特价促销活动。二要加强应急调控。选择一批配送中心、批发市场、大型超市、农贸市场和社区商店，作为应急调运集散地和供应点，建立应急投放网络，并制定应急投放预案。三要完善直供体系建设。在帮助骨干流通企业与主要生产基地和供应商建立长期稳定的合作关系的同时，努力减少中间流通环节，降低流通成本。积极落实鲜活农产品运输绿色通道政策，帮助企业解决运输困难，确保运输渠道畅通。

（三）完善低收入群体的价格补贴机制

一要尝试建立低保、最低工资、基本养老金与物价水平联动的动态调节机制。可借鉴已开始试点的省、市，先由相关部门编制城镇低收入居民基本生活费用价格指数，在此基础上，根据低收入价格指数同比涨幅超过 5% 时，启动联动机制。而且要根据涨幅程度的不同，制定分档补贴标准。二要扩大补贴的范围。在考虑可操作性的前提下，应尽可能扩大补贴对象的范围。具体为：城乡低保对象、"三无"对象、优抚对象、农村"五保"对象、患重大疾病等生活较困难的人员。

B.16
北京市个体私营经济发展的现状和趋势

北京市个体私营经济发展研究课题组

执笔人：张卫江　朱效荣　王新春　江树革*

近年来，北京市的个体私营经济在复杂的国际国内经济环境下，抓住重大发展机遇，科学应对国际金融危机，积极克服市场急剧变化等不确定因素带来的影响和困难，总体上保持了平稳健康发展的良好态势，有效地服务和支撑了人文北京、科技北京和绿色北京的建设，推动了首都经济社会的和谐科学发展。

一　目前北京市私营个体经济发展的基本状况

（一）私营个体经济实现了新的发展

经过多年的发展，目前个体私营经济已经成为北京市经济和社会发展的重要组成部分，在推动经济发展、改善民生、促进就业和科技创新等方面发挥着重要的作用。2010年，北京市的个体私营经济在已有的基础上实现了新的发展。根据北京市统计局的统计数据，在私营经济发展方面，2010年1～11月北京市私营企业户数累计为49万户，从业人员达到313.2万人，注册资本达到7423.2亿元，分别累计增长15.2%、12.9%和30.7%；在个体经济方面，2010年1～11月北京市个体户累计为82.5万户，从业人员达到116.7万人，注册资本达到163.1亿元，分别累计增长2.6%、4.6%和11%。①

---

* 本文是北京市个体私营经济发展研究课题组的研究报告。报告执笔人为张卫江，北京市工商联副主席；朱效荣，北京市工商联调研室主任；王新春，北京市工商联调研室；江树革，北京市社会科学院社会学所副研究员。

① 北京市统计局、国家统计局北京调查总队：《北京经济发展月报》（2010年11月），数据取自工商登记注册记录，为时点累计数。

（二）私营个体经济发展的环境得到新的改善，但是相关政策尚需继续落实

国务院《关于鼓励支持和引导个体私营等非公有制经济发展的若干意见》颁布 5 年来，北京市的民营企业在市场准入、改进政府监管、加强政策协调等方面都发生了一些积极的变化。根据 2010 年中央统战部和全国工商联在全国范围内进行的第九次私营企业调查，该《意见》颁布以来，在放宽市场准入方面，有 46.6% 的北京市私营企业认为作用明显，有 42.3% 的私营企业认为作用不明显；在缓解融资困难方面，有 29.3% 的北京市私营企业认为作用明显，同时有 53% 的私营企业认为作用不明显；在加大财税支持方面，有 29.8% 的私营企业认为作用明显，有 54% 的私营企业认为作用不明显；在支持技术进步和结构调整上，认为作用明显和作用不明显者持平，各占 42.9%；在支持创业、创新方面，有 49.7% 的北京市的私营企业认为作用明显，有 37.3% 的私营企业认为作用不明显；在加强政策指导和政策协调上，有 47.6% 的私营企业认为作用明显，有 43.4% 的私营企业认为作用不明显。由上分析可以看出，该《意见》颁布以来，对于改善民营企业的经营环境起到了积极的作用，在有些方面产生了很大的促进作用，但是在进一步优化企业的发展环境方面还有很大的发展空间。

北京市非公经济发展环境的改善，还表现在应对国际金融危机过程中国家和北京市出台的一系列拉动经济的办法措施，为私营个体经济的发展创造了较好的政策环境。近年来，国家连续出台政策法规，促进非公经济与中小企业发展。2009 年 9 月，国务院颁布《国务院关于进一步促进中小企业发展的若干意见》（国发〔2009〕36 号），提出促进中小企业发展的 29 条政策意见，明确提出加大财税、信贷等扶持力度，改善中小企业经营环境，促进中小企业生产经营出现积极变化的举措。2010 年 5 月，国务院发布《国务院关于鼓励和引导民间投资健康发展的若干意见》（国发〔2010〕13 号），进一步完善引导个体私营等非公有制经济发展的政策措施，鼓励民间资本进入石油、铁路、电力、电信、市政公用设施等重要领域、扩大民间投资范围、带动社会投资，强化鼓励、支持非公经济和中小企业发展的政策导向。

北京市出台了《关于金融促进首都经济发展的意见》、《北京市帮扶企业应对国际金融危机的若干措施》和《关于实施稳定就业扩大就业六项措施的通知》，共计 66 项措施。同时，14 个委办局出台了 28 项具体办法，18 个区县出台了 57 项帮扶措施，市级调整、统筹安排的 50 亿元帮扶资金，已落实 40 多亿元；各区县筹措安排帮扶资金近 50 亿元。这些措施的陆续出台以及其政策效应的逐渐显现，有力地推动了首都民营经济的发展，改善了民营和中小企业的发展环境，对民营和中小企业的发展起到了积极的助推作用。

此外，近年来各级政府不断提升服务能力，完善社会化服务体系，较好地发挥了政府对于非公有制经济的引导和服务功能，通过开展"创业、融资、管理"系列公益培训工程，着力提升中小企业素质和竞争能力，累计有 9000 多家企业和 6 万多人次接受培训；支持和引导 14 个区县建立了中小企业服务中心；聘请了 140 多名专家组建顾问团队，为中小企业提供公益性管理咨询服务。但是，在整个个体私营经济发展的外部环境上，由于受宏观经济发展形势的影响，特别是面临着发展方式和产业结构调整转变以及世界金融危机冲击的压力和挑战，以小企业为主的私营个体经济在发展中仍然面临诸多瓶颈和障碍。主要表现在：以消费、投资为显著特征的首都经济进入调整期，经济增速放缓。主要行业变化明显，如工业生产减速较快，产值比重萎缩。房地产市场起伏跌宕，房地产业实际增加值有所下降。受世界金融市场动荡等因素影响，股市低迷，资产缩水，金融业增长放缓。战略性新兴产业尚处在培育、成长期，投入大、产出低的局面没有根本改变，增长潜力有待释放。

（三）破解中小企业融资难问题取得新的进展

中小企业融资难问题是长期困扰民营经济发展的制约因素，2008 年以来爆发的国际金融危机凸显了进一步解决中小企业融资难问题的必要性。在此方面，北京市通过设立中小企业创业投资引导基金，建立中小企业信用再担保机构等方式，在推动企业发展方面起到了积极的作用。

一是设立 8 亿元中小企业创业投资引导基金，解决创业期中小企业股权融资难题。2008 年 7 月份，北京市正式启动了中小企业创业投资引导基金，初期规模 3 亿元；当年年底为拉动内需，市政府追加投资 5 亿元，预计可引导社会投资 20 亿元，形成投资规模 30 亿元，影响和带动中小企业资本规模超百亿元。

二是设立中小企业信用再担保机构，解决成长期企业信贷融资难题。再担保公司总规模 15 亿元，目前已到位资金 10 亿元，将有效提升担保机构信用水平和担保放大倍数。预计通过三年左右的运作，使得本市担保机构的平均放大倍数进一步提高，政府重点扶持产业融资难问题将得到有效缓解。

三是搭建间接融资服务平台，重点解决企业信贷融资难题。目前，已经有北京银行、北京农商行等10家银行和首创、中关村等10家担保机构加入平台，两年多来本市已有约5000家中小企业通过平台获得新增贷款超过1000亿元。支持金融机构创新，推出了文化创意产业信贷和高新技术企业知识产权质押贷款等业务。在七个区县开展融资服务平台试点，目前昌平区融资服务大厅已启动运行，门头沟区融资服务平台已开通。

四是发布了《北京市小额贷款公司试点实施办法》。到目前为止，全市批准设立21家小额贷款公司，注册资本金总额近20亿元，对改善北京市农业、中小企业金融服务，规范和引导民间融资起到了积极作用。

（四）私营个体经济产业结构进一步优化，市场化作用明显

近年来，在民营经济发展的同时，经济结构不断优化，成为首都非公有制经济发展的突出特点。

一是政府大力支持中小企业转型升级，加快调整产品结构、进行技术改造和产品创新。北京市安排中小企业发展专项资金支持项目89项，支持金额1.37亿元；安排专项补助资金6750万元，用于企业技术中心的创新能力建设，支持企业改造实验室、购置研发设备、技术开发等；安排补助资金1050万元，支持"三高"企业退出；申报国家中小企业技术改造及改善中小企业发展环境项目94项，申请金额1.69亿元。

二是以资源配置市场化为特征的私营个体经济在第三产业中的主导地位愈加明显。满足市民生活、娱乐的服务业网点占到全市85%以上。非公有制经济在现代服务业、文化创意产业、电子信息产业、现代农业等产业的市场地位已经确立。

三是非公有制经济的市场经营主体地位日益明显。首都非公有制经济组织在消费品生产、现代服务业以及科学教育、文化传媒、医药卫生等各个领域中比重较大，特别是在商贸、餐饮和其他新兴服务行业，比重已达到全市的90%以上。截至2009年底，全市共有各类市场主体141.25万户，其中私营企业、个体工商户合计124.02万户，占全市市场主体的87.8%，比2008年提高2.14个百分点；

其中新增私营企业和个体工商户分别为 4.85 万户和 3.42 万户，同比增长 12.64% 和 4.42%，促进了非公有制经济组织在全市市场经营主体中所占比重的明显提高。

（五）私营个体经济在人文北京、科技北京、绿色北京建设中发挥了重要的作用

近两年来，北京市的民营经济围绕人文北京、科技北京、绿色北京建设，主动调整经济结构，努力实现科学、平稳、健康发展，不断转变经济发展方式，推动首都非公有制经济的大发展，为人文北京、科技北京、绿色北京建设作出了贡献。

在促进就业和保障民生方面，北京的私营个体经济成为解决就业等民生问题的重要力量。根据统计，截止到 2009 年底，私营、个体经济有 124 万户，占市场主体的 86%；从业人员 393 万余人，占全市就业人口的 70% 以上。

在民营企业推动科技创新方面，目前，北京市的私营经济正在担当自主创新生力军的重要角色。在 2008 年以后全市新认定的 5000 多家高新技术企业中，私营科技企业占到 90% 以上，为增强全市企业自主创新能力，加快经济发展方式转变和产业结构调整，实现首都产业发展高端化作出重要贡献。特别是在建设"科技北京"的过程中，民营经济把提高自主创新能力作为推动企业科学发展的突破口，作为调整产品结构、适应市场变化、改善经营管理方式的中心环节，以企业自身的努力促进创新型城市的建设。

在绿色北京建设方面，民营经济按照首都的资源禀赋条件和产业引导规划，调整产业结构和转变经济发展方式，加大节能减排的力度，基本形成节约资源能源和保护生态环境的产业结构、增长方式、消费模式，为首都实现节约发展、清洁发展、安全发展等作出了应有贡献。

二　北京市私营个体经济发展存在的主要问题

从目前宏观经济环境看，我国经济正处于结构转型的关键时期，面临着转变经济发展方式的要求和任务；同时，由于首都特殊的地位和资源禀赋条件，决定了首都经济发展的质量和水平必须建立在建设世界城市的基点之上，向首都经济

发展的科学化、优质化、集约化、国际化方向迈进，这些在客观上决定了北京市的民营经济发展必须走出一条符合北京城市特质和发展要求的个体私营经济发展道路。目前，北京市私营个体经济发展在面临发展机遇和发展环境改善的同时，还面临着诸多的现实挑战。

（一）资金、土地等生产要素市场的发展状况与个体私营经济的发展要求不相适应

在企业融资方面，金融市场和金融服务滞后于个体私营经济快速发展的需要，存在很大的不适应性问题。目前，在企业融资上，由于金融机构设置不尽合理，金融机构大多定位于向大企业提供服务，缺乏面向民间需求、面向中小企业需求的中小银行，特别是民营银行。同时，由于我国金融市场发展落后，企业融资仍以银行的间接融资为主，缺乏适合中小企业的直接融资渠道，缺乏符合中小企业融资特点的金融创新产品。在企业发展的过程中，一些企业由于出口市场受阻，产品过剩、同质化现象较重，企业订单减少，利润降低，很多企业资金链紧张，对融资需求迫切，很难得到贷款，削弱了中小企业抵御风险的能力，造成企业生产运营困难。虽然部分企业有好项目、好计划，但是缺乏足够的资金支持，企业发展受阻，勉强支撑，举步维艰。

在土地供给和使用上，用地和拆迁安置中存在的实际问题直接困扰着私营个体经济的发展。以自主创业为主要模式发展起来的许多非公有制企业在初创时期，基本上都面临着土地使用困难的问题，其中，不少企业是以租赁方式与乡镇或村集体签订了期限不等的土地租赁协议，大多没有取得土地使用权证和房屋所有权证。同时，由于土地供应政策和开发区用地功能的限制，商务用房高昂的成本压力，直接抑制了资本实力弱的创新型、技术密集型企业在北京的投资发展。

（二）《劳动合同法》的实施对企业的发展和劳动关系产生了较大的影响

目前，企业普遍感到《劳动合同法》的理念相对超前，而实施细则相对滞后，实施该法使企业劳动力成本有所上升，对企业的生产经营产生很多的影响。一方面，《劳动合同法》实施以来企业人力资本上升。由于《劳动合同法》实施以来企业人力成本增加，造成部分企业难以为继。另一方面，《劳动合同法》实

施以来企业劳动争议案件增加，干扰了企业的生产经营。此外，《劳动合同法》对民营和中小企业的发展产生的影响也在一定程度上表现为结构性的影响。《劳动合同法》对一些中小企业特别是一些劳动密集型的企业产生较大影响，如用工成本增加、用工风险加大、用工难度增强等。《劳动合同法》严格限制了企业与员工协商劳动报酬、工作时间等权利，由于北京住房等生活消费水平和最低工资标准相对较高，增加了企业用工成本。《劳动合同法》实施以来，过去数年，甚至近十年发生的解除劳动关系纠纷，也被当事人重新追诉，企业不得不应诉并承担赔偿责任。

（三）在政企关系上，政府对私营企业从事战略性新兴产业的扶持有待进一步加强

发展新兴战略性产业是建设创新型国家和建设世界城市的重要内容，但是，在推动发展战略性新兴产业工作上还存在重国企、轻民企，提倡鼓励多、财税扶持力度小，以及制度创新不力、政策创新滞后等问题，使一些新技术难以实现产业化，新产品难以实现市场化，影响了首都经济的核心竞争力和产业的不断升级。一是新兴战略性产业缺少宏观性规划和行业领域的规范，存在发展中的盲目性和无序性。由于新产品缺乏统一的行业标准和产品市场准入标准，新产品在市场上的推广应用遇到障碍，也在一定程度上降低了企业参与战略性新兴产业的积极性。二是对新兴产业中的前沿性、关键性、基础性和共性问题的基础研究在政策支持和政府服务方面，缺少对各方面资源有机整合和有效利用。政府为发展战略性新兴产业设立了一些科技专项资助经费，但由于信息公开的渠道窄，规定申报的时限短、资格门槛高、审批周期长等，非公有制企业很少能享受到这些扶持资金的支持。三是财税扶持的体制机制有待完善，力度较小。对新兴产业及产品，在中试、市场准入、市场推介、政府采购方面，迫切需要得到政府支持，而当前政府对非公有制企业在这方面的需求和困难还不能给予及时有效的扶持和帮助。

（四）企业自身质素有待进一步提高，技术创新能力需要增强

目前，除少数具有自主知识产权和较强核心竞争力的企业外，多数私营中小企业的快速发展主要是以低技术水平和外延扩张为特征，生产技术和装备水平相

对较落后，技术创新存在的障碍与问题较多，成为中小企业进一步发展的瓶颈。在企业家队伍建设上，目前总体上企业家队伍尚不成熟，相当部分中小企业的经营管理者缺乏全球视野、全局观念和战略目光，不善于或根本不会紧跟经济和社会发展形势调整产业结构，优化投资组合，更不会根据现实情况预测未来发展形势，科学谋划企业发展远景，一些中小企业家只注重短期效益，盲目投资，重复投资；对研发投入不足，品牌意识和创新意识不够；产品档次低下，科技含量不高；缺乏有效的市场风险规避能力，市场诚信度不够。相当部分中小企业产权结构单一，法人治理结构不健全；缺乏现代企业管理理念和管理经验，管理粗放，企业文化缺位，生产经营和企业财务管理制度不规范、不健全；有些企业管理者法制观念淡薄，忽视劳动关系契约化，疏于保护人才的正当权益，影响企业和谐。

（五）非公有制经济人才建设问题成为影响非公经济发展的重要问题

非公有制经济人才建设特别是专业技术人才建设问题一直是制约和影响民营经济发展的具有普遍性的发展问题和政策问题，而非公有经济制企业人才建设问题在北京表现出了独有的特点，成为未来北京市非公有经济就可持续发展面临的重大发展问题。

从目前看来，北京市非公企业的专业技术人才流动基本稳定。根据 2010 年 4 月对北京市专业技术人才的调查，目前在北京市非公企业专业技术人才引进和流出状况上，有 52.2% 的非公企业专业技术人才的引进和流出相差不多，有 31% 的非公企业人才流出数量大于人才引进的数量，而另有 16.8% 的非公企业人才引进数量多于人才流出数量。

但是，在非公企业专业技术人才队伍建设上也面临一些较为突出的问题。

（1）从非公企业自身看，非公企业专业技术人才队伍建设面临着一些制约因素。根据本次调查，目前北京市的非公企业专业技术人才队伍建设面临着一些制约因素，包括户口难以解决、单位吸引力小、职称评定困难、工资福利待遇低、缺乏奖励机制等现实问题，其中，"单位福利待遇低"、"单位难以解决北京户口"和"人才市场上缺乏单位所需要的人才"三个问题成为制约目前非公企业发展最为突出的三个问题，分别占被调查企业的 15.7%、14.4% 和 13.0%。

（2）从非公企业专业技术人才自身看，也面临着与非公企业相似的制约自身发展的问题。非公经济领域内的专业技术人才不同程度面临着诸如"进京户口无法解决"、"无法评定职称"、"工资福利低"、"外行领导内行"以及"技术人才成堆，专业上难以拔尖"等发展上的问题。根据 2010 年 4 月对于北京市非公经济领域专业技术人才的调查，在上述提及的关于制约非公企业专业技术人才发展的诸多问题中排前三位的问题依次为："工资福利低"，占 34.3%；"进京户口无法解决"，占 25%；"无法评定职称"，占 20.3%。

（3）在非公企业工作的专业技术人才在生活上还面临着一些现实的困难。根据本次调查，目前，住房、子女教育和社会保障成为在一定程度上影响非公经济领域专业技术人才的民生问题。在被调查的非公企业专业技术人才中，有 42.8% 的专业技术人才认为在北京生活最大的困难是"房价太高，购房压力大"；有 27.7% 的专业技术人才认为"社会保障缺位，后顾之忧太多"；有 25.9% 的被调查的专业技术人才认为"子女教育问题难以解决"。

三　未来北京市私营个体经济发展的趋势

未来北京市私营个体经济的发展在很大程度上取决于非公经济发展宏观经济社会环境，也取决于政府对于非公经济的引导、支持以及非公经济人士自身对于实现发展的积极努力和科学谋划。目前看来，在民营经济发展的基础上，未来北京市的民营经济发展面临新的发展条件和发展机遇，同时，也面临着新的压力和新的挑战。未来北京市民营经济的发展，既要面对国际国内两种市场的竞争，又要承受来自国有垄断企业的强势地位和营商环境的不完善、不成熟等政府服务监管的缺失所带来的压力。既有国家和地方政策和财税的大力扶持的条件，又具有加速建设国际化大都市、统筹城乡一体化发展的良好机遇，同时，也存在经济发展方式转变和经济结构调整对企业发展战略和核心竞争力带来的新压力，存在融资难、市场准入难、企业竞争实力提升难等老问题难以解决与金融危机影响带来市场需求乏力、经营成本压力加大等新问题共同形成的挑战。可以说，北京民营经济是在一个发展水平层次和市场化程度较高、竞争激烈、投入要素要求高的区域空间内发展的，需要以更宽的眼界、更大的抱负、更开放的思维审视私营个体经济的发展，引导和促进私营个体经济的发展。

（一）首都经济的全面发展将为民营经济开辟更大的发展空间

政府重视、政策扶持、国际化大都市建设为北京民营经济的发展提供了良好的发展机遇。中共北京市委十届七次全会提出，2010 年全市工作要全面贯彻落实党的十七大和十七届四中全会、中央经济工作会议精神，深入贯彻落实科学发展观，紧紧围绕建设人文北京、科技北京、绿色北京的战略任务，着力抓好自主创新，加快经济发展方式转变；着力抓好一批重大工程和重大项目，加快产业结构优化升级；着力抓好改革开放，进一步增强首都经济发展动力和活力；着力抓好改善民生，使发展成果更好地惠及人民群众；着力抓好国际大都市建设，进一步提高首都现代化、国际化水平；全面完成"十一五"时期经济社会发展目标，推动首都经济又好又快发展，为建设繁荣、文明、和谐、宜居的首善之区而努力奋斗。同时强调，要准确把握首都发展的规律性特点，提升城市发展的内在活力和动力，瞄准高端，主动发展，着力推动世界城市建设。北京市政府发布实施六大产业振兴规划，实施南城发展行动计划、永定河绿色生态发展规划、山区重点沟域五年规划等，为首都民营经济的发展拓展了更大空间。北京市政府强调在推动北京民营经济发展方面，一要完善政策支持体系，进一步健全促进民营经济发展的体制机制，落实政策，改进对民营企业的服务。二要吸引大型民营企业总部落户北京，着力扶持民营企业做大做强，提升首都民营经济发展水平、发展规模、发展质量。三要突出首都特色。发挥首都丰富的科技和智力资源优势，继续大力发展科技型中小企业和文化创意企业，努力形成充满活力、成长性好的产业集群。这些举措和行动，为实现民营经济的更大发展，提高民营经济的档次、水平和国际竞争力营造了良好的发展环境。

（二）财税政策将更加有利于私营个体经济发展

政府财政资金投入力度不断加大，积极扶持非公经济与中小企业发展。2008年，中央财政安排扶持中小企业发展专项资金 49.9 亿元，较上年增长 75%。2009 年，中央财政安排专项资金 108.9 亿元，用于支持中小企业发展；同时在中央预算内企业技术改造专项投资中，安排 30 亿元支持中小企业特别是小企业技术改造，在切块地方的技术改造专项投资中，68% 的资金用在了中小企业。为发挥财政资金对社会资金的引导作用，积极探索和实践中小企业基金的设立和运作，2007 年中央财政还专门设立了科技型中小企业创业投资引导基金，北京市也及时设立了扶持中小企业的创业投资引导基金。

税收政策作针对性调整，鼓励发展非公经济与中小企业的积极性。国家在税收政策方面作出针对性安排，对符合条件的小型微利企业和高新技术企业，分别减按 20% 和 15% 的税率征收企业所得税，对小规模纳税人增值税征收率统一下调到 3%，并且出台了创业投资企业股权投资税收优惠政策。同步开展减轻经营负担工作。2008 年 9 月起全国统一停止征收个体工商户管理费和集贸市场管理费，2009 年 1 月起取消和停止征收 100 项行政事业性收费，合计每年减免金额约360 亿元。北京市则提前对本地区一些收费项目进行了清理。

在费用交纳方面允许适度的灵活变通。为帮助一些遇到困难的企业渡过难关，国家采取了允许困难企业在一定期限内缓缴社会保险费、阶段性降低四项社会保险费率、使用失业保险基金支付社会保险补贴和岗位补贴等措施。上述政策措施，为非公经济与中小企业的健康发展提供了有力的政策支持。

（三）北京建设世界城市的发展目标将为私营个体经济发展提供巨大发展机遇

北京建设世界城市，将推动城市实现更大的发展，使未来北京经济成为在世界经济发展中最具活力、市场容量与经济潜能巨大、经济增长幅度最大的地区之一，同时也是最终需求和外贸出口增长最快、引进技术与国际资本数量规模巨大的地区之一，这将使世界范围人口的交往流动，商务服务的增加，会展经济与文化创意产业的兴旺，网络传媒与信息业发展的水平和速度，不同消费人群生活的便利、宜居产生出巨大的需求空间。

一是有利于民营经济与中小企业捕捉产业优化带来的投资机会。投资者可充分发挥其个性化、小规模的优势，主动捕捉机会，填补市场空白，将主要投资调整到与国有经济和大中型企业错位发展的经营领域，促进北京现代服务业发展特别是生产性服务业与其他产业发展的结合，依托其中科技创新型经营组织的优势，促进产业链条纵深延伸。

二是有利于经营者及时把握产业内部细分、新行业进入的市场机会。其中既有在国际会展、文化创意、形象设计、背景制作等方面提供生产性服务的机会，也有把握宜居城市建设带来文化交流、书店影像、茶艺餐饮、运动休闲等方面需

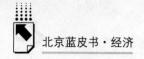
求，提供生活性服务的机会。

三是有利于增加私营个体经济与中小企业经营转型的发展机会。私营个体经济与中小企业能够发挥其把握市场变化的敏锐性、调整经营策略的灵活性、企业迁移的便利性以及付诸行动的快捷性等特点，及时与大企业开展产品零部件配套或工艺配套，支持产业整体协调发展，有利于都市化发展进程中市场要素整合重组与经营网点均衡分布。

（四）"十二五"期间北京发展南城的投资带动将为私营个体经济带来新的商机

北京发展南城的战略决策和巨额投资，有助于私营个体经济与中小企业借势发展。在 2009 年新出台的《促进城市南部地区加快发展行动计划》中，北京市已经将南部五区定为新的发展重点，在未来三年内市、区县两级财政将对城南地区投资超过 500 亿元，加上带动的社会投资，南城发展预计总投资有望达到2900 亿元。这将使北京城市格局发生巨大变化，带来大量与之相关的投资和消费增长，为新的产业聚集创造条件，也为私营个体经济和中小企业发展带来新的机遇。

北京市城南产业发展格局规划的"一轴一带多园区"要求将带动私营个体经济的配套发展。其中，从北向南依次递延的前门—天桥历史文化风貌集聚区、永外—大红门服装文化商务区、大兴新媒体基地等南中轴文化创意、影视传媒功能区发展需要大量的生产性辅助支持；永定河沿岸地区构建西部绿色经济走廊的水岸经济带建设需要兼具商业与科技经营特色的生态产业支持；由丽泽金融商务区、中关村丰台科技园、大兴生物医药基地、龙潭湖体育产业园、广安产业园区、良乡高教园区、北京石化新材料科技产业基地等构成的"多园区"建设带来的生产、生活服务需求规模巨大，将为私营个体经济和中小企业提供较大规模的发展空间，同时改变以往北京南城工商业网点分布较少，市场需求不旺的局面，带动全市商业、服务业的平衡、协调、快速发展。

（五）低碳经济时代的到来，将不断提升私营个体经济的发展质量和水平

发展低碳经济正在成为后金融危机时代推进经济复苏和应对气候变化的基本

共识和世界性经济结构调整的大趋势，要求传统的高能源消耗、高排放污染的行业和企业迅速转型以适应社会经济发展方式改变的需要。北京作为国家的首善之区，有责任、有能力成为全国率先实现低碳经济发展的楷模。私营个体经济与中小企业的运营以人工体力和智能为主，小场所、低消耗的运营特点非常适合信息、文化创意等新兴产业发展的要求。对于落后产能的强制性退出要求还使具有灵活、快速、好掉头特点的私营个体经济和中小企业向新材料、新能源应用、可持续发展方面拓展的机会大大增加。科技型、服务型的私营个体经济经营组织替代进入、加速成长的机遇明显。

B.17

北京 2010 年房地产市场形势及
调控政策评析

唐 勇*

2010 年以来，随着宏观经济逐步恢复增长，房价出现新一轮过快上涨，由于初步调控未见成效，国务院于 4 月 17 日出台了被称为"史上最严厉"的"新国十条"调控政策。紧接着，北京也出台了严格调控楼市的地方版十二条细则（以下称"京十二条"），全部以最严格的操作上限来实施"新国十条"的要求。在严格调控政策下，各方呈现观望态势，成交量快速回落，房价也在 5 月和 6 月开始出现环比下降走势。但两个月的观望期过后，房价止跌回稳，成交量也开始逐步放大。在此背景下，9 月底开始，国务院多部委连续再出"组合拳"，启动所谓的"二次调控"。但调控效果并不明显，商品房成交量继续温和放大，房屋销售价格指数环比仍然小幅上涨。

一 2010 年北京房地产市场形势概述

（一）房地产开发投资增速高位回落

受 2009 年初房地产开发投资基数较低影响，1～3 月，全市房地产开发投资呈现高达 74.5% 的高速增长。受"新国十条"及"京十二条"调控政策影响，从 4 月份开始，房地产开发投资增幅大幅下降，到 1～9 月，房地产开发投资增速递减至 16.4%。随后，投资增速开始保持在比较稳定的范围之内（见图 1）。

土地购置费用大幅增加是房地产开发投资增长的主要原因。2010 年 1～10

---

* 唐勇，北京市社会科学院经济所助理研究员，产业组织与管理创新专业博士。本文内容仅代表作者本人观点。

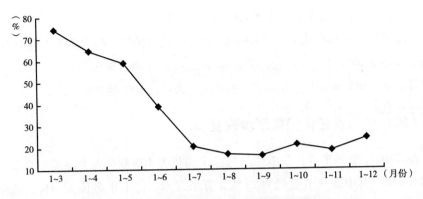

图1 2010年各月房地产开发投资累计增速

月，北京市完成房地产开发投资2402.9亿元，比上年同期增长21.2%，其中土地购置费用为1026.3亿元，增长1.5倍。

受调控政策影响，房地产开发企业自有资金占比大幅提高。2010年，房地产开发项目本年到位资金5790.6亿元，其中自筹资金为1763亿元，占全部到位资金的三成，同比增长71.7%；相反，金融贷款为1439.1亿元，占比不到25%，同比下降39.2%。

（二）土地出让金收入全国第一，楼面地价快速增长

2010年全年，北京土地出让金收入达到1636.72亿元，同比增长76.4%，达到历史最高增速。同时，2010年北京也是全国唯一一个土地出让金收入超过1600亿元的城市，超过2009年地价收入最高城市上海150亿元。

商品住宅楼面地价快速增长。据北京中原统计，2008年的土地楼面地价为3073.9元/平方米，2009年的土地楼面地价为3954.8元/平方米，而2010年则增至5046.78元/平方米。其中，住宅类土地的楼面地价增速更为明显。2008年，住宅类土地楼面地价为3795.2元/平方米，2009年楼面地价为5836.6元/平方米，2010年则高达7353.9元/平方米，比2008年几乎超出1倍。

（三）土地供应超计划完成，保障性住房用地占比仍然偏低

2010年，全市住房用地供应完成2525公顷，比年初公布的用地计划2500公顷超出1%。其中，保障性住房用地为184公顷，占全部住房用地的比例为

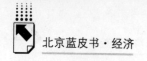
7.3%，远远低于全国19.7%的平均水平。

国家规定，土地出让金净收入中提取廉租住房保障资金的比例不得低于10%。
然而，审计署2011年1月的相关报告指出，北京、上海、重庆等22个城市从土地
出让净收益中提取廉租住房保障资金的比例均未达到10%的基本要求。

（四）商品房建设规模逐步恢复

从2010年全年来看，全市商品房施工面积为10300.9万平方米，比上年同
期增长6%，其中新开工面积为2974.2万平方米，比上年增长32.4%，表明市
场对未来商品房价格预期仍然较高。全年商品房竣工面积为2386.7万平方米，
比上年下降10.9%，表明商品房市场供给进一步萎缩。

从2010年各月来看，"新国十条"和"京十二条"出台前后，北京商品房
建设相对比较低迷。市统计局数据显示，2011年3～8月，北京房地产开发新开
工面积和竣工面积均保持震荡下行态势。9月份以后，市场对调控政策的观望情
绪有所缓解，新开工面积和竣工面积均开始逐步恢复增长（见图2）。

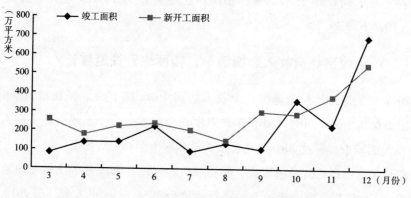

图2　2010年3～12月房地产开发新开工面积和竣工面积

（五）商品房销售量大幅下降，四季度有所回升

2010年全年，全市新建商品房销售面积为1639.5万平方米，比上年下降
30.6%。其中，住宅销售面积为1201.4万平方米，下降36.1%；写字楼为
208.1万平方米，下降18.6%；商业及服务业等经营性用房为142.1万平方米，
下降9.5%。

从 2010 年各月销售情况来看，年初到 4 月，销售情况逐步好转，但受"新国十条"及"京十二条"调控政策影响，5 月无论是现房还是期房，销售量均大幅下降。6~8 月，销售情况略有好转，但销售量仍处较低水平。从 9 月开始，市场观望情绪得到缓解，商品房销售情况逐步转暖，到 12 月时达到全年销售高峰（见图3）。

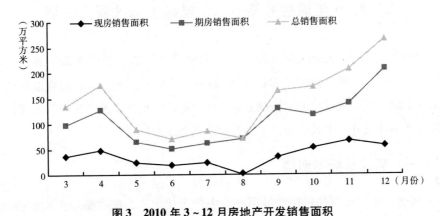

图3　2010 年 3~12 月房地产开发销售面积

（六）商品房销售价格在调控中震荡温和上涨

无论从同比还是环比来看，2010 年 4 月均为北京房屋销售价格指数的最高点（见图4）。从 5 月开始，在国家房地产调控政策影响下，房屋销售价格同比指数逐月回落，到 2010 年 12 月，全市房屋销售价格同比上涨 6.3%，涨幅连续 8 个月回落。

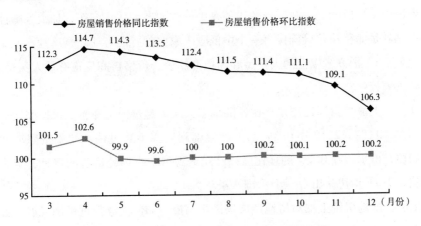

图4　北京 2010 年 3~12 月房屋销售价格指数

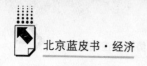

但房屋销售价格环比指数仅 5 月和 6 月两个月份小于 100，即房屋销售价格仅在这两个月中环比出现小幅回落，其他月份中，房屋销售价格均保持温和上涨态势。

二 2010 年调控政策下房价继续上涨的原因分析

2010 年，房地产市场先后经历了"史上最严厉"的"新国十条"和多部委联合打出的一系列楼市调控"组合拳"，然而到年底时，大家看到的数据却是房价依然上涨，不仅是相比上年同期上涨，而且是环比也在上涨。楼市严厉调控下房价为何不降反升？本人认为，主要有如下几方面原因。

（一）调控目标不明确

"新国十条"的调控目标在其第一条中即表述出来，即"采取坚决的措施，遏制房价的过快上涨，促进民生改善和经济发展"，但这个调控目标实际上是不明确的。

首先，房价具体是指什么类型的住房价格？保障性住房本身就是政府确定销售定价，不存在过快上涨的问题。商品住房又大致可分为高档商品房和普通中低档商品房；90 平方米以上的大户型商品房和 90 平方米以下的普通中小户型商品房等等。一般大户型的高档商品房都是高收入者购买，这类商品房的价格没必要进行调控，因为一般收入不高的普通老百姓不会去购买。因此，政策调控的对象应该要进一步加以明确。政府要解决的是中低收入者的住房问题，加大保障性住房建设尤其是廉租房建设确保每一个中低收入家庭都有房可住才是房地产政策的目标。至于 90 平方米以上的大户型和高档商品房，价格再高反正有钱人买得起，又何必去调控呢？

其次，上涨是指同比还是环比，涨幅多大才算是过快上涨？如果按照同比涨幅来调控，北京市 2010 年 6.3% 的上涨幅度到底算不算过快？如果按照环比涨幅来调控，似乎现在 0.2% 的环比涨幅已经达到了中央调控房价的目标，但为何国务院在 2011 年初又出台一个"国八条"？

最后，遏制房价上涨对房地产市场进行调控，如何能够促进经济发展？如果是采取扩大商品住房土地供给、降低地价、减少政府土地收益的政策，倒是能够促进经济发展，但是"京十二条"所强调的限制"二套房"和禁止"三套房"的调控措施却是人为抑制住房需求，这与促进经济发展应该是背道而驰的。

在政策调控目标不够明确的情况下，商品房市场并没有获得一个明确的政策预期。公众在一段时间的观望之后，也不知道调控目标是否达到，但老百姓购房的刚性需求是等不了太长时间的，因此，很多消费者宁愿选择全款购房也要先把住房买下来，因为不知道今后房价是否还会大涨？

（二）调控思路过于偏重抑制需求

"新国十条"之所以被称为"史上最严厉"的楼市调控政策，就在于其极其严厉的打击和抑制投机性需求。具体对于北京出台的"京十二条"来说，最严厉之处在于一个"暂停"和一个"暂定"。一个"暂停"是指，"暂停对购买第三套及以上住房，以及不能提供 1 年以上本市纳税证明或社会保险缴纳证明的非本市居民发放贷款"；一个"暂定"是指，"暂定同一购房家庭只能在本市新购买一套商品住房"。可以说，这一个暂停和一个暂定严格地限制住了投机性购房并且极大地抑制了改善性需求。

在如此严厉的限购政策下仍然选择购房的必定大部分都是刚性需求。但是，调控政策出台后，5~8 月，现房和期房销售量确实都大幅下降了，但房屋销售价格却并没有如预期般大幅下降，这一方面说明房地产开发商在经历了 2008 年的危机后资金实力较强不愿降价卖房，另一方面也说明了住房供给仍然满足不了实际购房需求。9 月以后的住房销售量回暖以及房屋销售价格的环比上涨更是说明了住房刚性需求只是短期内被抑制了，在一段时期的观望之后，刚性需求还是会释放出来。

因此，严格抑制需求的政策只能在短期内起到一定的效果，在长期被抑制的住房需求必定要在商品房市场中释放出来，如果住房市场供给不能有效地扩大，其结果要么是房价出现报复性反弹，要么是限制销售价格从而出现排队购房实际上大多数人买不到房的现象。

其实，调控政策大可以从增加住房用地供给、降低土地出让价格的角度来加大力度。以北京为例，其农业增加值占 GDP 的比重不到 1%，却占用了大量的土地资源，农业的土地生产效率极其低下。如果将一部分农村土地进行商品住房开发建设，不仅能够增加住房市场供给，平抑住房市场价格，解决许多家庭的住房

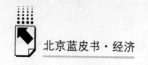
困难，而且能够缓解中心城区人口资源压力和交通拥堵问题（因为农村土地基本都在城市郊区）。

（三）调控手段过于偏重行政干预

中国市场经济改革进行了20多年，市场经济给每个居民家庭带来的生活改善和自由度的提高已经深入人心。然而，"新国十条"和"京十二条"所倚赖的调控手段仍然偏重于人为地通过行政干预来提高首付款比例和贷款利率，尤其是"京十二条"还规定"暂定同一购房家庭只能在本市新购买一套商品住房"。这几乎就是直接的行政干预商品住房的买卖。

确实，市场也有缺陷，依靠市场自身的力量往往不能解决一些关系到老百姓切身利益的问题，这时候就需要必要的行政手段来干预。但是商品房市场既然称之为市场，就应该把价格作为资源配置的基础力量，尊重价值规律，减少行政干预对市场价格的人为扭曲。毕竟，中国的房地产市场还没有到必须要通过行政干预来解决的时候，对房价进行调控还可以通过增加住房用地的有效供给、降低土地出让价格等市场化的手段来解决。

三 "新国八条"相关政策评析

2011年1月，国务院常务会议再度推出八条房地产市场调控措施，即"新国八条"，要求加大地方政府责任；加强保障性住房建设；完善相关税收政策；强化差别化住房信贷政策等等。下面试选择几点进行简要评析。

"新国八条"的第一条和第七条要求地方政府确定房价控制目标，并加强地方政府的约谈问责机制。这两条措施笔者认为非常给力，因为地方政府官员当涉及其"官帽子"根本利益的时候，一定会想尽千方百计完成其制定的房价控制目标。但笔者非常担心的是，地方政府将采取什么样的手段来控制房价，是否会采取更加严厉的行政干预措施扰乱正常的市场运行机制，抑或是采取统计数据造假的方式？但可以肯定的一点是，如果现有的土地供应制度不发生大的变革，如果现有的土地财政体制不发生大的变革，地方政府要达到控制房价上涨的目标，就必须要损失一部分利益。当然，地方政府不会牺牲其巨大的土地出让收益，相反只会把利益的损失最终转嫁到购房者身上。

"新国八条"的第四条是要求强化差别化住房信贷政策，对贷款购买第二套住房的家庭，首付款比例不低于 60%，贷款利率不低于基准利率的 1.1 倍。这实际上是在 2010 年"新国十条"基础上采取更为严厉的抑制需求的措施，这条措施对于全国其他城市来说，将会对住房需求起到较大的抑制作用。但由于北京已经出台并实施了"京十二条"，投机性需求以及改善性需求基本已经被遏制，这种更严厉的抑制措施也起不到太大的作用了。

"新国八条"的第五条要求各地"今年的商品住房用地供应计划总量原则上不得低于前 2 年年均实际供应量"。这条措施是从根本上改善住房供求关系，进而平抑住房价格的有效办法。但是笔者认为，这个前 2 年年均实际供应量的标准太低，应该至少是前 2 年实际供应量之和。另外，"新国八条"的第五条还要求大力推广以"限房价、竞地价"方式供应住房用地。个人认为限房价是对价格在市场经济中资源配置基础作用的一种否定，会造成更多的家庭买得起却买不到房的后果。更为严重的是，"限房价、竞地价"的方式有可能会让开发商利润降低从而导致住房建设质量下降。

总的来看，"新国八条"从加强地方政府约谈问责机制实现房价控制的办法一定能够将 2011 年房价上涨幅度控制在较低的范围内，但地方政府采取的各种措施必定也将会产生较大的负面影响。因此，必须对可能出现的负面效果准备必要的应对措施。

四　2011 年北京房地产市场形势展望

无论如何，在轮番的房地产调控政策影响下，2010 年北京房屋销售价格上涨 6.3%，与 2009 年相比，价格涨幅已经趋缓。2011 年 1 月已经出台了"新国八条"，如果住房价格仍然上涨，预计国务院还将继续出台更加严厉的调控政策，因此，2011 年全年住房销售价格没有上涨的余地。但是，由于住房用地供给短缺导致的商品房市场基本供求关系不会得到有效改善，预计 2011 年住房销售价格也没有大幅下跌的空间。总的来看，个人预计 2011 年全年北京商品房成交量将会保持低位稳定，住房销售价格应该会在 2010 年基础上有所下跌，但下跌幅度不会超过 25%。

B.18

频繁调控成效显著
持续调整保障优先

齐 心

　　2010 年，在国家出台多项严厉调控政策的引导下，北京市住宅市场结束了 2009 年曾一度出现的火爆行情，呈现量跌价稳的态势；但同时，随着经济的持续向好，写字楼和商铺租赁市场回暖明显。受住房市场降温尤其是交易面积大幅下降的影响，房地产业增加值由正转负，对 GDP 的贡献率较 2009 年的历史高位出现较大幅度下降（见图 1），且逐步成为北京市经济波动的重要因素之一。2011 年，在国际资本涌动、国内宏观政策趋于稳健以及房地产市场调控继续保持连续性和稳定性的作用下，北京市房地产市场将进入结构调整期，房地产开发建设将保持低速增长，住宅地产发展将逐步回归其民生属性，商业地产将日益彰显其潜力价值，实现高端产业承载。房地产市场健康发展的可持续性将有所增强。

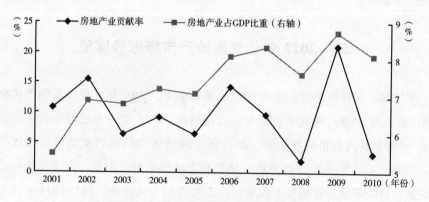

图 1　2001～2010 年北京房地产业占 GDP 比重
及其对经济增长的贡献率

注：2010 年数据为预测值。

一　年内两轮新政引导住房市场回归理性

为应对金融危机，中央再度启动房地产业作为宏观调控重要"开关"的职能，通过刺激房地产消费，带动经济迅速走出低谷；但房地产业自身调整的需求难以释放，内在积累的矛盾进一步加深。为了推动房地产业回归民生职能，遏制房价过快上涨，2010年中央及北京市出台了多项政策，以促进房地产业的健康、稳定、可持续发展。

（一）年初新政堪称史上最严厉

2010年初以来，国家相继出台了"国十一条"、《关于加强信托公司房地产信托业务监管有关问题的通知》，并3次上调存款准备金率，拉开了新一轮房地产市场调控的帷幕。4月中旬，国务院出台了"新国十条"，即《国务院关于坚决遏制部分城市房价过快上涨的通知》，被称为史上最严厉的住宅市场调控政策。其内容规定并完善了差别化的住房信贷政策，旨在严格限制各种名目的炒房和投机性购房。5月，住建部、财政部、国税总局等部委联合制定并相继出台有关严格执行土地增值税清算、鼓励引导民间投资进入政策性住房建设领域、加强廉租住房管理、要求房地产开发企业按规定及时结算开发产品基准成本等政策。

为落实国务院坚决遏制房价过快上涨通知的精神，北京市迅速制定并发布"京十一条"，即《北京市人民政府贯彻落实国务院关于坚决遏制部分城市房价过快上涨文件的通知》，首先出台了"限购令"：限制多套购买，同一购房家庭只能在北京市新购买一套商品住房；限制外地人购房，不在北京工作的外地人不给贷款。紧接着公积金贷款购买二套房首付也提升至五成，并暂停发放购买第三套房贷款。

（二）二次调控以期巩固成果

由于前期政策效果并不显著，第三季度末起，多部委再打"组合拳"，开启了年内第二次调控。信贷政策：要求各商业银行暂停发放购买第三套及以上住房贷款的范围由房价上涨过快地区扩大至全国；多家商业银行取消首套房贷利率7折优惠政策。财税政策：将加快推进房产税改革试点工作提上日程；加强对土地增值税征管情况的监督和检查，重点对定价明显超过周边房价水平的房地产开发项目进行土地增值税的清算和稽查。土地政策：要求切实落实中小套型普通商品住房和保障性住房建设计划和供地计划；房价上涨过快城市要增加居住用地的供应总量。住房保障政策：首次提出要求地方政府"立即"研究制定实施细则；明确提出对省级人民政府稳定房价和住房保障工作进行考核与问责，对政策落实不到位、工作不得力的，要进行约谈，直至追究责任。其他政策：要求地方政府退出一级开发环节；要求房价过高、上涨过快、供应紧张的城市，要在一定时间内限定居民家庭购房套数；10月上海、深圳、广州等多座城市随即纷纷出台"限购令"。

二 2010年北京市房地产市场政策调控效果显著

在一系列调控政策的作用下，北京市房地产市场多个领域出现了积极的变化。信贷收紧和土地供给调控带来房地产开发投资高开低走；规范土地出让管理和供应计划调整带来土地市场价升量跌；差别化信贷政策和"限购令"有效遏制了房价过快上涨的势头，交易面积也应声而落；处于政策调控之外的写字楼和商业用房获得了较快发展。整个商品房市场中呈现一级市场相对低迷，二级、三级市场日趋活跃的态势。但住房市场交易的下滑带来了房地产业增加值的波动下行，增加了北京市经济波动；将带来房地产开发建设进程放缓；抑制了房地产业对消费品市场的拉动作用。

（一）土地购置费用支撑房地产开发投资快速增长

在土地价格持续攀升带来土地购置费用同比增长1.7倍及拆迁规模增加、难度加大带来拆迁费用较快增长等因素的推动下，加之2009年基数前低后高，2010年以来北京市房地产开发投资增长高位回落，由年初的74.5%回落到1~3季度16.4%的增长，占全社会固定资产投资的比重为55.2%，较2009年同期和2009年末分别提高了4.6个百分点和7.1个百分点。相关费用的增加成为支撑房地产开发投资的重要力量；如果扣除土地购置费用，自5月起房地产开发投资同比已经出现下降（见图2）；但建设投资相对不足，降低了房地产开发投资对上下游相关行业产出的带动效应。

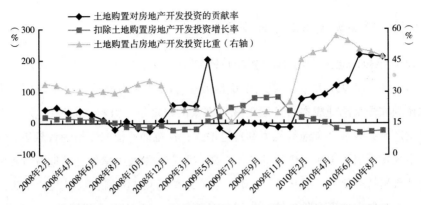

图2　2008年以来北京土地购置费用及其对房地产开发投资的影响

（二）信贷调控带来资金来源逐步趋紧，自有资金占比翻番

在2010年初央行定调严控房地产信贷的思路调控下，房地产开发项目本年到位资金尤其是金融贷款的增速自年初以来逐月下滑，并于第三季度先后出现负增长，1~3季度本年到位资金和金融贷款累计增速分别下降0.1%和39.2%（见图3）。在中央严格商品住房预售许可管理的要求下（即未取得预售许可的商品住房项目，房地产开发企业不得收取定金、预订款等性质的费用），在房地产市场销售面积下降的带动下，定金和预售款增速也逐月下滑，1~3季度累计下降5%。在国家政策加快建设周期的要求下，加之2009年房地产开发企业效益的大幅改善，2010年自筹资金尤其是自有资金实现了较快增长，1~3季度累计增速分别高达109.1%和111.7%，占到位资金比重实现翻番。

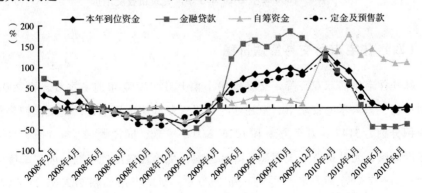

图3　2008年以来房地产开发项目到位资金及部分构成增长率

（三）政策调控影响土地交易量走出 V 字形

2010 年初，北京市房地产企业并购整合加速、行业集中度显著增强。在 2009 年销售收入大幅增长带来上市房地产企业吸金能力提升，以及对市场需求乐观预期和未来购地成本将持续上涨等因素的带动下，万科、北辰实业、保利、金隅地产等品牌名企拿地的能力和意愿增强；在流动性依旧充裕的背景下，2009 年楼市火爆吸引了中矿、中铁等非地产领域国企相继高价拿地；拿地竞争增强带来土地价格持续攀升（见图 4）。2010 年第二季度，在国家新政以及北京市出台的暂不安排热点地区高价土地交易措施的影响下，土地交易热情骤减，"流拍"现象再次出现。第三季度，随着临时限制措施的取消，加之推出地块区域位置优越，增值潜力较大，使土地市场活跃程度逐步恢复，在土地供应放量尤其是住宅用地集中上市的带动下，预计第四季度土地市场将趋于活跃，全年走出 V 字形。

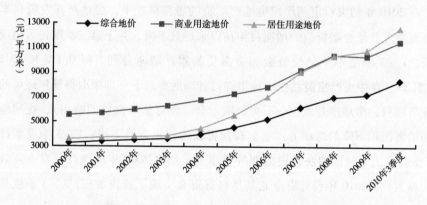

图 4 2000 年至 2010 年 3 季度北京市各类地价

（四）住宅市场交易量跌价稳

新建住宅供需双双下降，交易价格小幅上升。2010 年前三季度，在 2009 年土地市场火暴的带动下，新建住宅建设规模同比小幅上升，施工面积和新开工面积分别为 5147.3 万平方米和 1226.2 万平方米，同比均增长 4.1%。受前两年建设规模，尤其是新开工面积下降的影响，供给规模出现萎缩，前三季度，竣工面积为 677.7 万平方米，同比下降 10.9%；新增上市面积 782.63 万平方米，同比下滑 19.8%。政策严厉调控尤其是信贷政策日趋收紧和"限购令"抑制了部分需求，同时带来了浓厚的市场观望气氛。前三季度，北京市住宅销售面积仅为717.9万平方米，同比大幅下滑44.8%；空置面积先增后减，同比小幅下降2.6%；销售均价冲高回落，9月末较年初仅增长4.26%，同比涨幅高达37.61%；在供需双双回落的同时，年内供需缺口较前两年稍有改善（见图5），需求受政策因素影响带来的下降幅度大于供给。但限购令和限外令的出台，并未改变北京市住宅消费群体的组成结构，5月以来的住宅销售面积中，北京市居民和企业占比仍在63%左右，外省市居民企业占比在35%左右，外国及中国港、澳、台地区等其他需求占比仍不足2%。

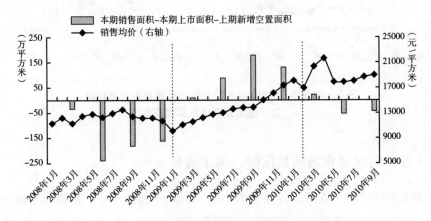

图5　2008年至2010年9月北京市新建住宅
供求面积变化及销售均价

存量住宅交易依旧占据市场主体地位，租赁市场持续活跃。随着2009年多项刺激政策的退出，与新建住宅一样，2010年北京市存量住宅的交易面积出现回落，前三季度交易量为1022万平方米，同比下降25.7%；但存量住宅延续了2009年出现的力压新房唱主角的态势，交易面积是新建住宅的1.46倍。受新政影响，5月起，存量住宅挂牌均价涨幅明显放缓，7月曾一度出现小幅回落，年内涨幅达到28%（见图6）。存量住宅的消费结构与前两年相似，北京市居民和企业占比仍在74%左右，外省市居民企业占比在24%左右，外国及中国港、澳、台地区等其他需求占比仍不足2%。2010年北京市租赁市场持续活跃，尤其是受房地产调控政策的影响，购房者持币观望，部分延缓购房计划的买家选择进入租赁市场，使租赁市场持续升温，租金水平上涨较快，直至9月由于淡季的到来，才出现了租金涨幅趋缓的态势。第三季度末，住宅租赁价格指数较年初上涨了18.7%，同比上涨了18.2%。

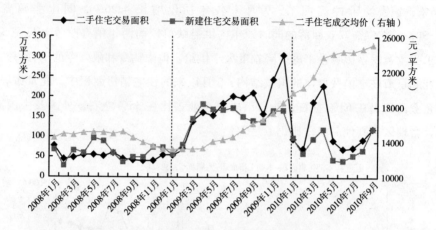

图6　2008年至2010年9月北京市新建住宅交易面积、
二手住宅交易面积和成交均价

（五）写字楼市场明显回暖，需求强劲

新建写字楼供不应求，价格稳步上升。2010年前三季度，新建写字楼建设规模和供给均出现萎缩。施工面积、新开工面积分别为976万平方米和117.2万平方米，同比分别下降3.4%和20.8%；受前两年新开工和施工面积规模下降的影响，前三季度竣工面积为119.9万平方米，同比小幅下降2.4%，新增上市面积164.2万平方米，同比下滑19.2%。随着需求的回暖，前三季度交易面积为190.5万平方米，同比增长9.45%；空置面积持续回落，同比下降8.8%，尤其是一年内的空置面积同比下降23.7%。伴随宏观经济的持续稳定向好，在写字楼市场供不应求的推动下，销售均价走出了小幅稳步攀升的态势，同比上涨4.7%（见图7）。

写字楼租赁市场需求强劲。在经历了2008年的回调和2009年的盘整之后，2010年上半年，在国内企业效益不断改善，租赁需求不断增加的带动下，写字楼市场需求明显回升；进入第三季度后，金融危机导致的外资企业冻结的转租续租需求陆续释放，再次为市场需求注入活力，带来北京市写字楼市场的强劲需求。前三季度，甲级写字楼出租吸纳量逐季上升，北京市吸纳量超过32万平方

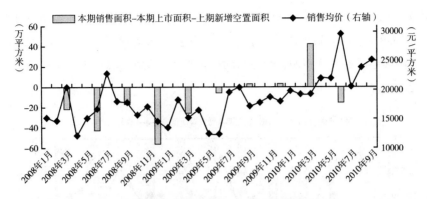

图7　2008年至2010年9月北京市新建写字楼
供求面积变化及销售均价

米，同比上升124%；北京市写字楼空置率为13.9%，较年初和2009年同期分别下降4.3个百分点和6.4个百分点；甲级写字楼租金价格持续小幅上涨，较年初和2009年同期分别上涨7.5%和8.6%（见图8）。

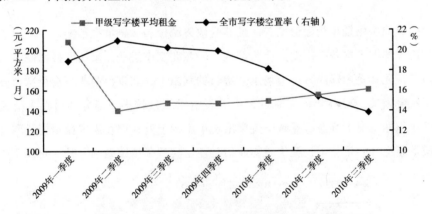

图8　2009年第一季度至2010年第三季度北京市写字楼空置率
和甲级写字楼租金

（六）商业用房市场供给放量，需求增长稳健

新建商业用房市场供给猛增。2010年前三季度，新建商业用房施工面积为1083.8万平方米，同比下降13%，但新开工面积为145.2万平方米，同比上升76.4%。随着需求环境的持续改善，前两年建设进度放缓带来的供给集中释放，前三季度北京市竣工面积为138.6万平方米，同比增长7.6%；新增供应面积增

长65%。同时，北京市需求稳步增长，前三季度交易面积为169万平方米，同比增长14.9%；由于新增供给增长较快，空置面积出现了3.3%的同比小幅上涨。经济形势趋好及其预期，使交易均价出现较大幅度攀升，较年初上涨41%，同比大幅上涨79%（见图9）。

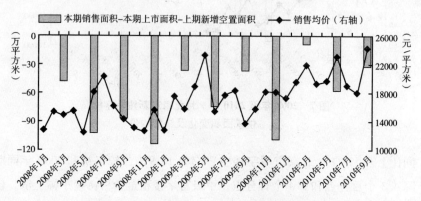

图9 2008年以来北京市商业用房供求面积变化及销售均价

商业用房租赁市场稳健增长。虽然受政策调控和金融危机影响，住宅市场和写字楼市场需求都曾一度受到严重影响，但在北京市消费品市场保持稳健增长的保障下，尤其是奢侈品零售市场迅猛增长的刺激下，北京市商业用房租赁市场保持了稳健增长。2010年前三季度，由于新增供应量较多，部分项目在未能完成全部招租的情况下开业，导致空置率出现了小幅上升；但在需求稳步增长和项目品质不断提升的带动下，最优质物业租金还是实现了持续微幅上升（见图10）。

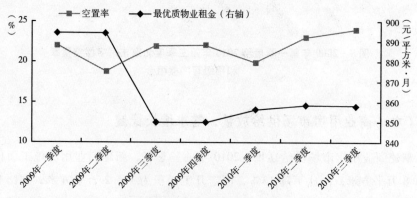

图10 2009年第一季度至2010年第三季度北京市商业用房
空置率和最优质物业租金

三 房地产领域需要关注的问题

（一） 先行指标走势分化，为房地产业健康发展埋下隐患

2010 年前三季度，虽然北京市土地购置面积同比增长 90.8%，新开工面积同比增长 50.6%；但房地产企业家信心指数同比下降 14 个点，低于企业家总体信心指数 27.5 个点，房地产业企业景气状况更是创出近 4 年来历史同期新低，低于企业总体景气指数 20.5 个点。土地购置开发和企业信心景气两类先行指标走势的分化，意味着房地产开发企业对房地产市场具有短期悲观和长期看好的预期，这将引导房地产开发企业增加土地储备，放慢建设进度，并要加大融资力度以实现资金循环保障；而这些行为势必加剧土地闲置，降低土地开发率，降低实际有效供给，加剧房地产金融风险；2010 年前三季度北京市房地产开发投资中建设投资的负增长和竣工面积的同比下降，也证实了开发、供给进度已然放缓。

（二） 改善性住房需求明显受到抑制

2010 年 4 月新政以来，北京市住房价格过快上涨的势头受到了明显遏制，但政策对各类需求信贷政策的"一刀切"做法，在一定程度上抑制了北京市居民改善性住房需求的释放。从住房消费结构看，9 月建设面积在 140 平方米及以上的住宅交易面积和 3 室以上户型（包括别墅）的住宅交易面积占全部住宅交易面积的比重与 4 月相比，分别由 44% 和 42% 下降到 30% 和 33%。北京市所处的发展阶段及居民消费结构升级的要求决定，现阶段北京市居民改善性需求会有较快增长，而严厉调控政策对改善性需求带来的"误伤"，不利于北京市居民生活水平的改善和提高，也与年初中央提出的"鼓励居民自住和改善性需求，抑制投机性需求"的政策导向和调控初衷出现了偏差。

（三） 写字楼市场过快回暖，或成流动性的避风港

随着世界经济逐渐走出衰退，市场开始回暖，在流动性充裕、热钱涌动和写字楼新增供给大幅下降的背景下，内资金融机构和外资投资机构带动甲级写字楼市场需求大幅攀升，尤其是大单整售项目频现。写字楼市场的快速回暖，既反映

了北京市经济稳健复苏和商业物业市场的活跃，也意味着流动性带来的投资"回潮"，尤其是下半年以来，沉寂了近1年的外资公司在优质写字楼市场中再次成为需求主体，写字楼市或将成为新政背景下流动性资金的避风港。住宅交易价格过快攀升，导致部分地区出现的商住价格倒挂的现象，反映出部分写字楼自身价值还没有被充分挖掘；但如果在新政调节的背景下，"热钱"过多由住宅市场流向写字楼市场，而优质物业供给相对不足，会导致投资收益率降低，写字楼的物业价格被推高，为其健康发展带来隐患。

（四）保障性住房建设只重视数量而忽略了质量

2010年北京市大兴区的一个在建保障性住房项目，经相关部门检测后证实，9栋保障性住房，8栋存在问题，6栋需要拆除重建，这也成为北京市首个在建楼因质量原因被拆除重建的项目。而北京市2009年西三旗某限价房项目出现过的"墙脆脆"和2010年6月杭州在建保障性住房半数以上需要整改等案例证实，近年来虽然保障性住房建设规模不断加大，但对其建设质量的督察还很不到位。相对于商品房来说，由于开发商在保障房建设中的获利空间较小，而且没有销售压力；加之保障性住房业主更多认为是在享受政府提供的优惠，而忽略了主动维权的意识，给部分不法开发商留下了空间。另外，在土地成本不断上涨的背景下，随着房地产市场调控的持续进行，对商品房销售价格上涨的持续抑制，将进一步挤压房地产开发企业的利润，商品房建设的质量问题也需要得到重视。

四　2011年北京市房地产市场运行走势判断

（一）外部环境保持稳定

世界经济持续复苏，流动性依然充裕。2011年世界经济有望实现4.2%的增长，复苏的态势较2010年小幅放缓；欧美等国房地产市场仍将处于深度调整期，市场交易持续低迷。在2010年纷纷再次出台刺激政策的美国、日本等主要发达经济体预期仍将保持利率于历史低位；而与此同时随着经济的持续复苏，我国已进入加息周期，再考虑到人民币升值等因素，套利资金将持续涌入，在新的实体投资增长点形成以前，楼市、股市依然是国际资本流动关注的重点领域；北京市房地产市场，尤其是 2010 年快速复苏的写字楼等商业地产，预期将成为 2011 年外资的重点投向之一。

国家房地产调控政策将延续，并呈现常态化趋势。2011 年是国家"十二五"规划的开局之年，在进一步加快发展方式转变、推进经济结构战略性调整思想的指导下，预期国家将实行积极的财政政策和稳健的货币政策，并进入小幅加息周期；以遏制房价过快上涨为目标，以增加住房有效供给、加快保障性安居工程建设、加强对房地产开发企业购地和融资监管为导向的房地产市场调控政策仍将延续，但 2010 年曾一度实施的"限购令"等短期目标政策将逐步取消，房产税等长期制度性安排的研究工作将被提上议事日程。随着宏观经济持续向好，中央对房地产市场政策调控的波动性将减弱，房地产市场调控政策的稳定性和连续性将有所增强，房地产市场调控将呈现常态化趋势。

北京市房地产业将加速转变发展方式。2010 年以来中央对房地产市场调控的思路、国家"十二五"规划建议和北京市发展阶段，为北京市房地产业发展提出新的要求，并推动其加速转变发展方式。2011 年，北京市房地产业发展将更加注重市场与保障并重，兼顾经济与民生职责。在北京市经济发展更加注重民生改善和共享发展成果思想的指导下，在 2010 年完成"两个 50%"目标的基础上，北京市将加速建立住房保障制度，进一步加快保障性住房供给规模和速度，以实现住宅地产回归民生职能；在加快推进高水平城市化和世界城市建设的进程中，北京市房地产业将更加关注发展的差异化和国际化，房地产开发建设将更加注重实现绿色节能、产业化、高端化。在"两个倾斜"的投资策略，南部地区、西部地区、重点新城、城乡接合部等薄弱地区加快发展的带动下，房地产业布局将更加关注提升城市功能、实现产业承载、促进区域协调发展。

资源品价格预期稳定，人工、技术费用增加带来房地产开发成本小幅攀升。2011 年，受世界经济复苏放缓的影响，钢铁、原油等原材料期货价格将难以大幅走高；而国内重化工产品产能过剩背景下国家取消部分钢材、有色金属加工等 6 大类共 406 个税号商品的出口退税等政策将带来出口转内销，房地产开发建设材料成本将保持稳定。同时，随着北京市劳动力成本的不断上升、住宅建设产业化程度的不断提升，房地产开发人力成本、技术创新费用、信息化管理等相关支出将有所增加，推动房地产开发成本小幅攀升。

（二）2011年北京市房地产市场将进入调整期

2011年，在房地产政策调控的引导下，北京市房地产市场运行将趋于理性，房地产开发投资保持低速增长，要素供给充足，保障性住房建设成为住宅建设主力，写字楼和商业用房供给相对短缺，房屋销售、租赁价格整体温和上涨，房地产企业将加速并购整合，住房保障体制将日趋完善。

房地产开发投资增速持续回落，实现低速增长。2011年，在房地产调控政策保持连续性和稳定性的预期下，房地产市场将进入全面调整期，虽然市场交易会出现温和复苏，但在相对紧缩的信贷政策环境下，企业投资力度和意愿难以有效改善，开发建设进度将放缓。2010年新开工面积实现较快增长，保障性住房建设加速推进，为2011年房地产开发投资规模实现一定增长提供保障；但在资金来源日趋紧张的背景下，在土地购置费用同比基数较大的影响下，投资增速将放缓。预计北京市房地产开发投资增速将由2010年的17%降至8.5%左右，占全社会固定资产投资比重下降至48%左右。

资金来源整体趋稳，各类物业建设资金松紧不一。2011年，在国家实行稳健货币政策的背景下，在北京市投资主体尤其是民间投资主体日趋活跃的带动下，北京市房地产开发建设资金来源整体趋稳，资金来源中金融贷款将持续低迷，自筹资金和自有资金将保持稳步增长。各类物业主体建设资金来源松紧不一：在全球流动性充裕、国际资本逐利引发的热钱流动，将为北京市商业地产注入新的活力；然而在国家严厉政策的调控下，坚持并完善差别化的住房信贷政策以严控投机需求的影响下，住宅建设和购房资金贷款将适度紧缩；虽然受地方政府投融资平台清理整顿、房地产市场交易萎缩等因素影响，政府投资保障性住房建设的重要资金来源将受到明显抑制，但在鼓励引导民间资本进入保障性住房建设领域的政策导向下，北京市保障性住房建设资金来源将保持充裕。

政策引导开发模式转变，土地市场交易热情下降。2010年9月中旬国土部出台的要求政府退出土地一级开发环节的政策，虽然有利于改变政府在一级市场一家独大，提高土地一级开发的效率和专业化，但近两年来北京市土地储备中政府主导下的土地一级开发依然占绝对优势的开发模式转变难度较大，在拆迁矛盾日益加大、一级开发对企业资质要求较高等因素影响下，北京市土地储备进度将放缓，土地一级开发建设进度也将受到一定影响。在 2009、2010 年土地储备大幅增加的基础上，2011 年北京市土地供给规模将有望进一步增加，住宅用地供给规模将进一步扩大、尤其是产业化住宅用地和保障性住房用地供给将保持增长。但在信贷政策适度紧缩的背景下，在房地产市场交易低迷、开发商资金回笼困难、资金池水平下降、土地市场价格持续上升等因素的影响下，开发商拿地热情和实力均出现下降，土地市场交易热度将出现下降。

建设面积实现增长，保障性住房成为住宅建设主力。在 2010 年新开工面积实现较快增长，施工面积保持稳定的基础上，在国家加大对开发建设周期监察的督促下，2011 年北京市房屋建设面积将实现正增长。在 2010 年加大政策性住房建设力度，实现"两个 50%"目标的基础上，保障性住房将成为 2011 年住宅建设的主力，在保障性住房建设进入全面施工期的带动下，北京市住宅建设面积将实现较快增长。受 2010 年施工面积和新开工面积双双走低的影响，2011 年北京市写字楼建设面积将持续下滑；在新开工面积实现大幅攀升的推动下，2011 年北京市商业用房建设面积降幅将有所收窄。在房地产建设面积中占比超过五成的住宅建设预期实现较快增长的带动下，北京市房地产建设面积将一改连续三年持续下降的态势，实现小幅增长。

一手房地产市场交易温和回暖，交易价格整体小幅上涨。2011 年，购房需求回升和新增供给相对不足形成的供需缺口，将推动北京市一手房地产市场交易整体温和回暖，交易价格在调控预期内实现小幅上涨。新建住宅交易供不应求，交易价格小幅回升。虽然先行指标预示未来供给充裕，但在开发商信心不足和企业效益难以改善等因素影响下，开发建设、上市供给周期将人为被拉长，难以形成有效供给；而 2010 年新政实施以来，各类购房需求均受到了不同程度的抑制，2011 年，在房价过快上涨势头得到抑制的基础上，一年来累积的部分"刚性"需求将集中释放，推动市场温和回暖，在政策调控的引导下，交易价格稳步小幅上涨。新建写字楼、商业用房市场供应短缺，价格持续攀升。受新开工面积和施工面积双双下降的影响，2011 年新建写字楼供给将出现下降；虽然新开工面积实现大幅攀升，但施工面积的下降，注定 2011 年新建商业用房的有效供给将趋于放缓，市场供应出现相对短缺。随着北京市经济的稳健发展，在内资企业效益不断改善和世界经济持续恢复和流动性充裕引致外资进入较快增长的带动下，北京市写字楼、商业用房市场需求将实现较快增长，甚至会一度出现供不应求，交

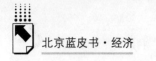

易价格相应攀升的态势。

存量房市场活力依旧，租赁价格持续攀升。存量住宅将长期超越新房成为住宅交易市场的主体。在北京市存量房市场资源的不断盘活、房产税实施预期引致部分业主抛盘等因素影响下，北京市二手房供给将稳步增加；随着北京市新建住宅郊区化趋势的增强，城区内新建住宅供给规模下降，个别优质资源价格偏高等因素将部分购房需求由新房市场引入二手房市场，增加了有效需求，二手房交易规模高于新房交易的情况将呈现长期化趋势。由于对政策调控的延续将引发住宅交易价格下行预期的存在，部分购房需求转战至租赁市场，在活跃了租赁市场的同时，也势必将进一步推高租赁价格水平。写字楼市场保持活跃，商业用房市场明显回暖。随着市场需求的不断增长，写字楼租赁市场将延续2010年的回暖态势，吸纳量保持增长，平均租金持续小幅上扬，空置率保持稳定。在北京市居民消费保持稳健增长的保障下，将会为品牌发展和业主带来对零售市场的乐观预期；随着世界经济的持续复苏，国际品牌信心恢复，将在北京市重新寻找发展机会，北京市商业零售市场将会进入品牌扩张和新产品入驻的新阶段，在国际时尚品牌纷纷加快在北京市开店步伐的带动下，北京市商业用房市场将持续保持活跃，需求将实现较快增长，租金价格稳步上涨，空置率相对保持稳定。

五　政策建议

（一）进一步加强对土地市场和开发进度的监管

认真贯彻落实国土资源部《关于加强房地产用地供应和监管有关问题的通知》，有效推进《北京市国土资源局关于加强闲置土地清理处置有关问题的通知》的实施，严格土地出让合同管理，大力推进集约用地，推动闲置土地处置，切实提高土地开发利用效率。进一步规范土地市场，提高建设用地保障能力。在政府逐步退出一级开发市场后，应加大对一级开发招投标工作的监察力度，尽快建立统一、规范的土地交易市场，严厉打击招投标工作的暗箱操作行为。进一步加强对在建项目建设施工进度的监督推进，对预防开发企业人为拖延工程进度，拉长建设周期等行为的出现能起到积极的抑制作用。

（二）加强政策调控的连续性、精准度和长期性

房地产业作为我国宏观经济调控的"开关"之一，在经济运行波动时期调控政策的波动性、反复性增强，对房地产市场调控的效果有所降低，也不利于房地产市场健康、稳定、可持续发展。随着我国及北京市经济持续企稳向好，应更加注重房地产市场调控的连续性。加强税收、资金信贷、土地供应等多手段的协调配合，实现从供需双方对住宅市场进行调节，侧重研究政策细化并注重和地方发展阶段的契合，增强政策调控的精准度，以避免"一刀切"模式带来的后遗症。避免过多的短期目标调控带来房地产市场的大幅波动，积极推进房产税试点工作，规范房地产市场交易和促进房地产资源的有效配置，增强政策调控的长期性。

（三）关注楼市中资金流向，降低房地产金融风险

在逐渐消化了 2007、2008 两年过剩供给的基础上，在经历了世界金融海啸后，实现绝地反弹的商业地产，一改 2009 年曾一度出现的"商住倒挂"现象，成为国内外资金追捧的香饽饽，并迎来了一场商业地产"盛宴"，与此同时也加大了商业地产金融风险。对此，商业银行应加强对房地产企业，尤其是外资企业开发贷款的贷前审查和贷后管理，严格执行房地产项目资本金要求，严禁对存在土地闲置、炒地行为以及其他不符合信贷政策规定的房地产开发企业或开发项目发放房地产开发贷款。有关部门要加强对信贷资金流向和跨境投融资活动的监控，防范信贷资金违规进入房地产市场，防止境外"热钱"冲击市场。通过产业规划、区域功能定位合理引导，通过信贷规模、税收手段控制资金在住宅和商业地产间的合理流动，防止流动资金从住宅市场过度涌入商业地产，以降低商业地产金融风险。

（四）规范保障性住房建设，加强监管保质保量

在增加保障性住房建设、供给规模的同时，要进一步规范保障性住房建设，强化对保障性住房建设的质量监管。在《房屋建筑和市政基础设施工程质量监督管理规定》的指导下，严格执行建设工程质量管理的各项规定，严格按工程招投标、施工图审查、施工许可、质量监督、竣工验收等程序执行，强化对各个

环节的监督管理；在保障性住房中全面推行分户验收制；在工程质量安全检查中，将保障性住房作为检查的重点；在北京市已经成立市、区两级保障房工程监督组，建立起质量监控体系的基础上，定期对保障性住房工程质量进行安全检查或巡查、抽查，落实工程项目质量责任制，以保证保障性住房工程安全和使用。

（五）对社会舆论进行合理引导

近些年来，报纸、电视、广播、网络等大众传媒日益成为形成、传播和引导舆论，表达民众诉求的重要媒介。但有些不负责任的记者、编辑或是学者仅凭1个月甚至1周的短期数据走势，就房地产市场、房价等敏感问题进行导向性很强的不全面、不科学的评价，以赢得所谓的"点击率"、"引用率"、"转载率"。这样的社会舆论，严重误导了消费者，影响房地产市场的健康发展，也对政府部门进行正确决策、出台政策产生不良影响。因此政府部门相关媒介应及时公开真实信息，根据实际情况进行科学分析预测，对公众和市场进行合理导向；对不负责任的新闻记者及发表其观点的相关媒介应适当给予惩处。

B.19

北京市乡村集体经济改革与创新研究

魏 巍 陈水乡*

近20年来，为了克服集体经济产权归属不明、管理主体不清、经营效益低下、农民合法权益受到侵害，集体经济存在着缺乏凝聚力和活力等诸多体制性的弊端，在市委、市政府的正确领导下，北京市郊区农村干部群众对乡村集体经济组织进行了一系列的、不间断的改革和创新。

截至2010年底，全市已经有1006个乡村集体经济组织完成了产权制度改革，占全市乡村集体经济组织的24%。在坚持"资产变股权，农民当股东"的改革原则下，初步实现了集体经济组织产权制度由共同共有向按份共有转变，逐步构建了集体经济产权人格化所有的新机制。这种新机制的运行，建立了集体资本经营权的委托－代理机制；强化了集体资产投资责任的约束机制；完善了集体企业领导人的成长与选拔机制；健全了对集体资产经营者的激励和约束机制。这种新机制的运行，把社会主义集体经济和市场经济有效地结合起来。它不但富裕了京郊农民，而且壮大了集体经济，使新农村的建设事业有了更强大的经济基础。

一 北京市乡村集体经济改革与创新的实践

北京市乡村集体经济组织改革是围绕产权制度改革这条主线展开的。经历了由城近郊区试点、示范到远郊区县逐步推广的发展过程。同时，改革政策由不完善到逐步完善，改革程序由不够规范到逐步规范，改革方法由存量资产量化型股

* 魏巍，经济学士，北京市社会科学院副研究员，北京农业经济学会副秘书长，研究方向产业经济；陈水乡，经济学士，北京市农村经济研究中心《北京农村经济》常务副主编、编辑部主任、高级经济师，研究方向农业经济。

份合作制的一种形式，增加到土地股份合作型、农民投资入股型和资源加资本型等多种股份合作制的形式。

（一）乡村集体经济产权制度改革形式

北京市乡村集体经济产权制度改革"坚持因地制宜、一村一策"的原则，形成了多种形式，可以归纳为两类：第一类是资源折股量化型产权制度改革；第二类是资本折股量化型产权制度改革。在第一类中又可细分为土地折股量化型和林地折股量化型；第二类中又可细分为存量资产折股量化型和增量资产折股量化型。我们具体分为存量资产量化型、土地承包经营权股份化型、农民投资入股型和资源加资本型四种。

1. 存量资产量化形式

这是北京市乡村集体经济产权制度改革的主要形式，对于拥有集体账内存量净资产的乡村，具有广泛的适应性。截至 2007 年底，全市采取这种改革形式的乡村集体经济组织有 448 个，占全市新型集体经济组织总数的 89%。

存量资产量化的做法是：首先，进行清产核资、产权界定、资产评估、集体经济组织成员身份界定、核实人口和劳动工龄。其次，采取一次性现金兑现、量化为优先股、作为集体债务等办法，处置原始股金和历史上已经转居转工的原组织成员留在集体的资产份额。然后将剩余净资产进行股份量化，划分为个人股份和集体股份两部分。集体股份一般为 30% 左右，个人股份一般为 70% 左右。个人股份包括按土地承包经营权量化的基本股和按照工龄量化的劳动贡献股，一些村还发动股东投入一部分现金股。最后，民主选举股东代表、召开股东代表会议，成立新型集体经济组织。

实例如：丰台区南苑乡果园村，1995 年采取存量资产量化的方式进行集体经济产权制度改革，组建了社区股份合作制企业。截至 2009 年底，果园村集体资产总额达到 21.18 亿元，比 1995 年改革时日资产评估总额 1.48 亿元增加了 13.3 倍；集体净资产达到 7.79 亿元，比 1995 年改革时日资产评估总额 1.18 亿元增加了 5.6 倍。这些仅仅是账面价值，如果进行资产评估，果园村的集体资产市场价值已经超过 80 亿元。2009 年，全村集体经济总收入 6.83 亿元，上缴国家税费 8000 万元，农民人均劳动所得达到 3.82 万元，股东股金分红总额达到 3632 万元。

2. 土地产权制度改革与土地承包经营权股份化形式

2004 年北京市开始进行土地确权，即核实农民土地使用经营权，对土地集体使用收益以货币形式发给农民个人。然而，土地确权并没有完全解决农民的土地权益保护问题，尤其是近郊区，农村土地大部分被开发，按规定发放给农民的土地确权款额远小于土地补偿费。开发所得土地补偿费应如何处理？在实际运作中处理方式有多种多样：有的彻底分完；有的以股权形式量化到人；有的采取土地承包经营权股份化，保证农民的土地股权收益；有的采用土地基金会的形式，即农民以土地加入土地基金会，由基金会统一经营，基金会所得土地收益按合同返还农民个人；有的以村委会出面经营土地，村民相应受益等等。

在集体经济收益较多，农户承包土地流转给集体统一经营的地区，将集体土地虚拟作价平均量化给本村拥有土地承包经营权的集体经济组织成员，集体资产和集体土地经营收入，在集体股和个人股之间按照 4∶6 的比例进行分配。

2002 年，大兴区西红门镇西红门一村在全市率先实行了社区土地承包经营权股份化改革，成立了股份经济合作社。具体做法，一是参照本地区国家征占集体土地的均价，将全村 754 亩集体土地按每亩 6 万元进行评估作价变为股本，股本总金额 4524 万元。二是经过社员代表大会民主讨论决定，将全村现有 545位村民中的 527 人认定为本村集体经济组织成员，成为股份经济合作社的股东。三是将 4524 万元股本总额平均量化到 527 人股东名下，每个股东平均拥有股份经济合作社 8.6 万元股份，并颁发股权证书。四是确定集体经营收益的分配办法，年终集体净收益的 40% 留作积累，用于扩大再生产和集体公益事业；其余 60% 用于股份分红。实行社区土地承包经营权股份化改革对于保护集体经济组织成员权益，增强集体经济组织凝聚力，增加农民收入，维护农村稳定具有重要作用，受到了当地农民群众的欢迎，具有一定适应性。但是，严格说这种形式的改革并不彻底，一是集体账内资产没有明晰产权；二是集体经济组织成员的劳动贡献没有得到合理体现；三是集体收益分配上带有明显的平均主义倾向。

针对存在的问题，2007 年，黄村镇狼垡二村进行了完善土地承包经营权股份化的工作。这个村有 500 户、1617 口人、2510 亩耕地。2004 年进行了土地承包经营权股份化改革。给每个集体经济组织成员设置了土地股和户籍股两种股份，但是集体账内1.1亿元的净资产没有进行股份量化。通过深化改革，将集体净资产量化为集体股和个人股两种股份，成立了狼垡二村股份经济合作社。集体股占35%，其股份收益用于扩大再生产和村民福利事业，其余65%为个人股份。个人股份包括土地承包经营权股、基本股（户籍股）和历史劳动贡献股三种股份。

3. 农民投资入股形式

出现在村集体经济薄弱，集体账内存量资产很少或者没有，但是有好的经营项目的地方。这些地方按照自愿的原则发动全村农民以现金投资入股，组织社区型新型集体经济组织。顺义区北郎中村在发动农民投资入股兴办股份合作制企业的基础上，于1996年组建了北郎中农工贸集团，对原来的股份合作制企业实行集团化管理。北郎中农工贸集团总股本9700万元。在总股本中，农户入股投资4500万元，村集体入股投资4000万元，吸引社会投资入股1200万元。2007年，又从村集体股中拿出375万元，为每个村民配置了2500元的股金，使村民的经济收入形成了资金入股分红、土地入股分红、配股分红、工资和家庭经营收入等稳定增长的多元收入结构，村民成为村级经济发展的投资者、经营者、受益者。

4. 资源加资本形式

北京市山区面积占到全市总面积的62%。山区乡村集体经济实力一般较差，集体账内存量资产不多，许多村不具备进行存量资产量化产权制度改革的条件。但是，山区集体山场等自然资源丰富，乡村旅游开发潜力巨大。

北京市密云县南石城自然村，利用本村特有的自然资源举办股份合作制旅游企业，取得了显著成效。他们的做法是：首先，将集体山场作价量化为全村集体经济组织成员的集体股份，集体股份所得分红平均分配给全体集体经济组织成员。其次，发动农户自愿用现金入股。再次，吸收了一个企业和一个自然人投资入股。企业经营利润按照股东所持股份进行分红。经过几年的经营，全体股东的现金投入已经全部收回成本。

南石城村的实践证明，进行集体经济产权制度改革，形式可以多种多样。在不具备大量账内存量资产的地方，只要具备可以开发利用的资源，照样可以进行产权制度改革。推进资源加资本型股份合作制改革，关键问题是如何确定资源股份与资本股份的比例。资源股份比例过低，损害了拥有资源所有权的全体集体经济组织成员利益；资源股份过高，也会挫伤资本股东的投资积极性。

如何平衡处理好资源股和资本股的关系，2007 年密云县新城子镇花园村进行了完善资源加资本型形式的试点，成立了花园旅游股份经济合作社。全村 9748 亩有林山场以资源股形式全部量化给全村 658 名集体经济组织成员，同时吸引本村 180 户（占全村总户数 234 户的 77%）现金入股 36 万元，集体 2 万元现金入股作为集体股份。股份合作社章程规定，收益分配时，资源股占 51%，38 万元现金股占 49%。748 亩农户承包土地全部有偿流转给旅游股份经济合作社，按年度分得流转收益。

花园村试点为北京市山区推进集体经济产权制度改革提供了较为适宜的经验。首先，在全市率先进行了林权制度改革，集体林权全部以股份的形式确定给每个集体经济组织成员；其次，在全市率先实现了社区合作经济组织与专业合作经济组织的对接，花园旅游股份经济合作社既是农民专业合作社也是社区集体经济组织；再次，实现了全村农户土地承包经营权的流转，为在山区实现土地规模经营提供了新的经验。

（二）农村集体经济组织制度的创新

近 20 年来，北京市乡村集体经济制度的创新主要有乡镇（村）集体企业制度创新和农民专业合作经济组织创新。

1. 乡镇（村）集体企业制度创新

乡镇（村）集体企业是指由乡村社区集体经济组织投资兴办的企业，改革开放前称社队企业。此类企业在 1980 年代蓬勃兴起，1990 年代上半期大发展，1990 年代后半期开始逐步走向衰落。衰落的原因除了有产业层次、技术与管理水平低下，政策资金环境和市场环境发生变化等以外，体制是根本性障碍。乡镇集体企业制度创新大体经历了三个阶段。

第一阶段，1980 年代初引进农业联产承包责任制的做法，实行承包制，典型的形式是"五定一奖"（定人员、任务、资产、利润、消耗，超利润奖励）。承包制是企业财产使用权（经营权）的转让。这一制度的推行，使经营者拥有较大的决策权，剩余价值索取权在所有者和经营者之间分割，因而调动了企业经营者的积极性。但是，由于财产所有权并没有变，政企仍然不分，经营者负盈不负亏。往往是厂长负盈，企业负亏，银行负债，政府负责，造成经营者行为短期化，企业发展无后劲。

第二阶段，从 1980 年代中期开始，兴起股份合作制。1985 年中共中央一号文件对股份合作形式加以肯定，文件指出："有些合作经济采用了合股经营、股金分红的方法，资金可以入股，生产资料和投入基本建设的劳动也可以计价入股，经营所得利润的一部分按股分红。这种股份式合作，不改变入股者的财产所有权，避免一讲合作就合并财产和平调劳力的弊端，却可以把分散的生产要素结合成新的经营规模，积累共有财产。"股份合作打破了个人财产权得不到承认、单一按劳分配、财产平均共有等弊端，于 1992 年到 1995 年间达到发展高峰。但是由于股份合作个人股权趋于均等，企业内激励和约束机制未能真正建立起来，因此许多企业由股份合作向公司制转化。

第三阶段，党的十五大以后，乡镇企业呈现向经营者控大股的方向发展。由于经营者是企业生存和发展的关键，其贡献最大也最难监督，通过控大股把控制权和剩余索取权相联系和相匹配，较好地建立起激励和约束机制。

总之，乡镇集体企业改革主要是将单一集体产权通过转制改组变为多元化股权结构的混合经济组织，达到产权多元化、资本社会化和管理法制化。

2. 农民专业合作经济组织的创新

农民合作经济组织一般为专业合作社形式，组建和运行比较规范。2007 年 7 月，《农民专业合作社法》正式施行，之前农业部还发布了农民专业合作组织示范章程，这就使农民专业合作组织有法可依、有章可循。

截至 2010 年底，北京市农民专业合作社发展到 3406 个，辐射农户 42.7 万户，占全市从事一产农户的 66%，合作范围从初期的蔬菜、瓜果种植和畜禽养殖领域逐步扩展到农机、运输、民俗旅游、土地、用水等各个行业，服务内容从单纯的农业科技服务，扩展到产前、产中、产后全过程。

北京郊区各种类型集体经济组织的主要特点包括：一是坚持产权明晰化（或相对明晰化）；二是实行"资金联合"与"劳动合作"相结合的组织形式；三是通过建立比较规范的治理结构，集体经济组织逐步实现管理民主化，农民权益能够得到一定保障。"资金联合"与"劳动合作"相结合的组织形式，被认为是新型集体经济组织的主要形式。它既摒弃"无差别共有"，克服了组织成员利益和经济组织发展联系不紧密的弊端，又避免只强调"资合"，防止了大多数农民变为被雇佣者和失去主人翁的地位。

二 北京市农村集体经济改革中存在的主要问题与
体制机制障碍性因素分析

（一）主要问题

1. 城市化进程中，城市的扩张对集体土地需求与保护农民利益的矛盾

土地是农民群众最基本的生产资料，又是维系集体经济组织的纽带。目前，集体经济组织丧失的土地所有权，都是地方政府利用政权的力量，打着国家建设用地的旗号，采取强制的手段征用的。但是实际上，所谓国家建设是个内涵与外延都有待明确的概念。一般来说，国家财政出资兴建的交通、能源、水利、文化、教育、卫生和国防等设施，具有非营利性，可以称之为名符其实的国家建设。而在社会主义市场经济条件下，以营利为目的的房地产开发、商业场所、娱乐设施建设都是商业行为，严格来说不属于国家建设，更不宜采用国家强制征用农民土地的办法。

目前，广大干部、群众强烈要求国家把真正的国家建设用地与属于商业行为的土地开发区别开来，要求分享商业性土地开发的利益。但实际情况却是，农民不仅没有分享到商业性房地产开发的丰厚利益，就连国家建设征用土地理应得到的补偿也难以足额拿到。一些地方的农民丧失土地，转为居民后，脱离了集体经济组织，生产、生活安置不当。部分农民进了国有企业，由于工龄短，或者由于企业经营不景气等原因，收入不稳定。超转人员生活补贴费用太低，不足维持生活。有的自谋职业者没有固定收入来源。根据宪法，国家保障公民的财产权，而财产保障的核心在于损失补偿。由于补偿不足，农民对政府产生意见，也影响到集体经济的发展。

现在土地全部或大部被国家征用的已经不仅仅局限于一个队，也不仅局限于一个村，甚至有的乡也已经面临集体土地全部被征用的问题。

2. 城市化进程中，转居农民与未转居农民的矛盾

在改革开放之前，由于历史的原因，我国城乡差距、工农差距比较大。农民生活水平大大低于工人，农民对于转为城市居民（即非农业人口），对于进国有企业当工人十分羡慕。要有招工指标，大家抢着要去，也不会想到自己在集体还

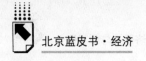

有产权。

改革开放之后，随着农村经济的迅速发展，当农民生活水平提高到与城市居民大体平衡时，农民就不太愿意转居。作为一种补偿，前一段采取了让转居农民分走一部分集体流动资产的办法。当农民生活水平超过城市居民平均生活水平的时候，特别是由于一部分国有企业不景气，造成一部分工人生活水平远不如农民时，过去已经转居到国有企业工作的农民，心理上感到十分不平衡，纷纷要求回村分得集体资产。而未转居的农民则认为，现有集体资产中已经没有转居人员的份儿。双方产生意见分歧，解决不好也会影响集体经济的发展。

3. 城市化进程中，进一步发展社会生产力与现行政策之间的矛盾

按照农村合作经济组织公共积累具有不可分割的原则，1985年市政府有关部门曾规定土地全部被征用的地方，社员转为居民，大队、生产队建制即相应撤销。并规定："集体的固定资产和历年的公积金余额，全部上交给所在村或乡合作经济组织，作为公共基金，不准分给社员"；"集体的生产费基金、公益金、生活基金和低值易耗品、库存物资和畜禽折款以及国库券等，归原队社员合理分配"。这个规定，在过去一定历史条件下曾经起过一定的积极作用。但是在新形势下已经不适用，原因有如下几点。

第一，它混淆了行政建制与集体经济组织建制之间的界限，认定集体经济组织建制必须与行政建制同时撤销。第二，它把土地作为农村集体经济组织存在的唯一条件，而实际上维系集体经济组织存在的纽带已经不仅仅是土地一个条件。第三，它打击了集体经济组织进行长期和固定资产投资，扩大再生产，发展社会生产力的积极性。造成一些地方集体经济组织宁可把钱存入银行，等待撤队分配也不愿搞新的投资。第四，它造成了生产力破坏的局面，缺乏操作性。现在集体流动资产大部分分布在集体企业，不仅有现金、银行存款，也有原材料、在产品和产成品，如果采取分掉的处置办法，就会造成集体企业的停产乃至倒闭，严重破坏经过长期积累形成的农村生产力。第五，它没有解决乡级集体资产处置问题。

4. 集体经济组织内部社员之间在利益分配上存在的矛盾

首先是新老社员之间存在矛盾。农村合作化已经40年了。合作化初期，社员是交纳了入社股金的。现在老社员多数已经年迈体弱，丧失了劳动能力。有的地方建立了社员退休制度，老社员可以领取少量退休金，但其收入水平远远低于

青壮年劳力。有的地方没有建立社员退休制度，老社员生活来源只能依靠子女赡养或者政府救济。现在，这些老社员已经提出了股金分红问题。他们提出，青壮年社员没有交纳入社股金，为什么从集体得到的好处反而比老社员多？为什么合作社搞了 40 年还不分红？

其次是在实行一级所有、专业化管理或二级所有、专业化管理的地方，社员之间存在矛盾。由于专业化管理之前各村、各队之间经济发展水平不平衡，各村、各队社员所拥有的集体资产数量和质量是不一样的。撤村、撤队时承诺采取承认差别、量化作股的方针，至今尚未兑现。

再有就是参加集体生产劳动的社员与自谋职业社员之间存在矛盾。参加集体生产劳动的社员除了领取工资报酬之外，还为集体创造剩余价值，增加集体积累。而自谋职业的社员并不向集体交纳提留、统筹，却仍然享受集体经济组织提供的各项福利待遇和便利。形成给集体干活与为自己干活的这两部分社员之间没有任何差别的局面，造成一部分农民集体主义观念淡薄。在集体企业工作的社员并不把自己当成企业的主人，只把自己当成一个普通的雇佣劳动者，并不关心集体资产经营。工资高、奖金多就留在集体干；工资低、奖金低就走人，集体企业人才外流日益增多。

5. 上级领导要求基层干部对上负责与农民群众要求民主管理之间的矛盾

在城市化过程中，由于城乡二元管理体制还没有完全破除，乡村集体经济组织成为农村公共产品的主要供给主体。乡村集体经济组织的大量经营收益被挪作环境卫生清理、市政基础设施建设、社会治安综合治理、绿化隔离带管护、外来人口管理等本来应当属于政府负担的社会事业。在国家重大政治、经济、文化、外交活动来临的时候，上级政府都要求乡村集体经济组织提供大量人力、财力和物力。上级党委在向基层布置这些繁重任务的时候，都要求乡村党组织按照"下级服从上级、全党服从中央"这样一条党纪来无条件执行。尤其是在集体土地征占过程中，也拿这一条党纪来规范基层干部。基层干部稍有违背，就有被撤销职务的可能。造成在大多数情况下，基层干部只好违心地执行上级指示，导致集体资产大量流失、平调、挪用。

另一方面，在改革开放的新形势下，农民群众的产权意识、维权意识不断增强，强烈要求在集体经济组织资产管理与资产经营以及集体收益分配等环节实行民主管理、民主决策、民主监督。对基层干部在涉及农民群众切身利益的诸多问

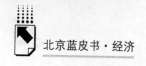

题上，只对上负责而不对下负责的行为十分不满，由此导致干群矛盾频发并日益尖锐。

6. 城乡接合部土地利用规划与保护农民合法权益之间的矛盾

按照城市建设总体规划，城乡接合部已经全部纳入城市功能拓展区。在进行土地利用规划时，列入第一道城市绿化隔离带和温榆河生态走廊的一些乡镇，土地利用规划属于全乡镇统筹安排。这就导致了土地利用性质在各个村庄之间的不平衡。有的村土地被规划用于房地产开发等商业用途，有的村土地被规划为非农产业用地，有的村土地被规划用于城市基础设施建设，有的村土地被规划用于绿地建设和生态走廊建设。规划为城市基础设施、商业开发和产业用地的，土地资源都可以转化为货币资产或者实物资产，而规划为绿地、生态走廊的土地永远不可能变现为货币资产。不同性质的土地规划带来了村与村之间严重的苦乐不均、贫富差距问题和矛盾。

7. 区域间发展不平衡的矛盾

截至2004年9月，各区县完成集体经济产权制度改革的比例为：朝阳7.8%、海淀10.2%、丰台89.5%、石景山61.5%、通州37.6%、大兴12.5%、顺义31%、昌平38.8%、怀柔80.2%、房山2.9%、门头沟8.7%、平谷12%、密云12.6%、延庆10%。进展比较慢的区县势必会影响到城乡一体化进程，影响到农民群众建设新农村的积极性。

8. 新型集体经济组织运行机制有待进一步完善

在基本完成产权制度改革的乡村集体经济组织，内部激励与约束机制尚不够完善。甚至发生了某投资管理公司原董事长挪用巨额集体资金的恶性事件。有一些新型集体经济组织，集体股在总股本中所占比重较大，有待进一步深化改革。

（二）体制机制障碍性因素分析

1. 思想认识障碍

随着市场经济体制改革的深入，在人们思想不断解放的同时，也确实出现了私有化、全盘西化的社会思潮。私有观念的恶性膨胀和各种腐败现象不断发生使一些人产生信仰危机，对社会主义公有制失去信心，对农村发展集体经济失去信心。很多农村地区已失去了发展农村集体经济的正面舆论环境，社会主义意识形态的滑坡使很多基层干部陷入困惑，坚持集体经济常被认为是思想不解放，是

"左"的表现。这种舆论环境不但使很多基层干部不敢理直气壮地发展集体经济，也成为一些基层干部违法乱纪、化公为私的社会思想根源，集体经济首先从内部瓦解了。

2. 组织形式和管理制度有失规范

由于大多数地区集体经济制度创新处于试点阶段，相应的管理制度和方法滞后，实践运行中往往有失规范。在民主控制上，有些集体经济企业尽管制订了公司章程和管理制度，建立了股东代表大会、董事会、监事会等组织机构，但在重大决策中"三会"制度形同虚设，一些重大事项仍由村干部等少数人决定。

3. 社区股权的福利性浓厚，合作经济组织亟待外部制度创新

大多数股份经济合作组织的章程规定只有本村自然社员（出生和婚嫁）才能持有股权，且社员对集体资产的权利更多地表现为按股分红的收益权而非处分权。股权不能买卖、转让、抵押、赠送与继承，农民退出社区后利益得不到补偿，这使社区股权凝固，弱化了股权的资本性功能。为长期持有股权，农民放弃社区迁移，导致个别地区甚至出现一些游手好闲的"食利者"阶层。同时，由于社区股权福利的存在，不少地区股份合作组织不公开向社会招股集资，限制外部投资者参股分红，排斥外部资金、技术等生产要素的积极渗入，造成集体经济产业布局分散和资本规模狭小，影响了人口与资本流动和产业升级，致使合作经济组织收益增长潜力和发展后劲不足，影响其发展壮大。

三　政策建议

（一）进一步解放思想，明确改革指导思想与原则

北京市推进全市农村乡村集体经济制度改革，必须进一步解放各级领导干部的思想。首先是区（县）级党委、政府主要领导需要进一步解放思想，克服怕乱的思想障碍，切实树立全局意识、长远意识，要把改革作为落实科学发展观，实现区域社会经济全面发展和社会稳定和谐的重要举措。

其次是乡镇党委、政府主要领导要克服怕麻烦的思想障碍，切实把推进改革作为义不容辞的责任，负起推进改革的领导责任。

再次是村党支部（总支）和集体经济组织领导要克服怕丢权的思想障碍，

切实树立人民公仆意识和民主管理意识，认真做好本村的改革工作。

推进乡村集体经济制度改革，涉及广大集体经济组织及其成员之间的重大利益调整，涉及乡村集体经济经营管理方式的转变，是一项涉及面广、情况复杂、政策性强、工作量大的系统工程。在改革中，应注意遵循以下原则。

一是要坚持解放和发展社会生产力，壮大集体经济实力的原则；二是要坚持保护集体经济组织及其成员合法财产权，维护农村社会稳定的原则；三是要坚持尊重集体经济组织成员的民主权利，公开、公平、公正的原则；四是要坚持实事求是、因地制宜的原则，做到"一村一策"、"一乡一策"，根据本地实际解决改革中的问题。

（二）进一步建立健全领导体制，加强对改革工作的领导

北京市深化乡村集体经济产权制度改革，需要进一步建立健全领导体制、工作体制和督导监察体制三个"体制"。建立领导体制，包括区一级、乡镇一级和村一级的领导体制。建立区领导体制，由区委、区政府主要领导任组长的集体经济产权制度改革领导小组，做到党政一把手负总责；要明确一名主管副书记或者副区长任副组长，负具体领导责任；区组织部、宣传部、农村工作委员会、经营管理站、工商管理局、信访办办公室、公安局等相关部门主管领导作为领导小组成员，做到统一领导、分工协作。

建立乡镇领导体制，由乡镇党委书记、乡镇长任组长的产权制度改革领导小组，明确一名副职领导干部具体负责，抽调相关部门人员参加。

建立村领导体制。由村党组织书记任组长的领导小组，明确一名副职具体负责，抽调相关同志作为成员。

在全市区、乡镇和村三级领导小组下设立产权制度改革工作办公室，抽调各个方面的专业骨干，承担起改革方案制定、宣传动员、人口清查、劳龄登记、资产清查、资产评估、股权量化、股东代表选举等工作。建立一整套"公开、公平、公正"的工作程序制度，形成一套科学、高效的工作机制。

健全督导监察体制。在区和乡镇两级要建立起人大代表以及人大常设机构对产权制度改革工作进行督察的工作体制。在村一级要建立起农民群众代表对改革工作的监督体制。

（三）进一步完善工作机制，确保改革有序进行

北京市完善全市乡村集体经济改革工作机制，包括完善改革的计划管理机制、动态管理机制、非常规问题处理机制、激励与约束机制等四个方面的机制。完善工作机制，使之常态化和长效化运行，确保改革顺利有序进行。

完善计划管理机制。各区（县）和乡镇，在对本地区集体经济组织发展现状进行认真分析的基础上，制定分期分批推进产权制度改革的计划。总的要求是在 2013 年前，全部完成乡村集体经济产权制度改革工作。各区（县）和乡镇要根据这个总体部署，制订本地区的改革计划。计划制订出来以后，要严格按照计划进行检查监督，决不能再放任各乡村以各种理由拖延改革进程。

完善动态管理机制。在每个年度内，各个改革单位要按照产权制度改革的程序，制定每个程序工作进展期限，并对完成情况及时上报市、区（县）集体经济产权制度改革领导小组。市、区有关部门设立改革台账，对各个单位进度情况进行动态登记与监督。

完善非常规问题处理机制。各级集体经济产权制度改革领导小组和改革工作办公室，都要制定处理非常规问题的预案，及时解答群众各种诉求，对政策性较强、涉及范围较广的问题及时调研提出解决方案和对策建议。

完善激励与约束机制。市、区两级党委和政府要制定改革工作责任制，将改革任务分解、落实到具体单位、具体领导干部和具体工作人员。对完成任务好的单位和个人予以适当奖励，对未完成任务或者出现失误的单位和个人予以适当处分。

（四）进一步规范工作程序，确保改革平稳进行

部分已经进行产权制度改革的地方，由于改革程序的颠倒，导致改革成效不理想，甚至有改革失败的事例。所以，进一步推进产权制度改革，必须十分重视工作程序问题。进行集体经济产权制度改革，一般应当按照下列程序进行：

①成立改革领导机构和工作机构；②集体经济组织召开成员大会或者成员代表大会，作出改革决议，并报上级人民政府批准；③开展集体资产清产核资和资产评估；④开展参加集体资产处置的人员登记和劳龄登记；⑤集体经济组织召开成员大会或者成员代表大会，就改革方案进行讨论并作出决议；⑥进行资产处

置；⑦进行股份量化，将现集体经济组织成员的资产分别量化为集体股份和个人股份；⑧建立新型集体经济组织，召开股东大会或股东代表大会，讨论通过本组织《章程》，选举产生董事会、监事会成员；⑨按照《章程》规定，召开相关会议，决定重大事项；⑩进行新型集体经济组织的相关登记，建立相关档案。

在改革工作程序中，要特别注意两个问题：一是要先进行资产处置，将集体净资产划分为现集体经济组织成员资产份额和原集体经济组织成员的资产份额，在处置了原成员的资产份额以后再股份量化，而不能先进行股份量化，提取集体股份。否则，集体股份里面仍然包含原成员的资产份额。二是关于个人股份的转让问题。个人股东转让股份，必须是在个人股东之间进行转让，而不能在个人股东与集体股份之间进行转让。如果个人股东把自己的股份转让给了集体股，那也必须立即转让给其他个人股东。

（五）进一步明确改革政策，确保各方面合法权益

政策和策略是党的生命，也是确保改革成功的基本条件。进一步推进集体经济产权制度改革，要特别注意执行好以下几个方面的政策。

1. 要合理界定集体经济组织成员身份

改革开放特别是实行家庭承包经营以后，随着农村人口流动、户籍变动、就业拓宽、土地征占，农村社区范围内人员结构、人口数量发生了重大变化。在一个村内居住的既有农业户口家庭，也有非农业户口家庭；既有集体经济组织成员家庭，也有非集体经济组织成员家庭。

集体经济组织成员既有住在本村的，也有居住在城镇或者外村的。有的家庭，有的人是农业户口，有的人是非农业户口。转为非农业户口的人员中，有的是因为转为国家工作人员，有的是土地征占转居、转工，有的是政策性转居没有转工，有的考上大学以后转为非农业集体户口。

转居转工人员中，有的在城镇企业就业，有的自谋职业，有的把劳动安置费交给集体经济组织后仍然在集体就业。产权制度体现的是人与人之间的财产关系。产权制度改革涉及集体经济组织财产关系和利益分配关系的重大变革，必须对现实拥有、依法拥有、希望拥有集体经济组织权益的人口进行全面统计。在全面统计的基础上，按照相关法律、法规和政策进行甄别。

2. 要在产权制度改革中切实保护村民合法权益

现在有的人对产权制度改革提出批评，认为现在的产权制度改革政策，不允许社会资本进入，背离了社会主义市场经济有关鼓励资本流动与自由组合的原则。其实，这是一种误解。乡村集体经济组织是农民群众土地联合与资金联合相结合的社区型经济组织，与其他单纯资金联合的经济组织最大的区别就在于乡村集体经济组织拥有土地资源。在实行存量资本量化型股份合作制改革中，所量化作股的只有集体账内资产，而土地等资源性资产没有量化作股。所以，为了保护农民的土地权益，在土地没有作股的情况下，一般不能吸收社会资本进入。但是，在土地全部转化为资本以后，就没有必要设置这个限制了。在土地全部转化为资本之前，可以采取集体与社会资本共同出资，设立新的经济组织、开辟新的事业。

3. 要处理好新型集体经济组织与村级党组织、村民委员会的关系

新型集体经济组织成立以后，就自然替代了原有的村经济合作社。村一级的组织只有村级党组织、村民委员会和新型集体经济组织了。本着精兵简政的原则，这三个组织应当实行干部交叉任职。通过这种人事安排，确保了村级各个组织既各负其责，又能心往一处想，劲往一处使，共同带领农民群众致富。

（六）进一步创新和及时总结改革形式，为其他地方改革提供借鉴经验

北京市在推进集体经济改革中，有一些好的经验，总结了好的改革形式。这些形式在自身不断完善的前提下，也应不断宣传，为其他地方改革提供借鉴经验。比如，在实行乡村两级所有、两级核算，但是以乡镇为单位规划土地用途的朝阳区崔各庄、孙河、金盏、小红门等乡，产权制度改革的形式，是在以村进行股份合作制改革，成立股份经济合作社的基础上，由村社员代表大会或者股东代表大会作出决议，将村集体土地使用权以股份的形式，投入到乡级土地股份经济合作社或者土地股份经营公司。乡级土地股份经济合作社或者土地股份经营公司，统一对全乡集体土地进行开发利用，经营所得按照各村持有的土地股份进行分配。

在海淀区四季青乡这样一个长期实行乡一级所有、分级管理核算的绿化隔离带地区，在合理计算全乡人均集体非农产业建设用地数量、人均集体经营性资产

数量的基础上，核定各个村（分公司）应当拥有的集体资产数量和乡农工商总公司在各村应当持有的权益。各村（分公司）应当持有的集体资产数量，按照本村集体经济组织成员的劳动贡献和土地承包经营权以及户籍，进行股份量化，而划归乡总公司的资产则作为村新型集体经济组织的集体股。乡总公司在各村所持有的集体股份，一部分用于量化给村集体资产较少的村集体经济组织，另一部分用于全乡集体经济组织成员的社会保障等公益事业支出。

形成了产权清晰、权责明确、政企分开、管理民主的新型集体经济组织形式。

财 政 金 融
Fiscal and Financial Chapter

B.20

2010年北京金融运行的回顾与展望

凌 宁*

一 北京银行信贷在"保增长"中的作用回顾

2010年，在上一年"保增长"努力的基础上，北京继续实施有针对性的调控政策，使北京经济运行开始从金融危机的阴影中走出来，逐步恢复常态增长。在这一过程中，北京经济增长模式的某些特点一览无遗，信贷、投资等工具对撬动北京经济的作用表现得淋漓尽致。显然，以史为鉴，回顾并充分认识这些"特点"和"作用"，对推动北京经济早日恢复常态增长，特别是早日实现增长方式的转变很有益处。

自20世纪80年代以来，在北京经济（GDP）增长中，投资的贡献率不断上升，从约25%上升至约45%；居民消费的贡献率则呈"圆弧顶"的形状逐步下降。但是，在20世纪80年代中期之前，在北京的经济增长中，居民消费贡献率

* 凌宁，北京市社会科学院经济研究所副研究员。

则高于投资贡献率，曾经是推动经济增长的第一引擎。只是在 80 年代中期之后，投资的作用开始超过消费。进一步考察可以看到，推动投资的基本力量是，房地产投资的兴起和信贷资金的扩张。这些年，在北京投资规模中，房地产投资一般占 45% 左右。2009 年这一比例是 48%（有几个年份曾达到约 60%）；同时房地产开发企业作为资金密集型行业，其资金至少 1/3 要依赖银行信贷，房地产市场的需求方也大多要靠银行提供按揭支持。这两年，土地一级开发渐成气候，也吸引了大量信贷资金。在这种逐步成型的经济增长模式中，投资和信贷的地位不断得到强化。但是作为"双刃剑"，这种模式即为发挥投资、信贷的经济拉动、宏观调控的空间和效果创造了条件，同时，也可能为经济以后的可持续增长付出某些成本。这一点，也许可以从 2009 年"保增长"的过程中看出来。

2009 年第一季度，在外部金融危机以及内部宏观调控时滞作用下，北京经济在上一年出现下滑的基础上，继续呈现急剧下滑的态势。2008 年 GDP 分季度增长率分别是 11.3%、11.0%、9.1%、9.0%，2009 年 GDP 分季度增长率则分别是 6.1%、7.8%、9.5%、10.1%。在经济快速下滑背后，实质是投资和信贷的快速下滑。2008 年第三、四季度，投资开始出现萎缩，增长率分别是 −7.8%、−3.0%，2009 年第一季度继续萎缩，增长率是 −6.5%，其中，房地产投资萎缩更明显，达到 −30.2%。同样的，银行信贷的增速也呈现类似局面。2008 年，信贷增速从 18% 以上回落至 13% 左右，2009 年第一季度在 14% 左右徘徊。根据上述描述，在北京经济现有的增长模式下，要迅速扭转经济下滑的局面，显然必须首先扭转投资的下滑局面。为此，北京市政府从 2009 年 5 月起，迅速启动了上千亿元规模空前的土地一级开发计划。到第三季度，北京已经完成土地一级开发投资 800 亿元以上，拉动北京固定资产投资和房地产投资增速很快由负转正，分别达到 54.4%、56.3%，而如果扣除政府土地一级开发投资，固定资产投资、房地产投资的增速分别只有 23.4%、4.2%，政府启动的投资计划的力度和效果可见一斑。为了配合政府旨在"保增长"的大规模的投资计划，大规模的银行信贷计划也随之启动。4 月，北京市政府旗下的北京土地储备整理中心与包括工商银行、北京银行在内的 13 家金融机构签订了 1500 亿元的银行授信合约，为实施上述大规模的投资计划获得了上千亿元的信贷资金支持。

由上可见，在 2009 年北京经济面临迅速滑落的关键时刻，北京市政府果断出手，以千亿规模的投资和信贷使北京经济止跌回升，重新进入稳步增长的轨道。

二 2010 年北京银行存贷款运行的基本态势

2010 年前三季度，北京各季度经济（GDP）增长率分别是 14.9%、12.0%、10.1%，整体呈逐季回落趋势。从宏观或外部因素看，出现这种趋势的原因与 2009 年增长基数和 2010 年 4 月中央出台的房地产调控政策有关；从微观或内部因素看，这种趋势也与前三季度北京金融信贷以及投资形势的变化有密切关系。下面，通过对比 2009 年特殊经济环境及其政策背景的情况，揭示 2010 年北京银行存贷款运行的基本态势。

（一）存款情况

在金融机构存款规模及其结构方面。2009 年，北京金融机构人民币存款的增长规模及速度均大幅超过正常年份。前三季度，新增存款达 1.2 万亿元，分别是 2008、2007 年同期的 2.4 倍、2.9 倍，存款增速在 30% 左右（正常年份在 15% 左右）。在存款结构中，企业是拉动存款大幅增加的主要因素，企业存款占 75.6%，居民储蓄占 18.8%。但是，企业存款和居民储蓄在这两年均出现较大波动，只是两者呈现相向运动的态势。与之相比较，2010 年人民币存款有一些新变化。前三季度北京金融机构新增人民币存款约 8600 亿元，比上年同期下降 27%，其中，企业存款增加约 3600 亿元，同比下降 53%，居民储蓄存款增加约 1800 亿元，同比下降 18%。有关人民币存款以及企业存款和居民储蓄存款的具体变化情况，可参见图 1 和图 2。

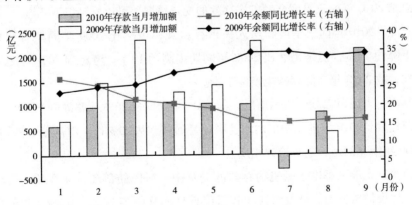

图 1　北京 2010 及 2009 年前三季度人民币存款变化比较

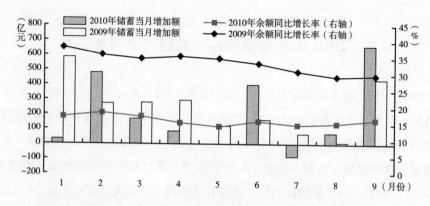

图2 北京 2010 及 2009 年前三季度居民储蓄变化比较

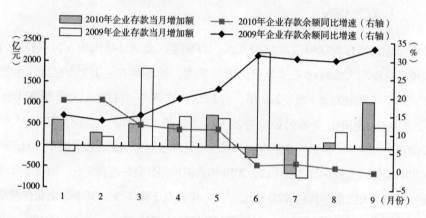

图3 北京 2010 及 2009 年前三季度企业存款变化比较

总结 2010 年前三季度金融机构存款的变化情况,可以看到以下几点。

首先,2010 年前三季度新增人民币存款规模虽然比 2009 年同期有明显下降,下降约 27%,但是仍然比 2008 年同期提高约 19%。考虑到 2009 年是特殊扩张期,故 2010 年实际存款规模并不少。

其次,人民币存款的增加速度,与 2009 年同期从 20%一路攀升至 30%以上的情况比较,2010 年前三季度的增速则逐月回落,从 20%以上滑落至 15%左右,与 2009 年增速的运行趋势恰好相反。

再次,在前三季度金融机构存款的变化中,居民储蓄和企业存款均有新特点。在居民储蓄方面,储蓄增速比较低缓且呈逐月滑落态势,与 2009 年同期储蓄的高速增长截然不同。居民储蓄的运动与全国的情况类似,前三季度均出现

"搬家"的现象。在企业存款方面，前三季度增速下滑得非常明显，而 2009 年同期的增速则是一路大幅上升的。两个时期企业存款增速相向而行，并同样引起存款总额相同的变化趋势。

最后，存款规模和速度这几年均呈现较明显的波动的特点。归纳这些波动产生的基本原因，可以看到，这些波动变化与经济状况、货币政策、物价水平、投资机会等因素相关。2010 年，居民储蓄的"搬家"显然与持续负利率、物价走向和通胀预期有关。

（二）贷款情况

在金融机构贷款规模及其结构方面。2009 年，在中央政府 4 万亿元大规模投资计划下，北京金融机构为配合该项计划，贷款规模也呈现超常规增长的态势。前三季度贷款规模达到 4800 亿元，是正常年份的 2.6 倍，贷款增速在 25% 左右，比 2004 年以来平均增速高出约 10 个百分点。在全部新增贷款中，房地产贷款约占 1200 亿元，其中房产开发贷款小幅增长，地产开发贷款和个人房贷则数倍于上年同期，比如个人住房贷款新增 419 亿元，同比多增 438.9 亿元。与 2009 年的情况相比较，2010 年前三季度，北京人民币新增贷款 2840 亿元，较上年同期大幅下降了约 41%，但仍较正常年份高出 50% 左右。在全部新增贷款中，房地产贷款近 1400 亿元，其中，开发贷款 950 亿元，住房贷款 420 亿元。有关人民币贷款规模及其结构变化的情况，可参见图 4、图5。

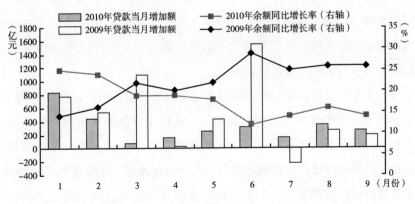

图 4 北京 2009 及 2010 年前三季度人民币贷款变化比较

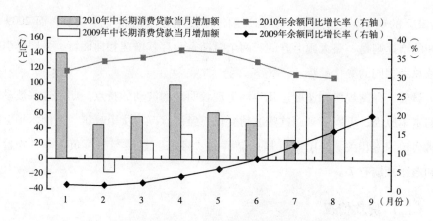

图5 北京2009及2010年前三季度消费贷款变化比较

总结2010年前三季度贷款变化情况,可以看到以下几点。

首先,前三季度贷款规模比上年虽然大幅缩减,下降41%,但是其规模与正常年份相比,仍然偏高近50%。所以,2010年社会资金面仍然比较宽松。

其次,在贷款规模缩减的同时,前三季度各月贷款增速从25%逐月下滑至15%以下,这种变化趋势与2009年贷款增速由低到高的变化方向正好相反。

再次,在前三季度新增贷款中,投向房地产的贷款近1400亿元,占全部新增贷款的近50%。而2009年同期房地产贷款近1300亿元,占全部新增贷款的近30%。可见,2010年在贷款规模收缩的情况下,房地产贷款的规模和比重均有所提升。但是与2009年相比,最大的差别还在于,2009年信贷及其投资的主体是政府相关部门,如土地储备中心,效果是拉动了GDP;2010年信贷的主体则明显偏向市场消费主体,效果是繁荣了房产市场。这一点可以从2010年前三季度居民消费贷款的大幅上升得到证明。

最后,由于居民中长期消费贷款基本就是购房贷款,所以,与2009年相比,2010年北京该贷款的变化与之有明显不同。从购房贷款的规模看,2010年集中在上半年,2009年则集中在下半年。从购房贷款的增长看,2010年房贷增长维持在高位,但是4月楼市调控政策出台后,增长有逐步下降的迹象。而2009年,购房贷款则由极低位明显加速回升。这种变化显然也与政府当时的调控政策有关。

三 信贷风险的化解和管控、增长模式的 转变与体制机制的改革

由上可见，为应对全球金融危机，这两年北京信贷运行处在一种非常状态，表现为信贷规模和增速起伏明显，大量信贷资金流入房地产，特别是土地开发领域。这种状态产生了两方面效果，一方面迅速扭转了北京经济的颓势，拉动其很快重回增长轨道；另一方面也为北京经济未来的持续增长留下了一些悬疑，包括积累了相当的潜在信贷风险。因此，在 2010 年北京经济步入正常增长的轨道时，管控和化解潜在信贷风险乃至转变增长模式的问题也就被提上日程。

首先，要尽快恢复信贷运行的常态，包括信贷投放的规模和增速方面回归常态。

需要指出的是，因全球金融危机导致的信贷规模的膨胀，不过是以往信贷投放反复起伏的延续，比如 2002～2005 年期间的起伏，2007～2009 年期间的起伏。信贷规模的剧烈起伏导致由投资主导的经济运行的过热或过冷，大量沉淀的流动性也对经济生活的稳定性产生冲击。所以，保持信贷规模和增速的适度并保持其运行平稳，是保证经济平稳增长的前提。

其次，需要改变现有经济增长模式。

上述北京信贷运行特点，即信贷反复的起伏膨胀，显然与经济增长模式有密切联系。在现有的经济增长模式中，投资始终占支配地位，其中房地产又占有核心地位。比如投资对 GDP 增长的贡献率在 40% 左右，房地产投资占投资总额的45% 左右。这些年，随着转变经济增长方式，投资比重呈下降趋势（20 世纪 90年代中，投资贡献率曾占 60% 以上），但是，这些年一个新的现象是，政府开始全面、深入地介入土地一级开发，2009 年和 2010 年，政府在其中的投入均超过千亿元。与之对应，政府在这项投资中的收入也迅速增加，2008 年土地收入 493亿元，是前两年土地收入之和，2009 年土地合同收入 932 亿元（实际收入 494亿元），又是前两年收入之和。2010 年前 10 个月土地收入超过千亿元，接近2009 年北京财政收入的 50%。可见，政府在房地产开发投资中的地位不断强化。随着土地开发投资的升温，各家银行为追求优质信贷，纷纷蜂拥而至，谁也不愿意放弃这块"香饽饽"。比如，2009 年北京推出千亿元土地开发计划，其属下土

地储备整理中心先后从工行、农行等13家金融机构获得信贷授信1500亿元，全年实际获得1000亿元信贷资金。2010年北京同样推出千亿元土地开发计划，同样获得上千亿元信贷。

由上可见，在现有的增长模式中，经济（GDP）增长过分依赖房地产投资，过分依赖政府投资，致使大量信贷资金争先恐后、有恃无恐地流入房产、土地以及按揭领域。更严重的是，现阶段房地产市场发育得很不规范，甚至存在某种畸形，如低端土地的垄断与高端房产的市场交易并存，相关交易数据和信息高度的不完整、不透明，结果使市场交易价格与市场供求之间的关系被阻断，市场交易风险缺乏内在机制无法得到及时疏解。这种情况下，大量囤积在这个市场中的信贷资金的安全性就非常令人担忧。目前，从银行角度看，这些隐忧主要来自房地产市场的波动、地方政府信用的高低以及银行自身行为，比如一级土地开发成本超出市场可接受的出让价格，土地出让价格下滑使其收益低于开发成本；政府改变土地开发贷款用途，政府不兑现预定的还款计划或方式；银行违规不足额抵押发放贷款等。可见，在现有增长模式与现有的信贷运行方式是相辅相成的，化解金融风险本质上要转变增长模式。

最后，坚持改革是转变增长模式的根本出路。

现有增长模式有两个依赖，一个是资金、资源等要素的持续大量供给；另一个是外力或政府力量的持续"给力"。显然，在目前的国内外环境下，原有增长模式的内在矛盾越来越突出，为了延续过往的辉煌增长，向一种更讲求效率、创新，更有活力、内力的增长模式转变已经越来越迫切。但是，现在最大的问题是，要实现这种转变就需要抛弃原有增长模式中不适合生产力发展的一些因素，如"垄断"、"管制"等。由于"垄断"与"效率"、"管制"与"创新"是不可兼得的。所以，这就需要改革，就像20世纪80年代那样，通过改革攻坚实现从计划体制向市场体制的转变，带动经济走上持续增长的轨道。

从北京的情况看，通过20世纪80年代的改革、开放政策，北京实现了产业结构的两个明显转变，一方面，开放民间资本进入第三产业，彻底改变了国有商业的垄断状态，迅速解决了当时市民普遍存在的吃饭难、做衣难、行路难等一系列生活不便的局面；另一方面大量民智冲出科研院所进入市场，将创业、创新的精神吹向全国，更将北京独有的第一生产力——科技资源的优势发挥得淋漓尽致。这些转变为北京日后经济、社会的持续增长和发展奠定了雄厚基础。

B.21
2010年北京市金融运行形势分析

盛朝晖[*]

2010年，北京市金融运行保持了总体平稳态势，各项存款继续增长，贷款投放较为均衡，金融市场融资规模持续扩大，市场交易活跃，较好地支持了首都经济发展。

一 北京市金融运行基本特点

2010年，随着国内经济运行逐步回归到正常轨道，北京市金融运行保持了总体平稳态势，各项存款继续增长，活期化倾向有所增强；贷款投放较为均衡，新增贷款继续向中长期集中；金融市场融资规模不断扩大，市场交易活跃，较好地支持了首都经济发展。

（一）存款保持平稳增长态势

2010年10月末北京市金融机构（含外资金融机构，下同）本外币存款余额折合人民币66662.6亿元，比年初增加9706.1亿元，比上年同期少增2440.4亿元，余额同比增长17.1%，比6月末上升4.4个百分点。

1. 人民币存款增速逐步回升

10月末全市金融机构人民币存款余额为64215.2亿元，前10个月新增存款9945.3亿元，比上年同期少增1695.7亿元，余额同比增长19.2%，比6月末上升3.2个百分点。从前10个月人民币存款增长变化情况看，增速呈现由高位回落到趋稳回升的态势。1月份存款增速为27.8%，随后逐月回落，7月份达到最

---

[*] 盛朝晖，经济学博士，副研究员，供职于中国人民银行营业管理部金融研究处。本文仅代表作者个人观点。

低点15%，8月份后，开始稳步回升。同时，存款增量较为稳定，除个别月份变化较大，大多数月份存款增量都在1000亿元左右波动。

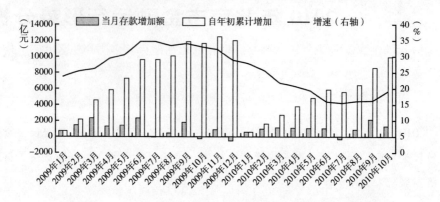

图1　2009～2010年北京市金融机构人民币存款增长情况

2. 企业存款仍是全部存款增长的主力，但所占比重下降

10月末北京市金融机构人民币企业存款余额为30293.6亿元，比年初增加3651.1亿元，比上年同期少增2091.3亿元。企业存款虽然仍是全部存款增长的主力，但在新增存款中的占比从上年同期的49.3%下降到2010年的36.7%，下降12.6个百分点。从各月企业存款增长情况看，除10月份新增存款超过千亿元，其他各月新增存款量都不大，而上年同期有3个月新增存款突破千亿元，其中6月份新增企业存款达到2240.2亿元，为历年之最。

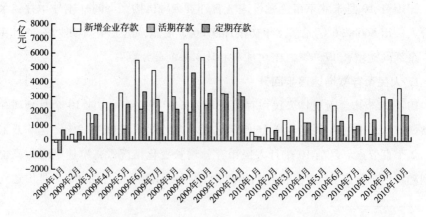

图2　2009～2010年北京市金融机构累计新增企业存款结构

从企业存款结构看，存款活期化倾向有所增强。2010 年前 9 个月，企业活期存款新增额一直低于定期存款，但到 10 月份，活期存款增量超过定期存款。10 月末全市金融机构人民币企业活期存款余额 15670.5 亿元，比年初增加 1838.3 亿元；定期存款余额 14623.1 亿元，比年初增加 1812.8 亿元，比活期存款少增 25.5 亿元，而上年同期则是定期存款比活期存款多增 800 亿元。活期存款增量高于定期存款，表明企业生产经营趋于活跃。

企业存款少增的主要原因在于：一是宏观经济运行从上年快速回升逐步恢复到常态，带来企业存款增速回落。2009 年，在应对国际金融危机冲击所采取的一揽子经济刺激措施的作用下，北京市国民经济运行出现了快速回升态势，全市地区生产总值增速从一季度的 6.1% 上升到三季度的 12.8%，经济运行状况得到改善，带来了货币资金的增加。而 2010 年经济增长逐步恢复常态，前三个季度全市地区生产总值增长 10.1%，比一季度回落 4.8 个百分点，企业存款增长也相应回落。二是贷款少增引致派生存款的减少。2009 年，为了落实积极的财政政策和适度宽松的货币政策，金融机构贷款总量大幅度增加，并呈现前高后低的态势，剔除个人消费贷款，前 10 个月新增人民币贷款 4374.2 亿元，比 2008 年同期多增加 2447.9 亿元，相应增加了派生存款。而 2010 年以来贷款投放规模减少，进度放缓，前 10 个月新增人民币贷款（不含个人消费贷款）2778.7 亿元，同比少增 1595.5 亿元，贷款少增带来了派生存款规模的减少。虽然企业直接融资仍保持较大的规模，但由于直接融资不经过银行体系，其派生存款的作用要小于贷款。三是金融机构执行新的贷款管理规定①，贷款的派生作用受到一定约束。为规范和加强信贷业务管理，防范信贷风险，促进信贷资金进入实体经济，2010 年以来，金融监管部门要求金融机构遵循实贷实付原则，根据贷款项目和有效贷款需求，审批贷款。贷款新规延长了资金到账时间，缩小了贷款派生存款的规模，同时也挤出了一部分为应付考核，单纯放贷形成的虚假存款。四是统计口径调整。2010 年年初实行新的统计制度，将一部分单位存款从企业存款中调出，影响了企业存款的总量规模。

3. 储蓄存款平稳增长

2010 年 10 月末全市金融机构人民币储蓄存款余额为 16253.8 亿元，比年初

---

① 指《固定资产贷款管理暂行办法》、《项目融资业务指引》、《流动资金贷款管理暂行办法》和《个人贷款管理暂行办法》，合称"三个办法一个指引"，其影响将在后文作进一步分析。

增加 1581.7 亿元，比上年同期少增 582.3 亿元，同比增长 15.1%。尽管 2010 年储蓄存款增速和增量都少于上年同期，但各月增速较为平稳，在 16% 左右波动，波峰和波谷相差只有 4.2 个百分点。而上年同期储蓄存款虽然保持较高增速，但增速却持续回落，从年初的 38.2% 一直下降到 10 月末的 26.6%，相差 11.6 个百分点。从各月增长情况看，2、6、9 月这 3 个月新增储蓄占前 10 个月增加额的 97%，而 10 月份由于受股市分流的影响，当月储蓄减少 238.4 亿元，这也是 2010 年以来唯一出现储蓄存款下降的月份。

从储蓄存款结构看，活期存款变动较大，活期化趋势有所上升。10 月末全市金融机构人民币活期储蓄存款余额 5727.4 亿元，比年初增加 601.7 亿元，同比少增 193.8 亿元，占全部新增储蓄的比重为 38%，比上年同期提高 1.2 个百分点；定期储蓄存款余额 10526.3 亿元，比年初增加 980 亿元，同比少增 388.4 亿元。

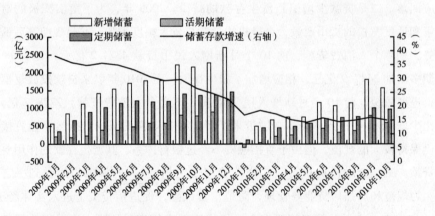

图 3　2009~2010 年北京市金融机构居民储蓄累计增长情况

居民储蓄存款少增的主要原因有：一是资本市场的分流因素影响增强。2010 年上半年股票市场持续回落，上证指数从年初的 3267 点下降到 6 月末的 2363 点，下降 27.7%，股票市场的吸引力减弱。但下半年，股票市场开始回升，尤其是 10 月份，出现了一波快速上升的行情，当月上证指数涨幅为 14.9%，股市上涨吸引了大量资金进入股市。反映在储蓄存款方面，前 9 个月储蓄存款稳步上升，而 10 月份却出现了下降情况。二是持续的存款负利率削减了居民的储蓄热情。2010 年以来，在国内农副产品和国际大宗商品价格不断上涨的影响下，国内物价水平不断上升，全国居民消费价格指数从 1 月份的 101.5% 一直攀升到 10

月份的 104.4%，创下 25 个月以来的最高水平，北京市居民消费价格指数虽然低于全国水平，但也处于持续上升态势，从 1 月份的 100% 上升到 10 月份的 103.4%，涨幅高出全国 0.5 个百分点。尽管央行在 10 月份提高存贷款利率，一年期存款利率从 2.25% 上升到 2.5%，但与 4.4% 和 3.4% 涨幅相比，实际利率水平依然为负值。三是部分储蓄资金转为购房支出。2010 年以来，为遏制房价过快上涨的势头，政府多个部门先后两次对房地产市场出台了调控措施，在居民家庭住房贷款方面，提高贷款成数，家庭购买首套住房，贷款成数由 20% 提高到 30%；购买第二套住房，贷款成数提高到 50%。居民家庭购房比以前需要更多的即期支付，相应地减少了一部分储蓄资金。

4. 全国性中小型商业银行①和外资银行在新增存款中的份额有所上升

由于 2010 年新增存款总量较上年减少，金融机构为吸收存款开展的竞争也趋于激烈，前 10 个月新增存款的行际分布出现分化。其中：全国性中小型商业银行和外资银行在新增存款中的份额有所上升，分别提高 0.8 和 2.6 个百分点；全国性四大商业银行和区域性中小型商业银行份额出现下降，分别减少 4.7 和 0.2 个百分点。

5. 外汇存款余额下降

10 月末北京市金融机构外汇存款余额 365.8 亿美元，比年初减少 27.7 亿美元。其中：单位外汇存款余额 203 亿美元，比年初增加 66 亿美元；居民外汇储蓄存款余额 87.1 亿美元，比年初减少 9.2 亿美元；其他类存款余额 51.1 亿美元，比年初减少 96.4 亿美元。外汇存款余额下降，反映了经济主体对人民币升值仍存在较强的预期。

（二）贷款增速逐步回升

2010 年 10 月末，北京市金融机构本外币贷款余额折合人民币为 35162.1 亿元，比年初增加 4110.6 亿元，比上年同期少增 2604.2 亿元，同比增长 17.7%，比 6 月末提高 1.2 个百分点。

1. 贷款投放较为均衡

2010 年 10 月末全市金融机构人民币各项贷款余额为 28801.5 亿元，比年初

---

① 指本外币资产总量小于 2 万亿元且跨省经营的商业银行。

增加 3381.2 亿元，比上年同期少增 1509.1 亿元，同比增长 15%，比 6 月末提高 3.1 个百分点。与往年贷款投放进度较快并集中在上半年相比，2010 年以来，贷款投放较为均衡，增速波动明显小于往年。从各月贷款新增额看，除个别月份外，变化量都不大，并且各月贷款投放都保持了增长，前三个季度贷款新增额占比为 47.1∶26∶26.9。而上年同期贷款投放则呈现"增速快，增量高，波动大"的特点，前 10 个月中有两个月新增贷款突破千亿元，前三个季度贷款新增额占比为 51.8∶43∶5.2，各月贷款同比增速在 14% ~ 36% 区间波动。2010 年贷款均衡投放，波动较小有利于金融机构合理组织信贷资金，减少金融运行波动，防止信贷周期对经济运行的冲击，同时也有利于企业合理安排生产经营活动。

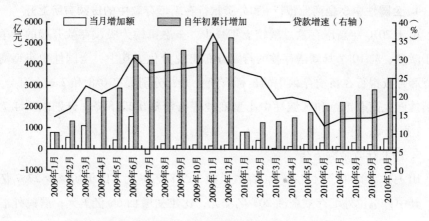

图 4 2009 ~ 2010 年北京市金融机构人民币贷款增长情况

2010 年贷款投放主要受到以下因素影响。

一是以通胀预期管理为重点的金融调控政策对信贷总量增长发挥了约束作用。随着反金融危机措施成效的显现，经济增速企稳回升，经济下滑的隐忧得到消除，而 2009 年巨额信贷投放对物价滞后影响开始显现。同时，西方国家量化宽松货币政策也带来了国际大宗商品价格的快速上涨，加强通胀预期管理成为宏观调控的中心任务，控制货币信贷总量过快增长是防控通胀的重要手段。而上年同期金融机构为落实积极的财政政策和适度宽松的货币政策，支持国家出台的四万亿投资计划和十大产业振兴计划，信贷投放规模大量增加。

二是一系列旨在提高信贷资金效率和安全的管理规定引导金融机构合理投放贷款。近几年，为了获取更大的市场份额和更多的收益，在"早投放，早受益"

原则指导下，金融机构贷款投放进度提前，金融机构的信贷博弈行为成为信贷总量快速增长的推手，但这种增长很可能与真实需求相脱节，易导致信贷资金配置效率不高和信贷资产安全隐患。2010 年以来，金融调控和管理部门加大信贷政策的指导力度，要求加强贷款审核，根据实际需求，均衡发放贷款，并多次提示2009 年增长较快的政府投融资平台贷款、房地产贷款可能潜在的风险。有力的信贷政策指导对促进金融机构贷款均衡投放发挥了积极作用。

三是金融机构贷款趋于审慎。在经历 2009 年贷款突飞猛进式的增长后，面对经济运行环境的变化和政策的调整，金融机构贷款趋于谨慎，根据第三季度对北京地区银行家问卷调查，第三季度贷款审批指数和投放指数虽然有所回升，但仍低于历史平均水平。

四是贷款有效需求有所减弱。随着经济增长由高回稳，以及国家对房地产调控措施的强化，企业和居民的贷款需求有所减弱，根据第三季度对北京地区企业家和居民问卷调查，贷款需求景气指数虽然较第二季度上升 6.7 个点，但也处于历史低位。分类看，企业的固定资产投资和经营周转贷款需求景气指数分别比第二季度下降 2.7 和1.3 个点，个人购房和购车贷款需求景气指数分别比第二季度下降 1.3 和 12 个点。

2. 新增贷款继续向中长期贷款集中

从贷款结构看，新增贷款仍保持向中长期贷款集中的态势，中长期贷款占比进一步提高。10 月末，金融机构境内人民币中长期贷款余额为 20007.9 亿元，增长 25.1%，比全部贷款增速高出 10 个多百分点，比年初增加 3612.6 亿元，占全部新增贷款的比重为 106.8%，比上年同期提高 31.5 个百分点；短期贷款余额为 7591 亿元，比年初增加 350.5 亿元，占全部新增贷款的比重为 10.4%，比上年同期提高 1.9 个百分点；票据融资余额为 1097.8 亿元，比年初减少 570 亿元，比上年同期多减 1326.2 亿元。从人民币贷款的行业分布看，新增贷款主要集中在房地产、租赁和商务、制造、交通运输仓储邮政、批发零售等行业。

从贷款结构变化情况可以看出，2010 年贷款少增主要是由票据融资量减少所致。由于票据融资操作简便、期限灵活的特点，在资金环境宽松的 2009 年成为金融机构信贷营销的先导力量。商业银行通过票据融资吸引客户，抢占市场份额，待经济形势回暖，企业贷款需求增加后，又将票据融资置换为其他贷款。但2010 年信贷总量受到较严格的约束，中长期贷款和短期贷款压缩空间有限，所以商业银行首先压缩操作较灵活，但收益相对较低的票据融资。

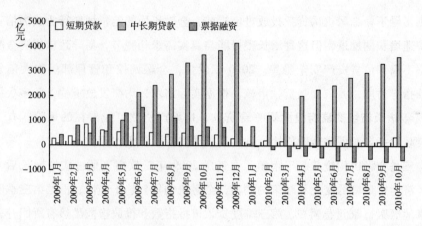

图 5   2009～2010 年北京市金融机构累计新增贷款结构

3. 房地产类贷款增长有所放缓

为落实国家房地产调控政策，金融机构加强了对房地产类贷款的审核，放贷标准收紧，房地产类贷款增长有所放缓。10 月末，全市金融机构房地产类贷款余额 8183.1 亿元，同比增长 25.7%，较上年同期增速下降 10.3 个百分点。其中：新增房地产开发贷款 1021.5 亿元，同比少增 227.5 亿元；购房贷款 3699.2 亿元，比年初增加 533.6 亿元，同比多增 69.1 亿元。房地产开发贷款同比少增主要是由于土地储备贷款少增所致，前 10 个月新增土地储备贷款 564.2 亿元，同比少增 581 亿元，土地储备贷款少增有利于抑制房地产开发企业的囤地行为，降低土地价格。

4. 全国性中小型商业银行和外资银行在新增贷款中份额上升较大

与存款市场相类似，全国性中小型商业银行和外资银行在新增存款份额中上升较多，分别提高 5 和 4.2 个百分点；全国性四大商业银行和区域性中小型商业银行份额出现下降，分别减少 7.2 和 7.1 个百分点。

5. 短期外汇贷款大幅增长

10 月末全市金融机构外汇贷款余额为 950.6 亿美元，比年初增加 126 亿美元，比上年同期少增 141.7 亿美元。其中：境内贷款增加 81.9 亿美元，同比少增 3.5 亿美元；境外贷款增加 44 亿美元，同比少增 138.2 亿美元。在境内贷款中，短期外汇贷款增加较多，前 10 个月增加 29.1 亿美元，同比多增 19.4 亿美元；而中长期外汇贷款和进出口贸易融资增加额少于上年同期，前 10 个月进出口贸易融资增加 25.6 亿美元，同比少增 21 亿美元，进出口贸易融资少增，一定程度上表明企业进出口贸易活跃度下降。

（三）金融市场保持良好发展势头

1. 货币市场交易规模大幅增长

2010 年前三季度，北京地区金融机构①货币市场融资规模继续增加。通过资金拆借累计融资 22.74 万亿元，同比增长 55.3%，占全国同业拆借规模的 60.5%。其中：拆入资金 9.78 万亿元，拆出资金 12.96 万亿元，净拆出资金 3.18 万亿元。通过债券回购累计融资 62.77 万亿元，同比增长 30.6%，占全国债券回购总规模的 57.7%。其中：正回购融入资金 20.02 万亿元，逆回购融出资金 42.75 万亿元，净融出资金 22.75 万亿元。四家大型商业银行仍是资金流出的主要部门，中小商业银行、财务公司、证券公司、保险公司、基金公司则是市场上的资金净融入机构。

2. 金融市场融资规模继续扩大

2010 年前三季度，北京地区企业在股票市场融资 1337.5 亿元，比上年同期多增 451.5 亿元。其中：IPO 融资 1272.8 亿元，同比增加 577.4 亿元。通过发行各类债券融资 7052.7 亿元，比上年同期多增 304.7 亿元。其中：短期融资券、企业债券和公司债分别融资 3170 亿元、1171 亿元和 364 亿元，同比增长 87.2%、15.1% 和 68.5%；中期票据融资 2343 亿元，同比下降 38.7%。此外，还分别发行了中小企业集合债券和集合票据 3.83 亿元和 0.9 亿元。在贷款少增的情况下，市场融资发挥了替代作用。

（四）贷款加权利率逐步上升

北京地区金融机构的优质客户较多，这些企业具有较强的议价能力，在金融机构贷款中，利率下浮的贷款占比较高，在 2009 年宽松的信贷条件下表现得尤为突出。但今年信贷环境有所收紧，资金可得性降低，利率下浮的贷款占比下降。9 月份贷款利率实行下浮的占比为 65.1%，比上年同期减少 6.2 个百分点。从贷款利率看，贷款加权平均利率逐步回升，从 1 月份的 5.038% 上升

---

① 包括在北京地区的各银行总行及非银行金融机构。

到 9 月份的 5.09%，分别比年初和上年同期提高 0.052 和 0.086 个百分点，特别是利率已经市场化的票据融资利率，上升幅度更大，从 1 月份的 2.767% 上升到 9 月份的 3.431%，分别比年初和上年同期提高 0.664 和 1.02 个百分点①。

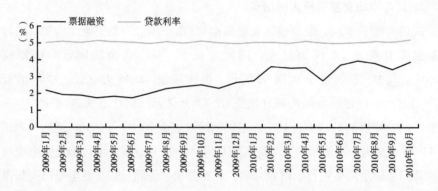

图 6　2009～2010 年北京市金融机构贷款加权利率走势

二　当前金融运行几个值得关注的问题

（一）如何看待 2010 年存贷款少增

2010 年北京市金融机构存贷款增长额都比上年同期有所减少，如果简单将两者作比较，就可能得出一些似是而非的结论。实际上，2009 年存贷款的高速增长是对宏观经济非常态运行的一种反映。面对国际金融危机对国内经济运行的不利影响，国家实施了积极的财政政策和适度宽松的货币政策，从金融政策看，从 2008 年第四季度起，中央银行连续多次降低存贷款利率和存款准备金率，一年期存贷款利率分别从 3.87% 和 6.93% 下降到 2.25% 和 5.31%，存款准备金率从 16% 下降到 13.5%，并通过公开市场向金融体系注入流动性。适度宽松的货币政策为存贷款的高速增长提供了有利的条件。同时，在一揽子刺激经济政策的强力推进下，宏观经济形势好转，为金融机构存贷款增长奠定了基础。此外，2008 年国际金融危机造成了金融运行指标基数较低，一定程度上也推高了 2009

---

①　这里没有考虑 2010 年 10 月份加息因素。

年存贷款增速的统计指标。随着经济运行逐步恢复常态，内生动力增强，外部刺激政策逐步减弱。为防止过多流动性引发公众通胀预期，2010 年金融调控和管理部门对金融机构信贷投放都有较强的约束，中央银行先后 5 次提高存款准备金率，大型金融机构存款准备金率达到 18% 的历史最高水平，并在两年后再次提高存贷款利率。因此，在 2010 年逐步回收过多流动性的宏观调控背景下，不能将 2010 年存贷款增速与 2009 年作简单的比较。实际上，如果与 2007～2009 年三年的存贷款 20.1% 和 17.6% 的平均增速相比，2010 年存贷款增速还是处在正常波动区间内，换言之，2010 年存贷款增长水平是经济回归到正常运行轨道后的合理反应。

（二）通胀预期有所上升

2010 年以来，在多种因素的作用下，公众的通胀预期有所上升。一是 2009 年货币信贷高增长对物价影响的开始有所反应。虽然 2010 年宏观调控政策已对信贷投放作了较严格约束，但随着经济恢复常态和 2009 年货币投放对价格影响时滞的逐步结束，社会总需求增加，货币对物价的累积影响开始显现。二是西方主要国家量化宽松货币政策的溢出效应对国内物价水平产生一定冲击。由于各国经济周期不同步，西方主要国家仍继续实施量化宽松的货币政策，在开放经济条件下，对我国经济金融运行造成一定冲击。如大量资金炒作国际大宗商品，造成这些商品价格快速上涨，向国内输入通胀；境外资金通过各种途径流入国内，进行投机，引发国内商品和资产价格上涨。三是国内生产要素成本上升。如：国内人口红利逐渐结束带来劳动力成本上升，资源价格改革引发原料价格上涨，都会导致商品和服务价格水平的上升。四是农产品价格上涨。由于食品价格在国内居民消费价格指数中约占 1/3 的权重，农产品上涨对国内物价水平具有很大影响。2010 年以来，由于自然灾害造成主要农产品减少，再加上从房市退出的游资炒作，造成食品价格上涨，导致国内价格水平不断攀升。价格的持续上涨，又会强化公众通胀预期[①]。

[①] 由于债券收益率包含了投资者对未来通胀走势的预期，人民银行营业管理部金融研究处利用 2002 年 1 月至 2009 年 12 月银行间市场国债收益率曲线和月度环比 CPI，对我国通胀预期进行实证研究，表明 2009 年下半年开始，通胀预期开始显现。

（三）人民币存贷款期限错配扩大

在存款少增、存款活期化倾向较明显的同时，贷款向中长期集中的趋势进一步上升。从构成金融机构主要资金来源的企业存款和储蓄存款看，10月末企业和居民活期存款占这两项新增存款的比重为46.6%，比上年同期提高5.3个百分点，而同期新增中长期贷款占全部新增贷款的比重为106.8%，比上年同期提高31.5个百分点。短存长贷获取较高利差收入是金融机构盈利的重要手段，由于金融机构存款大于贷款，可以通过扩大存款规模，增加活期存款沉淀资金，以保持适度的存贷款期限错配结构，缓解资金不匹配压力，实现信贷收支平衡。但超出合理规模的存贷款期限错配却会带来经营风险，即使是定期存款，存款人也可以提前支取，但贷款如果没有到期，银行很难提前收回，因此，对银行来说，存贷款本身就存在期限不对等约束，存贷款期限错配扩大，在存贷款期限不对等约束的条件下，会加大金融机构的流动性风险。尽管北京地区金融机构存贷比不高，但北京地区各家金融机构在各自系统都发挥着重要的组织资金作用，相当部分存款作为上存资金在系统内配置。因此，如果存贷款期限错配进一步扩大，无疑会加剧金融机构的经营压力。此外，由于金融机构中长期信贷偏好于政府投融资平台和房地产，政府融资平台主要依赖债务性资金进行资本性支出，其资产负债率普遍较高，部分贷款缺乏有效的担保措施。2010年以来，监管部门对投融资平台贷款实行"解包还原，分类处置"的原则，一些本身既没有可偿付本息的现金流同时又难以落实有效担保项目，可能会存在一定的风险；而房地产贷款虽然有房地产作抵押，但其资产安全性是以房地产价格继续上升为前提的，在2010年两次调控措施的作用下，前期涨幅过快的房地产市场可能会出现调整，房地产贷款质量因此会受到一定程度的影响。

（四）贷款新规对总部经济资金集中管理模式带来一定影响

北京是我国总部经济最为发达的地区，总部企业拥有众多的成员企业，常常会出现某几家企业有大量存款，同时另几家企业有大量借款的情况，增加了财务成本。为了提高资金使用效率，集团总部大多对成员企业的账户、预算、现金和融资等实行集中管理，将成员企业超过规定限额的资金统一上存总部，成员企业资金不足时，首先在内部调剂，如内部资金不足，由总部统一向银行借贷，借款资金归集到总部资金池账户，成员企业用款时，再将资金划拨到借款企业。通过资金集中管理方式，实现集团内部资源的共享，减少对外整体融资规模和成本，提高总部企业资金运行效率。这种由总部归集京内外地区成员企业资金的管理方式，为北京地区金融机构扩大存贷款规模提供了便利条件，也成为北京地区金融机构独特的资源优势。但 2010 年以来，为规范和加强信贷业务管理，防范信贷风险，金融管理部门对固定资产、项目融资和流动资金贷款发放流程作出了新的规定，要求信贷资金支取应采取受托支付方式，银行根据借款人的提款申请以及支付委托，将贷款资金直接支付给合同约定的借款人的交易对手，而不是将信贷资金进入借款人账户，由借款人支付给其交易对手。在这种贷款流程中，集团总部不能再充当成员企业的借款代理人，贷款资金也很难形成存款，即使可以形成存款，贷款资金到账时间延长，滞留集团资金池账户很短时间后，就得将贷款资金支付给交易方，从而造成总部企业可归集的资金总量减少，特别是归集京外成员企业资金难度加大。根据对部分总部企业的调查，2010 年上半年，总部企业在新增贷款同比多增 67.8 亿元的情况下，新增存款同比却少增 141.4 亿元。长期以来，总部经济一直是北京地区金融机构依托的一大优势，贷款新规对总部经济资金集中管理带来一定影响，这一变化趋势对北京地区金融机构的影响有待继续观察。

三　政策建议

（一）进一步提高货币政策调控的前瞻性和有效性

2011 年是"十二五"计划开局之年，保证金融平稳运行对于实现"十二五"良好开端具有重要意义。当前国内宏观经济运行虽然保持平稳增长态势，但依然面临十分复杂的形势，突出表现为不确定性加大、不稳定因素增多。一方面，国内通胀预期有所抬头，政策调整的叠加效应可能会对经济运行带来一些冲击；另一方面，西方主要国家定量宽松政策引发全球流动性泛滥，欧洲债务危机再露端倪，对国内经济也会带来不利影响。因此经济运行面临着货币信贷调控压力增加，结构调整任务艰巨，资产价格上涨过快，境外资金流入压力加大等问题。这些矛盾和问题交错在一起，给中央银行制定和实施货币政策带来新的挑战。因此，应进一步提高货币政策调控的前瞻性和有效性。灵活运用多种政策工具，把握政策实施的力度和节奏。进一步扩大公开市场业务，加强对金融机构流动性的监测和管理，保持金融体系合理的流动性。积极疏通货币政策传导渠道，缩短政策传导时滞，提高政策传导效率。稳步推进利率化改革，培育合理的市场基准利率体系，进一步完善汇率形成机制，加强利率工具和汇率工具的协调配合。健全信贷政策指导体系，在保持信贷总量合理增长的同时，积极优化信贷结构，引导金融机构根据国家产业政策，结合首都经济发展特点，加大对战略性新兴产业和首都经济社会发展薄弱环节的金融支持力度。

（二）进一步加强通胀预期管理

通胀预期具有自我强化和实现机制，一旦形成惯性，则很难扭转，并会形成现实的通胀。因此，应在通胀预期形成初期，加强管理和引导。保持与经济增长相适应的货币供应量增长速度，从源头上降低通胀预期。加强舆论宣传引导，提高政策透明度和公信力，增强公众对稳定价格的信心。密切监测消费价格、工业品出厂价格、农产品价格、资产价格等各类价格指数变动情况，分析各类价格指数的相互关系，研究影响其变动的主要因素及其传导途径。加强货币政策与产业政策、财政政策和收入政策协调配合，进一步发挥利率对信贷资金供需、投资和消费的调节作用，保证适度投资规模，实现投资、消费和进出口的均衡发展。积极稳妥推进资源价格改革，扩大供给，健全社会保障机制，增加中低收入群体的生活保障。此外，在价格大幅上涨的情况下，应采取价格临时干预政策，稳定价格水平，引导公众通胀预期。

（三）改善金融机构资产负债配置

合理的资产负债配置是金融机构实现流动性、盈利性和安全性的保证，是金融机构持续稳健经营的基石。随着金融市场的发展，金融脱媒趋势难以避免，金融机构应积极开展金融创新，大力开发风险与收益相宜、能够满足存款人多元化需求的金融产品，扩大资金来源渠道，增加可以长期运用的资金规模。同时，应在目前已有试点的基础上，进一步扩大信贷资产证券化和信贷资产转让业务，增强信贷资产流动性。此外，应大力开展中间业务，在传统业务优势的基础上，提高金融科技服务水平，完善利益分配政策和奖励机制，积极发展附加值高的资信调查、资产评估、理财、现金管理、低风险的金融衍生品等中间业务，以摆脱对存贷利差收入的依赖，缓解资产过度向中长期信贷集中的压力，实现金融机构资产负债的合理配置，促进金融机构经营模式和发展方式的转型。

（四）完善总部企业资金运作模式，巩固北京地区金融资源优势

贷款新规对改善信贷管理流程，提高信贷资金使用效率，促进信贷资金进入实体经济具有积极意义，但也在一定程度上影响总部企业资金的运作效应。一方面，总部企业应适应形势的发展，大力推进集团资金精细化管理，增强现金流测算的准确性，提高可归集资金的比例，推行总部对成员企业集中收款和统一对外支付，积极开展业务创新，将商业承兑汇票、银行承兑汇票纳入集团资金池，依托其财务公司资金运作平台，开展票据保管、承兑、贴现、应收账款保理等新的产品和服务，扩大资金归集的覆盖面，完善资金集中管理模式。另一方面，考虑到总部企业融资规模都比较大，目前受托支付标准相对总部企业而言较低，建议金融管理部门对内控机制健全又无不良贷款记录的总部企业，适度放宽受托支付标准，给予总部企业更大的灵活度和更多的管理权，便于总部统一管控使用集团内资金。通过银企双方努力，积极完善在新形势下总部企业资金运作模式，进一步巩固北京地区金融资源优势，促进金融业又好又快发展。

B.22

北京市 2010 年财政运行情况与
2011 年财政形势分析

田 萌*

2010 年，北京市财政部门深入贯彻落实科学发展观，按照中央及本市的决策部署，紧紧围绕建设世界城市和"人文北京、科技北京、绿色北京"的战略任务，遵循"科学统筹、深化改革、夯实基础"的基本思路，以打造"效益财政"为目标，积极组织财政收入，妥善调度财政支出，努力优化支出结构，深入推进财政科学化精细化管理，财政管理效能不断提升，促进了首都经济社会协调发展，全面推进"十一五"规划各项任务的圆满完成。

一 财政运行的基本情况

1~11 月份，全市地方财政收入完成 2214.7 亿元，同比增长 17.0%。其中：市级完成 1225.1 亿元，同比增长 16.7%；区县完成 989.6 亿元，同比增长 17.5%。全市属地内收入（含基金）完成 7464.1 亿元，同比增长 10.5%。其中：中央级完成 3965.5 亿元，同比下降 9.4%；地方级完成 3498.6 亿元，同比增长 47.0%。

1~11 月份，全市地方财政支出完成 2062.5 亿元，同比增长 23.2%。其中：市级财政支出 1103.1 亿元（含追加区县支出 232.1 亿元），同比增长 16.7%；区县财政支出 1191.5 亿元，同比增长 28.9%。

二 收入运行的主要特点

2010 年，全球经济整体处于缓慢复苏之中，国家继续保持宏观经济政策的

* 田萌，北京市财政局预算处（编审中心）。

连续性和稳定性，进一步巩固了国内经济回升态势，也为本市财政收入增长奠定了坚实基础。

（一）财政收入增势较好，总体好于上年

2010 年以来财政收入增长较快，预计总体上财政收入形势将好于上年。分析其主要原因，一是得益于北京市经济平稳向好势头继续巩固，带动税收收入增长；二是上年年底房地产市场集中放量交易，政策的惯性和税收的相对滞后性使今年年初房地产业营业税大幅增长；三是上年同期收入基数处于较低水平，相应使 2011 年收入增幅提高。此外，财税部门深入挖掘经济增长的内在动力，继续深化"横纵结合、上下联动"的组收机制，也对推动北京市财政收入增长起到了积极的促进作用。

（二）财政收入增幅先高后低，呈持续回落态势

2010 年本市财政收入增幅呈"高开低走"态势，从年初增长 42.8% 逐月下降，至 11 月份已回落至 17.0%（见图 1）。财政收入增速放缓是本市经济高开稳走、重点行业受宏观调控政策影响有所波动，以及上年同期基数逐步抬高的综合反映。预计全年财政收入增幅将保持在 15.0% 以上。

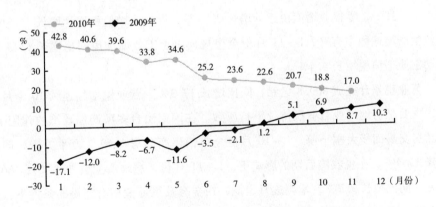

图1　2009 年以来北京市财政收入累计增幅情况

从全国情况看，北京市财政收入总量仍稳居第六位（见图2），但增幅低于全国平均增幅（24.5%），排名第 29 位。

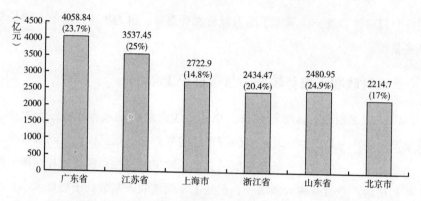

图2　2010 年 1～11 月份全国地方财政收入总量居前六位的省市

（三）多数主体税种平稳呈现"三稳一降"格局

2010 年 1～11 月份，四大主体税种合计完成 1692.8 亿元，占全市财政收入的 76.4%，同比增长 18.5%，较 1～10 月回落 1.3 个百分点。其中，增值税、企业所得税、个人所得税走势较为平稳，营业税增幅继续呈下行趋势。

增值税累计完成 188.6 亿元，同比增长 13.9%。分行业看，消费品市场保持活跃，1～11 月份全市累计实现社会消费品零售额 5610.9 亿元，同比增长 17.0%，有力带动商业增值税增长 28.1%（见图3），对增值税的增收贡献率达 80.8%。其中，零售业增值税累计增长 20.7%，批发业增值税累计增长 31.3%。工业生产增速稳中有升，1～11 月份全市规模以上工业增加值同比增长 15.3%，带动工业增值税增长 4.4%。

营业税累计完成 809.8 亿元，同比增长 17.3%。营业税增幅连续 10 个月走低，主要是房地产业营业税持续下行所致。在国家出台多项调控政策的作用下，商品房交易面积大幅下降，1～10 月份全市销售商品房 1169.7 万平方米，同比下降 33.4%。在税收滞后期的影响下，1～11 月份，房地产业营业税实现 186.8 亿元，同比增长 9.7%，增幅逐月走低。在金融政策环境相对宽松的条件下，金融业营业税累计完成 147.1 亿元，同比增长 18.8%（见图4），对营业税的增长起到支撑作用。内部分行业看，保险业、其他金融业、证券业、银行业金融业营业税累计分别增长 69.9%、25.8%、18.6% 和 10.9%。

企业所得税累计完成 494.9 亿元，同比增长 21.2%（见图5），增速总体运

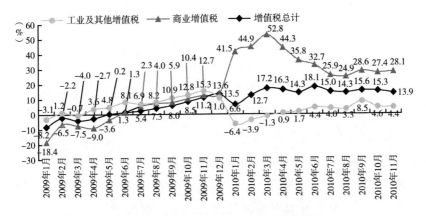

图 3　2009 年以来增值税分行业累计增幅情况

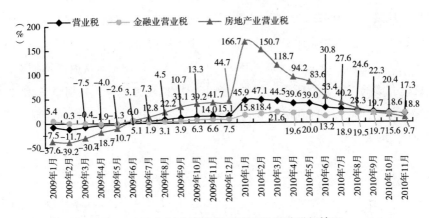

图 4　2009 年以来重点行业营业税累计增幅情况

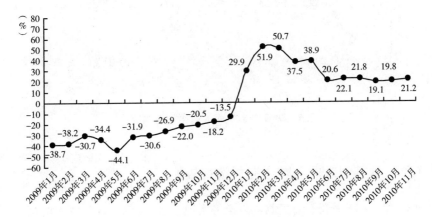

图 5　2009 年以来企业所得税累计增幅情况

行平稳。分行业看,金融业、房地产业企业所得税仍高于企业所得税总体水平,1~11月份累计增速分别为42.7%、22.0%,但房地产业企业所得税增速呈继续下行趋势。工业企业效益趋好,1~10月份,规模以上工业企业实现利润总额767.2亿元,同比增长42.4%,连续三个月稳步回升,带动相关税收增长。其中,制造业企业所得税同比增长15.2%;电力企业所得税连续两个月实现正增长,累计增速为20.5%。在第三产业企业利润增长较快的带动下,批发和零售业企业所得税增长20.9%,租赁和商务服务业企业所得税增长36.0%。

个人所得税累计完成199.5亿元,同比增长21.6%(见图6)。城乡居民收入稳步增加,1~11月份本市城镇居民人均可支配收入26719元,同比增长8.8%,为个人所得税保持平稳态势奠定了基础。分行业看,第三产业实现个人所得税占比最大,为87.4%,同比增长24.3%。其中,金融业、批发和零售业、租赁和商务服务业、居民服务和其他服务业个人所得税合计占个人所得税比重达53.7%,四行业分别增长34.6%、25.9%、20.5%、13.8%。从内部结构看,合计占比近九成的工资薪金所得、劳务报酬所得增长较为平稳,分别增长22.2%、19.1%;利息、股息、红利所得(占比5.5%)增长18.2%;财产转让所得(占比2.8%)增长100.0%。

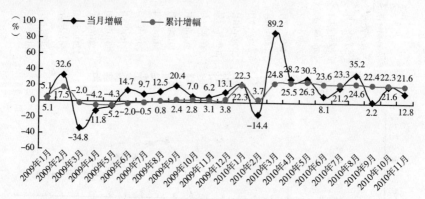

图6 2009年以来个人所得税增幅情况

(四) 区县财政收入整体完成情况较好

2010年1~11月份,各区县收入全部实现正增长,7个区县收入增幅高于全市平均水平。依次是:大兴(31.1%)、顺义(26.8%)、朝阳(25.0%)、通州

（24.5%）、密云（23.3%）、丰台（20.1%）、门头沟（19.7%）。从收入进度完成情况看，七个区县提前完成全年收入预算任务，分别是：门头沟区（116.1%）、大兴区（114.5%）、石景山区（108.5%）、朝阳区（107.4%）、通州区（106.2%）、顺义区（106.0%）、平谷区（102.2%）（见图 7）。另有 10 个区县快于时间进度。

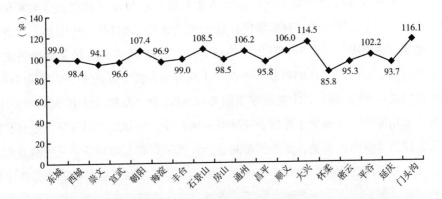

图 7　2010 年 1～11 月区县财政收入完成年度预算进度情况

分功能区看，首都功能核心区完成 302.7 亿元，同比增长 12.5%；城市功能拓展区完成 454.6 亿元，同比增长 19.3%；城市发展新区完成 174.1 亿元，同比增长 23.3%；生态涵养发展区完成 58.2 亿元，同比增长 14.5%（见图 8）。

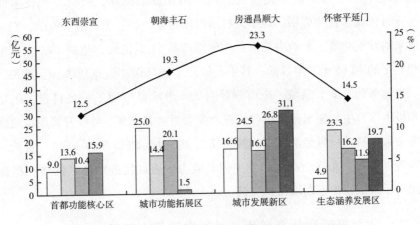

图 8　2010 年 1～11 月各功能区财政收入增幅情况

三　支出运行的主要特点

（一）加快经济发展方式转变，提升经济增长内在动力

一是充分发挥财政职能作用，扎实落实积极财政政策。拨付资金178.6亿元，落实油、电、气、运、粮等惠民补贴政策，增加居民收入，切实扩大消费需求。继续推进家电、汽车下乡及以旧换新工作，截至11月底，已累计销售家电下乡产品25.1万台、"以旧换新"产品161.9万台；汽车摩托车下乡补贴11442辆，以旧换新9874辆，其中黄标车以旧换新9052辆。鼓励企业扩大外部需求，支持本市担保机构开展中小外贸企业融资担保业务。充分发挥国有资本经营预算作用，加快首钢结构调整，支持汽车制造、大规模集成电路装备等现代制造业发展，促进首都经济结构调整和产业优化升级。支持高端制造业、新能源等战略性新兴产业发展，大力发展金融、物流、旅游、文化等服务业产业，集中力量打造新的经济增长极。

二是注重提升科技创新能力，积极推动中关村国家自主创新示范区建设。对中关村高成长科技企业贷款、信用保险等给予费用补贴，提高企业融资能力。支持科技型中小企业发展，促进科技创新企业做大做强。研究制定《北京市专利商用化促进办法》，在全国率先实施专利商用化资助工作，鼓励专利技术商用化，推进科技成果转化应用。对中关村示范区企业改制、上市给予资助。充分发挥政府采购政策功能，采购中关村自主创新产品51.5亿元，超额30%完成市政府年初制定的40亿元工作目标，其中，涉及节能环保、信息技术、新能源、新材料、生物医药等多个领域，全市累计有356个项目应用了中关村自主创新产品。积极争取自主创新示范区税收优惠政策取得重大突破，继续开展股权激励试点，完善重大科技项目经费列支间接费用管理办法，建立首台（套）、首购、订购风险补偿机制，支持企业提高自主创新能力。通过促进示范区的体制机制创新，推动示范区建设不断取得新突破。

（二）着力保障和改善民生，推进和谐社会建设

一是落实"人文北京"行动计划。统筹安排市政府为民办实事资金203.6

亿元，切实解决关系群众切身利益问题。支持改扩建公办幼儿园改善办园条件，加大对学前教师的培训投入。支持全民健身事业发展，推进全民健身工程建设。支持艺术生产和创作，打造首都文化艺术精品，提升首都文化中心地位。加快覆盖城乡、惠及百姓的公益演出体系建设，丰富群众精神文化生活。拨付文化创意产业发展专项资金 5 亿元，通过补助、贷款贴息、奖励、担保等方式，支持本市文化创意产业发展。投入 45.1 亿元，提高养老、失业、低保等社会保障待遇标准。其中：最低养老金调整为 1000 元/月·人，惠及 185 万企业退休人员；失业保险金在 2009 年标准基础上平均每档上调 70 元；最低工资标准从 800 元/月调整为 960 元/月，增长 20%；调整城乡最低生活保障待遇标准，城市低保从 410 元/月提高到 430 元/月，农村低保从 170 元/月提高到 210 元/月。落实促进就业优惠政策和再就业援助制度，截至 11 月底，累计拨付 19.33 亿元，帮助 7.21 万名就业困难人员实现就业，全市城镇登记失业率为 1.44%，连续 11 个月下降。完善本市医药卫生财政投入政策，进一步明确政府卫生投入的原则、范围及方式，加强维护群众健康的财力保障。支付定点医疗机构"实时结算"预付款，解决持卡结算后医疗机构资金周转困难问题，推进社会保障卡建设。落实居家养老（助残）"九养"政策，为 80 岁及以上老年人每人每月发放 100 元养老券，资助社区老年饭桌、发放托老（残）所补贴和百岁老人福利医疗补贴等，提升社会保障水平。

二是提升城市管理服务水平。多渠道筹集资金 75 亿元，支持旧城人口定向安置。筹集资金 15.31 亿元，加快推进门头沟、丰台、通州"三区三片"试点棚户区改造。狠抓节能减排，对新能源公交和环卫车辆给予采购价差补贴和运营补贴，到 2010 年末，本市新能源车示范运营规模将达到 2260 辆。继续改善大气质量，拨付大气治理资金 17.0 亿元，确保完成城市核心区非文保区 1.3 万户煤改清洁能源任务，保障黄标车淘汰任务全部完成，加快实施城区 20 吨以上燃煤锅炉改造，持续改善首都空气质量。拨付延长居民采暖季供暖燃料成本补助，保证居民顺利过冬。推进垃圾减量分类工作，支持全市 600 个居住小区、30% 的党政机关和学校开展垃圾分类示范引导活动，加快 106 座密闭式垃圾分类清洁站升级改造，构建绿色生产生活方式。加大城市环境综合整治力度，积极推进城中村、城市边角地、架空线入地、非正规垃圾堆治理等项目实施。投入资金对延康路、京塘路、110 国道等道路进行大修及公路养护绿化，保障百姓出行安全。积极筹措资金，支持公安部门创新社会管理工作机制，不断完善中心区防控机制、高峰勤务机制、"中小幼"校园及周边防范机制等警务工作，确保首都社会安全稳定。

（三）推进城乡公共服务均等化，加快城乡统筹和区域协调发展

一是完善支农投入机制，保障强农惠农服务。投入政策性农业保险再保险资金 4.3 亿元，增强农业减灾抗灾能力。截至 11 月底，政策性农业保险已覆盖全市近 40% 的农业资源，投保农户 26.23 万户，占全市农业生产经营户的 36.1%。构建多层次农业投融资体系，农业投资平台运转顺利。农担公司批准担保项目 345 个，批准担保规模 24.4 亿元；农投公司出资 3.45 亿元，吸引社会资金约 8.9 亿元。

二是及时拨付涉农补贴，大力发展都市型现代农业、设施农业。完成本市 2010 年粮食直补资金发放工作，共有 60.5 万户种粮农民领取补贴资金 2.8 亿元。支持设施农业建设，提高农产品供应保障能力。落实农机购置补贴政策，有效增强农业装备实力，受益农户达到 3 万余户。夯实农业发展基础，支持农田基础建设，提高农业综合生产能力和现代化装备水平。积极扶持农业产业化项目，对农产品种养、加工、流通等环节给予支持，延长农业产业化链条，推进农业综合开发产业化经营，直接受益农户达 1.2 万户。

三是以城乡接合部改革为切入点，加快城乡一体化进程。积极推进城乡接合部 50 个重点村建设，支持重点村拆迁建设工作，建立风险应急资金，解决重点村融资难问题。落实新农村五项基础设施和"三起来"工程投资，截至 11 月底，已完成投资 60 亿元，达到计划工程任务的 92.3%，农村生产和生活环境进一步改善。

四是加快农村社会事业发展，促进城乡基本公共服务均等化。实施科普益民、惠农兴村计划，提高农民科技素质；新建农家书屋 1020 个，解决农民"买书难、借书难、看书难"的问题；支持农村数字电影公益放映、农村文艺演出星火工程，丰富农民文化生活；实施农村计划生育低收入家庭增收致富贷款贴息、独生子女家庭特别扶助和农村计划生育家庭奖励，完善计划生育利益导向机制。

（四）推进财政科学化精细化管理，提高财政管理效能

一是加强绩效管理，构建科学合理的财政资金分配、评价机制。创新与行业主管部门的联合评审机制，评审各类项目 7002 个，审减资金 43.1 亿元，提高项目评审实效。不断提高绩效管理水平，对涉及教育、科技、农业等重点领域的 196 个项目实施绩效评价，涉及资金 124.8 亿元。积极探索开展市级项目支出事前评估试点工作，邀请人大代表、政协委员、专业机构等社会力量参与，提高预算资金决策的科学性、公开性。选择农业、社会保障等领域的项目实施了财政再评价。探索对大额专项资金以及部门整体预算进行评价。将绩效评价结果纳入政府行政问责体系，强化预算单位的主体责任。

二是增强统筹意识，构建高效的财政资金调控机制。建立本市"重大科技成果转化和产业项目资金统筹机制"，五年统筹资金 300 亿元，集中力量支持重大项目建设和重点行业发展。完善项目支出管理，按照资金保障优先次序和投向调整项目支出分类，进一步提高对全市重点工作的保障能力。加强财政性结余资金管理，通过缩短零余额账户结余使用的时间、加强实有账户和一般事业基金结余的管理等措施，强化存量结余资金管理，集中用于本市重点事项。

三是完善长效机制，构建可持续的增收节支管理机制。加强部门联动，强化收入分析手段，依法加强税收征管，规范非税收入管理，监督各项收入及时足额入库。严格控制一般性支出，在连续三年将行政事业单位公用经费压缩 10% 的基础上，2010 年又压缩 5%，共计 3.69 亿元，集中用于本市重点事项支出。继续完善和细化预算编报基础工作，健全基本支出公用经费定额标准体系，促进实物定额与费用定额相结合，进一步提高定额标准的公平性。

四是强化创新理念，构建财政资金运行良性发展的管理体制。建立区县落实支出责任与市对区县转移支付挂钩的奖励机制，完善市与首都功能核心区分税制财政管理体制，促进区县共享协调发展。强化行政事业单位国有资产监管，促进资产管理与预算管理相结合，分类推进市级事业单位转制、资产整合工作，深化行政管理体制改革。

五是构建透明财政，完善相互制约的监督管理机制。创新政府采购模式，引入议价、信息公开、淘汰和退出机制等，改进服务，强化监督。推进基建资金纳入国库集中支付改革工作，增强资金支付的安全性和资金核算的规范性。深入开

展"小金库"、假发票专项治理，以及强农惠农资金专项清理和检查工作，确保专项治理工作不走过场、不留死角。推进预算信息公开工作，2011 年将上报人代会审议的部门由 45 个，增加到除涉密部门以外的 58 个政府组成部门和直属机构，同时细化报送人大审议的政府预决算，自觉接受人大、政协监督。

四 2011 年财政形势分析

2011 年，经济运行中不稳定因素依然存在，主要表现在：国内外环境仍然错综复杂，经济存在较多不确定性，特别是本市产业结构将进行深度调整，新兴产业在短期内还难以形成对财政收入的支撑力。同时，落实国民收入分配格局向城乡居民倾斜、落实中关村税收优惠政策等因素，将会造成本市财政收入减收，为促进财政收入平稳较快增长带来挑战。为此，财政部门将以党的十七届五中全会和中央经济工作会议精神为统领，深入贯彻科学发展观，抓住产业结构调整、经济发展方式转变的有利时机，发挥政策资金的集成效应，着力巩固主体财源，培育新兴财源，优化财源结构，强化财政增收的稳定性、可持续性，确保财政收入与经济发展协调提升。同时，按照市委十届八次全会的决策部署，紧紧围绕全力推进"人文北京、科技北京、绿色北京"战略，积极落实调整国民收入分配格局的政策措施，促进经济发展方式转变，加大对民生领域的支持力度，不断提高基本公共服务均等化水平。扎实推进财政科学化精细化管理，依法理财，强化统筹，积极构建有利于首都科学发展的财税体制机制，为"十二五"规划开好局、起好步发挥积极作用。

一是支持创新驱动和经济优化升级，促进加快经济发展方式转变。加大对国家科技重大专项和重大科技成果转化及产业化项目的支持力度，充分发挥中关村国家自主创新示范区先行先试的优势，推进中关村科学城、未来科技城等加快建设，搭建科技创新平台，为推动自主创新营造更好的发展环境。发挥政府采购支持自主创新的政策功能作用，整合现有人才奖励资金、政策，激发科技创新的动力和活力。积极发挥各项财政政策资金引导作用，完善扩大消费需求政策，落实国家扩大内需战略。坚持"优化一产、做强二产、做大三产"，优化产业布局，推动产业优化升级，促进都市型现代农业发展，支持服务业转型升级，提升现代制造业发展水平，加快循环经济发展，加大对高端领域中小企业的扶持力度，巩固和提高实体经济对首都经济的支撑作用。

二是着力保障和改善民生，推进首都文化软实力建设。进一步加大对民生的投入力度，健全基本公共服务体系。充分发挥公共财政对国民收入再分配的调节作用，促进调整国民收入分配格局。实施更加积极的就业政策，千方百计扩大就业。支持教育事业优先发展，促进各类教育均衡发展。进一步落实"九养"政策，支持发展社会化养老服务。进一步提高社会保障待遇标准，支持完善覆盖全体居民的社会保障体系。贯彻中央及本市稳定消费价格总水平、保障群众基本生活的各项政策，降低中低收入群体生活负担。落实全民健身计划，深化医药卫生体制改革，加快公共卫生服务体系建设，建设健康城市。大力发展公共租赁住房，加快保障性安居工程建设。推进文化惠民工程，保护历史文化名城，增强公共文化服务能力。

三是促进城市建设管理服务水平提高，加快宜居城市建设。根据首都发展的阶段性要求，支持优先发展公共交通，加大交通疏堵工程和交通基础设施建设投入力度，着力解决城市交通问题。加快城市环境整治和生态建设，提高综合应急和防灾减灾能力，整治社会管理薄弱环节。完善财政扶持政策，推广节能技术，提高垃圾处理减量化、资源化、无害化水平，落实"绿色北京"计划，增强可持续发展能力。

四是加快郊区城镇化建设，促进城乡一体化发展。继续加大财政对"三农"的投入力度，推动都市型现代农业和沟域经济发展，加快生态涵养发展区建设，健全农产品安全保障体系，增强郊区农村发展活力。全面落实各项惠农补贴政策，增加农民收入。支持农村基础设施和公共服务设施建设，提高郊区基本公共服务水平。加快城乡接合部城市化建设，促进南城、西部等地区的发展，推进城乡区域协调共享发展。

五是深入推进财政科学化精细化管理，进一步提升预算管理水平。健全政府预算体系，强化公共财政预算、政府性基金预算、国有资本经营预算、社会保险基金预算的统筹和衔接。加强政府性债务管理，积极防范财政风险。按照中央及市委、市政府关于厉行节约的要求，严格控制党政机关办公楼等楼堂馆所建设，大力压缩出国、会议等方面的支出，切实控制和降低行政运行成本。加大绩效评价力度，完善和支出项目事前评估和再评价制度，强化评价结果应用，运用评价结果改进预算编制和资金分配，提高资金使用效益。强化政府采购管理，规范政府采购行为，健全政府采购风险管理体系。加强行政事业单位资产管理，完善行政事业单位资产配置、处置报废等标准，推进资产管理与预算管理的有机结合。继续开展"小金库"专项治理工作，积极探索建立防治"小金库"的长效机制。积极推进预算信息公开，将市人代会审议批准的政府预算和部门预算全部向社会公开。

五 回眸"十一五"，展望"十二五"

"十一五"时期是财政事业发展极不平凡的五年，财政部门深入贯彻落实科学发展观，积极发挥财政职能作用，不断取得新的成绩，较好地完成了各项工作任务。全市地方财政收入规模不断扩大，突破了 2000 亿元大关，2010 年预计完成 2340 亿元，"十一五"时期财政收入总量预计实现 8813.9 亿元，比"十五"时期的 3244.4 亿元，增长了 1.7 倍；财政支出 2010 年预计完成 2478.5 亿元，"十一五"时期支出总量将达到 9281.1 亿元，比"十五"时期的 3675 亿元，增长了 1.5 倍。财政支出结构不断优化，公共财政保障能力明显提升。"十一五"时期教育支出总量预计达到 1461.9 亿元，比"十五"时期的 521.2 亿元，增长了 1.8 倍；科学技术支出总量预计达到 463.3 亿元，比"十五"时期的 78.6 亿元，增长了 4.9 倍；社会保障和就业支出总量预计达到 871.4 亿元，比"十五"时期的 333.2 亿元，增长了 1.6 倍；医疗卫生支出总量预计达到 530.5 亿元，比"十五"时期的 199.2 亿元，增长了 1.7 倍；农林水支出总量预计达到 539.4 亿元，比"十五"时期的 139.8 亿元，增长了 2.9 倍。同时，进一步完善市与区县财政管理体制，促进了区域协调共享发展；不断创新财政管理模式，健全了有利于科学发展的财政机制体制，为实现"十一五"期间"新北京、新奥运"战略构想，推动首都经济社会又好又快发展发挥了积极的作用。

展望"十二五"，财政部门将深入贯彻党的十七届五中全会和北京市委十届八次全会精神，紧紧抓住未来五年大有作为的重要战略机遇期，围绕首都发展目标，坚持"促调整、强统筹、增效益"，完善财税政策，健全体制机制，不断提高财政科学统筹能力和财政资金配置使用效益，为圆满完成"十二五"规划各项任务提供坚实的财力保障。

2010 年税收完成特点及
2011 年发展趋势预测

廉　清

2010 年，北京市地方税务局在北京市委、市政府和国家税务总局的正确领导下，全面贯彻落实北京市和国家税务总局的各项工作要求，切实规范税收管理和行政管理，坚持依法征税、应收尽收、坚决不收过头税的组织收入原则，在北京市经济运行总体向好和宏观调控措施有效落实的基础上，保证了税收收入持续增长。

一　2010 年税收完成情况及特点

在北京市经济良好运行态势的基础上，2010 年 1～10 月份北京市地税局累计完成税收收入 1698.4 亿元，完成全年 1743.5 亿元税收收入计划的 97.4%；同比增收 299.1 亿元，增长 21.4%，增幅比同期提高 9.5 个百分点，为完成全年收入任务打下了坚实基础。

（一）与国家宏观调控方向相一致，税收收入高开稳走

随着国家一系列宏观调控措施落实到位，税收收入从年初同比增长 46.7%，一季度末 38.6%，二季度末 29.9%，三季度末 23.6%，到 10 月底同比增长 21.4%，高开稳走的发展态势十分明显（见图 1）。

（二）三大税种保持主体地位，个人所得税和土地增值税增收贡献突出

从税收规模看，1～10 月份营业税、个人所得税、企业所得税共计完成

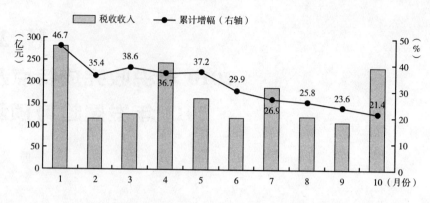

图1　2010年1～10月税收收入完成情况

1404.2亿元，占税收收入总额的比重为82.7%。从增长角度看，三大税种增幅均高于20%，其中前五个月营业税的增收贡献较大，后期个人所得税发挥了重要支撑作用。营业税同比增收130.1亿元，增长20.4%；个人所得税同比增收89.9亿元，增长24.2%；企业所得税同比增收30亿元，增长20.7%。土地增值税、房产税和城建税的税收规模均在80亿元左右，其中土地增值税增收贡献突出，累计完成81.9亿元，同比增收26.7亿元，增长48.3%（见图2）。

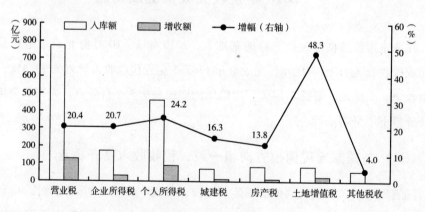

图2　2010年1～10月分税种完成情况

（三）各主体行业全面增长，服务业、房地产业和金融业规模居前列

2010年1～10月份，第三产业各行业税收均为增收，共完成税收收入

1501.6 亿元，同比增收 275 亿元，增长 22.4%。其中，服务业、房地产业、金融业共计完成税收收入 1085.9 亿元，平均增幅为 21.4%，占税收收入总额的比重达到 63.9%。第二产业完成税收收入 193.9 亿元，同比增收 23.2 亿元，增长 13.6%。其中，制造业和建筑业分别完成 81 亿元和 93.8 亿元，同比增长 10.5% 和 12.4%（参见图 3）。

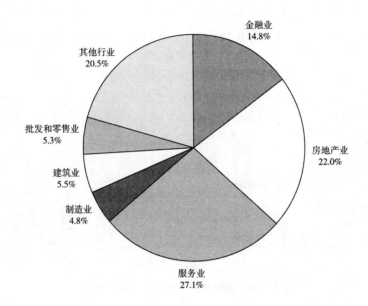

图 3 税收收入分行业构成

二 2010 年主要增减收因素分析

（一）北京市经济发展逐步减速趋稳

从北京市统计局公布的数据看，全市认真贯彻落实中央各项宏观经济调控政策，大力推进经济结构优化调整，总体经济呈现高开、减速、平稳的运行态势。1~9 月份，全市实现地区生产总值 9754.4 亿元，按可比价格计算增长 10.1%，增速比上半年回落 1.9 个百分点，比第一季度回落 4.8 个百分点。其中，第三产业增加值 7353.5 亿元，增长 8.8%，增幅比上半年回落 2.2 个百分点，比第一季度回落 5 个百分点，在三次产业中回落速度最快。

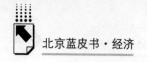

（二）房地产业税收由升转降

自年初"国十条"、"京十二条"颁布实施以后，国家一系列抑制房价过快上涨的宏观调控措施得到有效落实。1～9月份，全市新建商品房销售面积为998.7万平方米，比上年同期下降37.3%；9月份，房屋销售价格比同期上涨11.4%，涨幅比第一季度末回落了0.9个百分点。2010年前五个月房地产业税收合计完成219亿元，同比增长78.9%；6月份到10月份连续五个月同比减收，合计完成154.6亿元，同比下降17.5%（参见图4）。

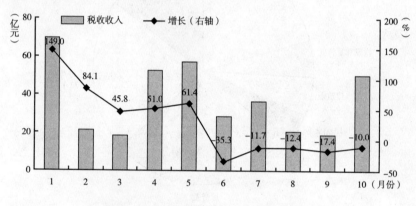

图4　2010年房地产业分月税收完成情况

（三）税源规模和质量稳定提高

截至9月30日，税源总户数达到91.2万户，比年初增加5.6万户，增长6.5%。1～10月份，纳税百万元以上企业共16347户，比上年同期增加2333户；共计入库各项税费收入1532.5亿元，同比增收280.9亿元，增长22.4%。其中，在连续两年达到百万元以上的12078户企业中，有8163户的企业同比增收，所占比重为67.6%，平均增长速度达到56.9%，有力地促进了整体税源质量稳定提高。

（四）组织收入工作扎实开展

2010年以来，按照国家税务总局和地税局局党组的统一部署，各区县局、分局充分发挥组织收入工作长效机制作用，着力强化稽查、纳税评估、清理欠税、土地增值税清算等工作，严格落实各项税收政策，取得了阶段性成果。1~3季度，各项组织收入措施共入库税收收入 63.3 亿元，占整体税收收入的比重为4.3%。

三 2010 年全年税收收入预计

从经济角度看，据北京市统计局分析，由于 2009 年各季度增速分别是6.1%、9.4%、12.8% 和 11.4%，基数逐渐提高致使 2010 年前三季度增速高开稳走，分别是 14.9%、12%、10.1%；同时，宏观调控政策的继续深入、高耗能产业的退出将进一步影响到房地产业、金融业和工业等主要行业的增长速度。因此，第四季度北京市经济会继续减速趋稳。

从税收角度看，全市固定资产投资低幅增长、商品房销售面积和金融机构新增贷款下降，将会使北京市地税局房地产业税收持续减收和银行业税收低幅增长，营业税、企业所得税、土地增值税等主要税种的增长速度也将受到影响。

与经济发展速度相协调，2010 年北京市地税局前三季度当季税收增长速度分别为 38.6%、22.3% 和 10.3%，税收增速逐步放缓特点明显，预计全年增长幅度将在 17% 左右。

四 2011 年税收收入发展因素分析

（一）北京市经济继续稳定增长，主体行业保持回稳发展态势

从宏观层面看，按照《中共中央关于制定国民经济和社会发展第十二个五年规划的建议》的精神，以科学发展为主题，以加快转变经济发展方式为主线，保持经济长期平稳较快发展是经济社会发展的主要目标。因此，2011 年作为"十二五"的开局之年，必将继续保持稳定增长的总趋势。经过北京市地税局与北京市财政局、统计局和发改委沟通情况，目前北京市 2011 年的经济预期发展目标初步预计为增长 8%，财政收入的增长初步安排是 9%，但以上数据尚未最终确定。

从主体行业角度分析，一是 2011 年国家一系列抑制房价过快增长的宏观调

控政策会得到进一步坚持，房地产业税收在一定时期内将继续保持减速回稳的发展趋势。二是为了控制流动性过剩和通货膨胀，中国人民银行年内五次提高存款准备金率到18%的历史高位，由此将对银行业信贷规模的增加产生影响。由于上述两个行业占到北京市地税局税收总规模的31.6%，所以税收收入的整体发展速度也会随之趋于稳定。此外，受房地产业影响，企业所得税7月份完成26.8亿元，同比下降0.7%；10月份完成0.9亿元，同比下降13.3%，由此可预测2011年汇算清缴也将受到影响，减收态势将会进一步延续。

（二）税收弹性逐步下降，税收负担稳步提高

北京市地区生产总值增速按可比价计算，2008年为9.1%，2009年为10.1%，按现价比分别增长12.9%和6.8%；税收收入2008年同比增长16.3%，2009年同比增长11%，两年税收弹性分别为1.27和1.62。2010年，税收弹性随着经济和税收增长速度的回稳逐步下降，预计全年将在1.5左右。

从历年数据来看，随着北京市地税局信息化水平不断提高和征收管理力度逐步加强，宏观税负从2001年的9.7%逐年上升至2009年的13.4%。2010年，北京市地税局总体税负仍然保持稳步提高态势，预计将会达到14.1%左右，提高近0.7个百分点（见图5）。这主要是由于北京市地税局进一步加强征收管理和房地产业宏观调控政策调整的影响：1~3季度，稽查2154户，入库12亿元；评估42291户，入库8.2亿元；清理欠税56户，入库1.1亿元；完成土地增值税清算项目380个，入库24.6亿元；征收二手房转让税款14.4亿元。

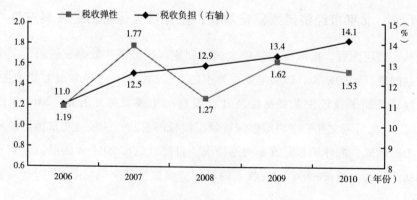

图5 北京市近五年税收弹性和税收负担情况

（三） 各项税收政策对税收收入的影响

2011 年，按照《关于统一内外资企业和个人城市维护建设税和教育费附加制度的通知》（国发〔2010〕35 号）的文件要求，自 2010 年 12 月 1 日起，外商投资企业、外国企业及外籍个人适用国务院 1985 年发布的《中华人民共和国城市维护建设税暂行条例》和 1986 年发布的《征收教育费附加的暂行规定》，对北京市地税局城市维护建设税的征收产生积极影响。外资企业营业税占到北京市地税局征收营业税总额的 17% 左右，预计 2011 年将带动城建税增收 30 亿元左右。同时，2010 年前 10 个月北京市高新技术企业累计缴纳企业所得税 14 亿元，近期国务院将批准北京市建立中关村自主创新示范区，享受 15% 企业所得税优惠税率的将由目前的 4500 户增至 1 万户，新增加享受优惠政策的企业在 2011 年汇算清缴时将形成退税，预计可达到 3 亿~5 亿元。

（四） 按历年发展规律测算结果

从历年发展规律看，"十五"期间北京市地税局税收收入年均增幅为 24.7%，"十一五"期间的年均增幅为 20.2%，其中近三年的年均增幅为 15.1%，也就是说总体增长速度呈现逐步回稳态势。同时，利用 SPSS 统计分析软件的线性、二次曲线、三次曲线估计模型对 2000 年以来税收收入和地区生产总值的数据进行测算，预计 2011 年的增长幅度为 10.8%。

综合税收与经济的相关程度、税源结构特点、税收政策执行以及历年税收发展规律等方面因素可以判断，2011 年北京市地税局税收收入将会继续保持稳定增长的发展态势。

区县经济

Functional Regions & County Development Chapter

B.24

提升中关村在我国加快发展方式转变中的引擎地位

中关村创新发展研究院 *

后金融危机时期，新的世界经济秩序面临重建，我国进入了创新推动发展、谋求更多国际空间的战略机遇期，加快经济发展方式转变被提到了新的战略高度。党的十七大报告提出加快转变经济发展方式的战略任务，强调要促进经济增长由主要依靠投资、出口拉动向依靠消费、投资、出口协调拉动转变，由主要依靠第二产业带动向依靠第一、二、三产业协同带动转变，由主要依靠增加物质资源消耗向主要依靠科技进步、劳动者素质提高、管理创新转变。转变经济发展方式重在提升创新能力，只有提升科技创新能力、产业创新能力、区域创新能力，才能构筑转变经济发展方式的动力引擎。

---

* 执笔人：赵弘，北京市社会科学院院长助理、中关村创新发展研究院院长；哈妮丽、唐晓密、何芬，北京方迪经济发展研究院研究人员。

中关村成立 20 年来，不断实现跨越式发展，积极探索创新驱动型科学发展道路，为促进我国转变经济发展方式作出了重要贡献和积极示范。在新的历史时期，面对加快转变经济发展方式的新任务，中关村国家自主创新示范区有基础、有条件，更有责任发挥在创新资源和高新技术产业上的优势，通过实施"六大工程"，进一步强化示范区在我国经济发展方式转变中的引领作用。

一 推进中关村国家自主创新示范区建设，是强化中关村 在我国转变经济发展方式中引擎地位的重要举措

（一）强化中关村在我国依靠科技进步推动经济可持续发展中的示范标杆作用

当前，人口资源环境矛盾已成为约束我国经济发展的硬要求，粗放增长方式造成的资源过度消耗和环境污染问题日益凸显，原有成本过大、高投入、高消耗、高排放的发展模式难以为继。推动我国经济的可持续发展，必须加快转变经济发展方式，促进经济增长由主要依靠增加物质资源消耗向主要依靠科技进步、劳动者素质提高、管理创新转变，实现速度和结构质量效益相统一、经济发展与人口资源环境相协调。

中关村示范区在 20 多年的创新发展历程中，始终站在我国改革开放的前列，不断探索体制机制创新，以自主创新为核心驱动力，大力推进高技术产业发展，成为我国自主创新体系建设的标杆。中关村的发展历程有力证明了增强自主创新能力是转变经济发展方式、实现经济可持续发展的根本途径。未来，中关村示范区应继续发挥示范标杆作用，在全国率先走出一条能源资源消耗低、环境污染少、经济效益好的科学发展之路，通过局部示范带动全局发展，为我国依靠科技进步推动经济可持续发展提供新鲜经验。

（二）强化中关村在我国抢占后国际金融危机时期国际竞争制高点中的前沿阵地作用

近年来我国综合国力有了明显提升，但成为世界强国还有很长的路要走。以出口为例，目前我国出口规模位居全球第一，但大多数出口产品和行业由于缺少

自主品牌和核心技术，只能依靠廉价劳动力和资源参与国际市场竞争，处于全球价值链的低端。一旦世界经济发生振荡导致外需减弱时，我国出口将受到较大冲击，进而影响经济增长。从当前世界经济发展趋势来看，创新能力成为决定国家竞争力高低的主导性因素。要在后金融危机时期更趋激烈的国际竞争中赢得主动，增强我国经济抵御国际市场风险能力，必须加快转变经济发展方式，全面提升国家自主创新能力。

中关村示范区是我国创新最活跃的地区，拥有全国最密集的科教智力资源，涌现了大量高水平的创新成果，聚集了一批积极探索国际化发展的创新型企业，在增强自主创新能力、参与国际竞争方面为我国其他区域作出了表率。未来，中关村示范区将全力打造具有全球影响力的科技创新中心，承担起我国抢占国际竞争制高点、争创新优势的先锋重任。

（三）强化中关村对于突破我国转变发展方式中的制约因素的示范作用

转变发展方式核心在体制，关键也在体制。30 多年来，我国改革开放取得了积极成效，难度系数相对较小的改革都已触及，改革开始进入"深水区"，着手进行难度较大的、具有全局性和长远影响的改革攻坚任务。未来的改革要求在深层次问题上突破，关键是建立起一整套有利于科学发展的制度规则，从根本上为加快经济发展方式转变提供动力和保障。

中关村不仅是我国技术创新的发源地，也是探索科技成果转化机制改革的直接产物，更是深化改革、扩大开放的试验田。中关村的先行先试，着力点在于探索建设符合创新要求的、适应新兴产业发展的、能够展现人才的才华和智慧的制度和环境，为我国加快经济发展方式转变以及国民经济持续健康发展提供新鲜经验。未来中关村要在产学研用创新体系、高端资源聚集、体制机制等方面，继续深化改革创新，不断探索实现科技与经济有机结合的方式和路径。

（四）强化中关村在北京建设世界城市中的动力引擎作用

北京市委十届七次全会提出，北京要"瞄准建设国际城市的高端形态，从建设世界城市的高度，加快实施人文北京、科技北京、绿色北京发展战略，以更高标准推动首都经济社会又好又快发展。"现阶段，北京与纽约、东京、伦敦等世界城市相比综合实力还存在较大差距，具体表现为，经济总量规模不够大，产业结构有待进一步优化，对世界经济的影响力和控制力不够强；文化资源潜力未能有效释放，文化对首都经济社会发展的支撑力不明显；在区域中的辐射带动作用未能充分发挥，京津冀都市圈发育程度比较弱；基础设施承载能力落后于发展需求，城市综合服务能力有待提高等。加快首都经济发展方式转型是北京建设世界城市的重要途径，是实施"三个北京"战略的重要内容。

中关村示范区一直以来是首都自主创新的主战场、经济发展的重要增长极和产业结构升级的重要引擎。未来，中关村示范区将挑起北京建设世界城市的大旗，在促进首都产业结构优化和经济总量扩大、提升首都文化软实力、构建京津冀大都市圈、增强城市综合服务功能等方面发挥积极作用。

二　中关村具备引领我国经济发展方式转变的能力和条件

自 1988 年成立以来，中关村始终保持快速发展，经济总量不断扩大，产业结构逐渐优化，自主创新能力明显提升，综合实力显著增强，成为推动首都经济发展的重要引擎和我国参与全球科技与经济竞争的前沿阵地。在新时期，作为我国科技资源最密集、创新最活跃、创新能力最强劲的区域，中关村有能力、有责任承担起引领我国高技术产业发展、促进经济发展方式转变的使命。

（一）中关村已经成为引领我国高新技术产业发展的旗帜

经济实力不断提升，成为首都经济发展的重要增长极。1988～2009 年，中关村经济总量一直保持快速增长，高技术产业总收入年均增长率达到 38.3%。2009 年中关村示范区总收入达到 12995.1 亿元，同比增长 27.1%；实现增加值 2182 亿元，占全市地区生产总值的 18.4%。中关村已经成为首都经济发展的重要增长极。

重大创新成果不断涌现，成为我国自主创新的旗帜。中关村的科技创新始终走在全国前列，培育了联想、方正、百度等一大批创新型企业，涌现了曙光 4000A 超级计算机、非典和人用禽流感疫苗等一大批具有自主知识产权的新产品、新技术。2009 年，中关村企业共获得专利授权 6362 件，约占北京市的 1/4。中关村的创新成果还通过技术交易、技术转移等途径扩散到其他地区。2008 年，

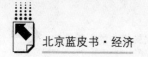

中关村技术转移成交额848亿元，其中48.2%流向外省市，22.3%出口到国外。

高端产业发展势头强劲，成为引领全国高新技术产业发展的重要引擎。中关村高度重视研发创新对产业的支撑和引领作用，充分利用其智力资源优势，不断推进高端产业和产业链高端环节的发展，逐步形成了以电子信息、生物医药、航空航天、新材料、新能源与环保、高技术服务业为主的高端产业集群。中关村一些重要产业和产品在我国具有举足轻重的作用，计算机国内市场占有率、手机产量稳居全国第一，软件、集成电路设计销售收入分别占全国的1/3和1/4。中关村初步探索出了一条发展高技术产业的道路，带动了全国高新技术产业的发展。

国际化步伐日趋加快，成为我国参与全球竞争的前沿阵地。20多年的发展中，中关村始终坚持全球化发展视野，大力实施"引进来"和"走出去"发展战略，积极参与国际交流合作，支持企业参与国际竞争。中关村聚集了英特尔、微软、IBM等一大批知名企业区域总部及研发中心，国际资源配置能力稳步提升。2008年中关村吸引外商直接投资额12.2亿美元，同比增长12%。在"走出去"方面，2005年以来，中关村出口总额年均增长21.7%，2009年出口达到208.2亿美元。同时，一批中关村企业逐渐进入国际市场，新浪、搜狐、百度、中星微等一批高科技企业陆续登陆国际资本市场。中关村国际化进程明显加快，逐步成为我国参与全球科技与经济竞争的前沿阵地。

（二）中关村政策优越、创新要素集聚，具备引领国家经济发展方式转变的条件

先行先试的政策优势。作为我国第一家科技园区，中关村诞生了很多个全国"第一"，这首先得益于先行先试的政策优势。1988年，国务院批准制定《北京市新技术产业开发试验区暂行条例》，率先试验了以税收优惠为主的高新技术产业扶持政策，冲破了计划经济的束缚。2000年，北京市制定了《中关村科技园区条例》，开始探索在中关村园区建立市场经济的局部环境。2009年，中关村被国务院批准为国家自主创新示范区。中关村将围绕"四个一批"建设，进一步深化体制机制创新，重点在股权激励、科技金融创新、国家重大专项项目经费使用、支持创新创业税收政策、政府采购自主创新产品等方面推进先行先试改革。

科技资源密集。中关村聚集了中国最优质的科技资源，示范区内高校科研院所众多，北大、清华、中科院等著名高校院所聚集于此。截止到2008年，中关

村政策范围内有 41 家高等院校，占到北京市的 45.1%；科研院所 141 家，占北京市的 35.9%。中关村拥有国家重点实验室 65 家，国家工程研究中心 29 家，国家技术研究中心 31 家，均占到北京市总数的六成以上。此外，中关村还聚集了各类孵化器、创业中心等创新创业资源，形成了社会化、网络化和专业化的创新创业服务体系。

高端人才聚集。中关村是我国高端人才最为密集的区域。2009 年中关村从业人员达到 106.2 万人，其中，大学本科及以上学历占到近一半，这一比例略高于美国硅谷地区。中关村还吸引了大批回国创业人员落户，2009 年末，中关村留学归国人员 8478 人，其中，硕士以上学历人员占六成以上。以邓中翰、李彦宏等为代表的一批留学归国人员，已经成为中关村乃至中国企业家的领军人物。

三 强化中关村在我国经济发展方式转变中引领作用的几个着力点

（一）以"1 + 6"为核心，争取在体制机制创新方面有所突破和建树

中关村获批"1 + 6"系列先行先试改革政策。"1"即搭建首都创新资源服务平台，也称中关村科技创新和产业化促进中心，由北京市政府会同中关村国家自主创新示范区部际协调小组相关部门共同组建，采取特事特办、一条龙服务，落实国务院同意的各项先行先试改革政策。"6"即支持在中关村深化实施先行先试改革的 6 条政策，包括推进科技成果处置和收益权改革，开展完善股权激励个人所得税政策试点，中央有关部门会同北京市研究制订股权激励试点方案审批细则，在中关村开展科研项目及经费管理改革试点，在中关村代办股份报价转让试点工作基础上加快推进全国场外交易市场建设，在中关村先行开展完善高新技术企业认定试点等。

依托"1 + 6"在体制机制创新方面取得更大突破。一是借助首都创新资源平台，进一步整合高等院校、科研院所、中央企业、高科技企业等创新资源，加强对跨层级审批和跨部门审批的协调和督办，构建有利于政策先行先试的工作机制，形成高效运转、充满活力的科技创新和产业化服务体系。二是抓住先行先试

改革契机,继续探索在税收政策、股权激励、科技成果使用和处置、收益权改革、高新技术企业认定等方面的政策突破,促进科研机构、高等院校、中央企业、民营企业和政府协同创新,特别是要加强与中央单位的合作,统筹推动一批中央大项目落户北京,带动首都产业结构优化升级和发展方式的转变。

积极探索园区管理体制创新。功能区与行政区对园区的管理职能交叉重叠,增加了沟通、协调与管理成本,不利于中关村在更高层面、进行资源统筹和整合,形成发展合力。中关村可以借鉴武汉东湖高新区、青岛高新区、长春高新区等高新区在体制改革方面的经验,推进产业功能区整合,谋划大体量、地域完整的产业承载空间,探索打造继"浦东新区"、"滨海新区"、"两江新区"之后我国第四个成规模的重大空间载体,并上升至国家战略层面,支撑北京"世界城市"建设。

(二) 立足产业基础,打造我国战略性新兴产业发展的策源地

培育和发展战略新兴产业是我国抢占国际经济科技制高点的需要。目前,在汽车、钢铁、纺织、装备、船舶、电子、轻工、石化、飞机等传统工业领域,发达国家和跨国公司多将研发、设计等高端环节部署在本国,保持着对产业链的核心控制力。我国在这些行业领域与发达国家差距较大。而在战略性新兴产业的许多领域,我国与发达国家差距较小,在新一代移动通信、新能源、新材料、生物医药、信息网络、基础芯片、高速铁路、电动汽车等许多技术和产业领域,已经有了一定的技术积累,某些领域甚至达到国际先进水平。战略性新兴产业的兴起为我国实施"弯道超越"带来重大契机,我国迫切需要抓住这一机遇,通过开展前瞻性研究,突破核心技术,提高在国际分工中的地位,在更高层次上参与国际竞争。

中关村要在未来我国战略性新兴产业发展方面担负起准国家队责任。北京正在加快推进世界城市建设,世界城市的一个重要方面是成为全球科技研发中心,发展战略性新兴产业是应有之义。中关村作为国家自主创新示范区,在研发创新、战略性新兴产业发展方面具有良好基础,要积极承担起创新探索的使命,担负起准国家队责任。中关村战略性新兴产业发展,一是要坚持"有所为有所不为"的原则,按照国家战略性新兴产业导向,重点发展新一代信息网络、新能源与节能环保、生物工程与新医药等优势领域,积极培育新材料、航空航天、新

能源汽车等新兴领域。二是通过支持产学研合作、重大项目研发，研发中心和公共服务平台建设等举措，加强对优势行业、行业领军企业的创新扶持，提升战略性新兴产业前沿领域的技术水平，积极参与国际产业与创新竞争。三是加大对重点行业、重点领域的扶持，着力打造一批具有国内国际影响力的战略性新兴产业新兴领域，培育一批行业领军企业。

（三）抓住第四次科技革命机遇，着力提升原始创新能力

经济危机往往孕育着新的科技革命。当前世界正在酝酿以物联网、新能源、新材料、生物医药技术等为代表的第四次科技革命。随着第四次科技浪潮的到来，我国需要拿出最精锐的力量参与国际竞争，缩小差距，甚至实现超越。中关村代表中国科技发展水平的最精锐的"先锋部队"，担负着提升我国自主创新能力尤其是原始创新能力的历史重任。原始性创新是最根本的创新，能对科技发展产生重大牵引作用，带来经济结构和产业形态的重大变革。

中关村要发挥"创新引擎"作用，狠抓原始创新和关键核心技术创新，推进北京乃至我国经济发展方式的根本性转变。一是结合国家重大科技专项，加强对基础研究的重视与投入，为重大原始创新提供保障；二是瞄准世界技术发展前沿，围绕国家重大战略需求，突破一批关键技术，创制一批先进技术标准；三是进一步通过体制机制创新，释放科技生产力的巨大能量，形成更密集的成果产出，并努力将创新成果转化为在高端产业或产业高端环节中的竞争优势，形成若干个在全球拥有技术主导权的产业集群；四是支持鼓励有实力的企业通过在境外设立分支机构和研发机构、收购兼并国外企业等方式走出去，培育一批根植本土的具有较强国际竞争力的跨国企业。

（四）突破空间资源不足约束，大手笔推动空间资源整合

中关村发展面临着空间资源不足的约束。当前，中关村科技园区正在进行新一轮的范围调整，政策区面积增至396平方公里（其中新纳入政策区域173平方公里），基本覆盖北京市所有可开发产业用地，但大多未能突破行政区划限制，统一的产业发展空间尚未形成。与天津滨海新区、上海浦东新区相比，中关村科技园区缺乏成规模、大体量的空间载体，缺乏跨区县联动谋划的空间载体，科技成果转化和重大项目落地受到制约，曙光计算机、蓝鲸存储等一批重大项目转移

至外省市落地转化。

推动中关村"一区多园"空间拓展，构筑"两带—两城—多点支撑"的发展格局。两城即中关村科学城和未来科技城。中关村科学城打造高效运作的央地创新合作平台，推动央院、央校、央企和民企等协调创新，成为示范区核心区的核心。未来科技城先期入驻神华集团、中海油、国家电网、中国华能、中国国电、中铝公司等 15 家大型中央企业研发机构，将建设成为具有国际影响力的大型企业集团技术创新和成果转化的基地。两带即北部研发服务和高新技术产业发展带和南部高技术制造业和战略性新兴产业发展带。北部带涵盖海淀山后地区和七北路沿线的"中关村生命科学园"、"昌平科技园"、"未来科技城"等高端产业功能区，打造大体量、成规模的高端功能区，大力推进研发服务、信息服务等高端产业聚集，加速促进高新技术成果孵化转化，建设世界领先的研发服务和高技术产业集聚区。南部带要有效整合亦庄、大兴为主体的城市南部产业空间资源，打造电子信息、生物医药、节能环保、新能源汽车等现代制造业和战略性新兴产业集群，建设成为高端制造业发展和对外辐射合作的重要承载区。多点支撑即建设多个特色产业基地。按照"分类指导、重点推进、区域协同"的原则，加强各区县同类或相关特色产业聚集区在"规划衔接、产业链配套、功能链互补、资源整合"等方面的协同部署，重点打造移动通信、数字电视、软件与信息服务、集成电路、生物制药、新能源、新材料、航空航天等一批特色产业基地。

站在世界城市高度
谋划通州现代化国际新城建设

迟强 杨凯 张雷 陈彦博 王继红*

"十二五"时期是北京加快实施"人文北京、科技北京、绿色北京"战略、建设中国特色世界城市的重要时期。北京市委十届七次全会提出"集中力量、聚焦通州,尽快形成与首都发展需求相适应的现代化国际新城",将通州新城的战略地位提到了前所未有的高度。通州要抓住这一宝贵契机,站在建设世界城市的高度,全力打造具有文化魅力、体现绿色低碳、彰显城市品位的现代化国际新城。

一 通州要站在北京建设世界城市的高度谋划定位

建设通州现代化国际新城是北京建设中国特色世界城市的重要战略举措,是市委、市政府赋予通州的历史使命,也对通州未来发展提出了新要求。

要积极承接首都功能转移和完善世界城市新增功能,推动首都空间布局优化。通州是京东人流、物流、交通流的汇聚地,区位交通优势明显、空间资源丰富。通州现代化新城建设要积极承接首都中心城区过于密集的功能,不断缓解中心城区压力,同时要积极打造北京世界城市建设新增功能,增强首都国际影响力。

要瞄准高端产业和产业高端环节,壮大首都经济总量。通州现代化国际新城建设要立足现有产业发展基础和国内外产业发展趋势,瞄准产业高端化发展方向,大力发展商务服务、总部办公、高端制造等高端产业及产业高端环节。同时

---

* 迟强、杨凯、张雷、陈彦博、王继红,北京方迪经济发展研究院。

要强化自主创新体系建设，推进区域产业发展模式由生产要素驱动向创新驱动转变，形成以创新为核心动力的现代产业体系。

要进一步深化区域合作，努力成为具有北京强化区域发展引领、带动作用的"桥头堡"。通州背依首都中心城区，面向环渤海加工腹地，具备配置首都高端资源的竞争优势，现代化国际新城建设要立足环渤海区域，创新区域合作发展模式，探索以占据产业链高端即总部经济的发展模式来推动环渤海区域合作，进一步发挥北京强化区域发展引领、带动的"桥头堡"作用。

要顺应全球发展新趋势，充分体现低碳、绿色和人本化发展理念。通州现代化国际新城要采用世界最先进的建设发展理念，加快以建筑节能、低碳社区、交通节能等为核心的现代化国际新城建设，积极培育适宜现代化国际城发展的低碳型产业领域，形成通州区发展新的经济增长点，实现新城建设、运营、发展低碳化、绿色化、循环化。

二 现代化国际新城的发展定位与战略思路

（一）现代化国际新城的发展定位

通州现代化国际新城发展定位是：北京发展新磁极、首都功能新载体。

——中心城区功能疏解的重要承接地。全面承接首都中心城区疏解功能，突出商务、文化、教育、医疗及行政办公等城市综合服务功能，吸引符合世界城市要求的优质服务资源集聚，成为承担首都人口疏解和城市功能转移的重要承接地。

——世界城市新功能的核心承载区。以完善北京世界城市功能为目标，积极吸引国际性组织、跨国公司总部、国际会展等国际高端要素集聚，承接首都发展空间拓展、国际资源要素配置、国际活动承载等新增功能，不断提升国际化水平。

——首都经济新的增长极。大力发展与世界城市功能相适应的高端商务、高端制造、现代物流、文化创意等产业，转变经济发展方式，深度调整产业结构，使之成为首都经济发展的重要新增长极，成为国家第三增长极及环渤海城市群合作发展的重要枢纽。

——滨水低碳宜居新典范。坚持"人本、绿色、低碳、和谐"的发展理念，突出滨水特色，瞄准世界标准，强化基础设施建设，提升公共服务水平，统筹城乡发展，促进人口、资源、环境协调，把通州建设成为全球低碳发展示范区、滨水宜居典范。

（二）现代化国际新城发展战略

以科学发展为主题，以加快转变经济发展方式为主线，以建设通州现代化国际新城为目标，立足服务首都、造福百姓，瞄准世界一流和走在前列，着力实施新城中心区引擎、高端要素集聚、城乡一体化加速、国际化发展四大战略，基本建成体现世界最新理念与一流标准、富有文化魅力、彰显滨水特色、体现绿色低碳环保的北京新城。

新城中心区引擎战略。高标准、高速度、高效率开发建设新城中心区，打造体现世界一流水平的现代化国际城市新形象、新风貌，使之成为带动通州现代化国际新城建设与发展的战略引擎。超前建设基础设施，优先布局优质公共服务资源，为集聚高端产业和高端要素创造条件，促进形成高端产业体系，带动全区各项事业进步，实现经济社会跨越式发展。

高端要素集聚战略。在城市建设、产业发展、公共资源配置方面坚持高端引进，吸纳中心城区转移的高端要素，突出本地优势资源，实现在全球范围内集聚高端人才、先进科技、一流企业和优质资本。加大引导扶持力度，创造良好的发展环境和服务环境，实现高端要素在更高层次、更大范围的整合发展，加快新城建设，提升新城品质。

城乡一体化加速战略。全面推进城乡一体化进程，有序推进农业人口向城镇转移，使农民成为拥有资产的新市民、使农业成为融合发展的都市型现代农业、使农村成为有特色的生态型社区，探索出一条符合实际、具有特色的城乡一体化发展道路。完善城市化布局，按照"均等化的公共服务"和"有差别的产业功能"的原则加快重点镇建设，形成区域定位明确、功能主体突出、产业优势互补的城市形态。

国际化发展战略。充分利用国际智力资本、金融资本和产业资本推动新城建设和发展。在城市建设中广泛应用全球先进技术和理念，有效融合国际元素和本土文化。在城市管理中借鉴全球先进治理经验，提供世界一流政府服务。瞄准世界 500 强企业和全球资源要素市场，实施"引进来"。提升本土企业品牌创建能力和在全球范围内的分工协作能力，实施"走出去"。吸引国际组织，承办国际活动，提升自身国际形象，增强首都国际功能。

三　加快现代化国际新城建设的重点任务

（一）以新城中心区为核心，打造"一核三区、三带四组团"空间格局

根据北京市城市空间优化调整要求，按照"统筹规划、合理布局、完善功能、以城带镇"的原则，坚持区域经济优势互补、主体功能定位清晰、国土空间高效利用、人与自然和谐共处，完善城市化布局和形态，构建"一核三区、三带四组团"的区域空间格局。

一核：即新城中心区，是通州现代化国际新城建设和发展的战略引擎区，是疏解中心城商务功能、提升消费功能、补充国际功能、集聚文化功能的重要空间载体，是北京建设世界城市的先行区、实验区和示范区。

三区：即主题休闲旅游度假区、宋庄文化创意产业集聚区、环渤海高端总部基地三大功能区。主题休闲旅游度假区重点建设中国传统文化与现代时尚元素相融合的主题公园，发展旅游休闲娱乐产业。把宋庄文化创意产业集聚区打造成国际原创艺术的创作区、展示区、交易区。环渤海高端总部基地是北京参与环渤海区域合作发展的"桥头堡"和战略性节点，未来要将其建设成为服务于国家第三增长极的高端商务区。三个区域将实现特色产业集群化发展，成为推动新城经济发展和功能提升的重要高端功能区。

三带：即北运河水岸经济带、京哈高速产业带、京沪高速产业带，是通州现代化国际新城产业发展的重要集聚带。北运河水岸经济带重点发展商务、文化创意等高端服务业，京哈高速产业带、京沪高速产业带重点发展高端制造业和现代物流业。

四组团：即以台湖、西集、漷县、永乐店四个重点镇为中心形成的发展组团。台湖通过环渤海高端总部基地建设和光机电一体化基地的带动，基本实现城市化，成为经济枢纽型、现代田园式生态小镇。西集通过打造产业支撑、强化滨

水特色，成为新城高端制造业集聚区和商务休闲功能延伸区。潮县通过农业园区化、工业集约化，成为现代都市型农业示范区和高端制造业发展新区。永乐店通过发挥区位交通优势和空间储备潜力，成为北京南部产业发展带上的重要节点，成为首都总体空间布局中的"永乐新城"。

（二）坚持"低碳、绿色、人本"等理念，高标准推进城市建设与管理

以世界城市标准加强新城建设与管理，大幅提升新城综合承载能力，有力支撑通州现代化国际新城未来发展。

集中力量建设新城核心区。由北至南依次建设文化休闲区、高端商住区和综合会展区，推进以高端商务为主体、休闲娱乐为特色、总部形态为特征的功能性项目建设。完善基础设施体系，加快北关大道、东关大道、通燕高速下穿等道路建设，建设完成市政综合管廊、地下环隧及 3 座地铁站，加快能源中心、电力等市政站点建设并完善配套管线。综合开发利用地下空间，规划建设地下机动车道、交通枢纽、停车场、商业设施等。

构建智能化立体交通体系。加快建立外联畅通、内部便捷的新城路网体系。积极落实公交优先战略，加快构建以地面公交为主体、以轨道交通为骨干、换乘高效的立体化公共交通网络。加快综合交通枢纽建设，初步形成轨道交通、公交出租、长途客运、铁路等多种交通方式的无缝衔接和乘客的无缝隙换乘。强化交通管理，加快建立与新城发展相适应的智能化交通管理系统。

保障安全稳定的资源能源供给。提高电网配电输送能力，保障全区电力供应。规划建设京沈天然气门站，完善天然气输配系统，保障新城及远期北京市用气。实施"新城中心区零燃煤"工程，提高清洁能源供热比例。保障安全充分的水资源供给，完成通州水厂扩建，启动南水北调工程，完善输配水管网及供水配套设施建设，形成多水源供水、优化调度的资源配置格局。

强化城市公共安全设施建设。加大公共安全资金投入，加强人防工程、消防设施和安全生产设施建设，增加防火、防震、防洪、防空等相关防灾减灾设备的配置。加强紧急避难场所建设，在公园、绿地规划建设长期紧急避难场所，在社区、体育场和中小学操场建设中短期避难场所。

全方位推进城市高效运行。充分发挥城乡管理委员会的协调职能，形成城市

管理部门和职能的横向联动机制，理顺区、街道和社区三级管理体制形成垂直联动机制。探索城市综合执法模式，研究成立城市综合执法管理委员会，推动执法重心下移。实施网格化管理，完善城市运行监测，建立以物联网技术为基础的应用数据和支撑平台。积极推进企业和非营利组织参与城市管理，完善政府与市民的互动机制。

（三）着力发展七大高端产业，壮大区域经济发展实力

以"服务化、高端化、集约化、低碳化"为方向，按照"提升一产二产、集聚做强三产、加快产业融合、突出发展高端产业"的发展思路，重点打造高端商务、高端制造、现代物流三大产业，着力培育文化创意、金融服务、医疗康体、旅游休闲四大新兴产业，形成现代服务业与高端制造业齐头并进、相互促进、跨越发展的新格局。

高端商务。积极吸引首都中心城区企业转移总部、全球500强企业开设地区总部，尽快形成全国民营企业总部、侨务经济总部，有效集聚华北和环渤海地区大企业集团总部以及结算中心、销售中心等职能性总部。加快建设"北京国际航空城"、"乐天百度"等重大项目。发展与总部经济共生互惠的金融、会计、法律、知识产权交易、咨询等专业服务业。

高端制造。优化产业结构，提升品种质量，增强配套能力，淘汰落后产能，提升大中型企业品牌创建能力和小企业专业化协作水平。推动北汽控股动力总成项目建成投产，支持相关企业从事核心技术研发和核心部件制造，逐步形成汽车零部件产业集群发展。进一步加快光机电产业集聚，重点推进先进制造装备、电子机械、手机零部件等产业发展。发挥在低碳环保领域的先发优势，积极发展太阳能光伏等新能源产业、新光源照明和新型节能设备等。

现代物流。大力引进"总部＋物流"、"生产基地＋物流"、"展示交易＋物流"等高端物流项目，继续提高协作程度，加强城市物流系统和物流主通道建设，逐步形成末端共同配送的高效物流组织模式。继续完善电子商务发展环境，搭建认证、支付、交易、清算、诚信等平台，做大做强电子商务企业。

文化创意。加快中国艺术品产业博览会永久会址及中国艺术品交易中心建设，逐步完善文化艺术原创和艺术品展示交易体系，扩大艺术品交易规模。加快建设中国传媒大学科技园、东方影视城等项目，发展影视传媒产业。加快建设

IDC 数据中心、天安数码城，提升信息服务能力，形成以数字技术为支撑的视觉产品、信息产品的制作和传输产业链。加快集聚艺术品设计、工业设计、建筑设计等创意设计行业。建设综合会展区，积极承办有影响力的会议、展览，大力发展会展业。

金融服务。以金融后台服务区建设为抓手，吸引一批银行、证券、保险、期货等金融机构及其后台服务项目入驻，集聚一批股权投资、资产管理、风险投资、产权交易、融资信托、专业协会等高端金融中介服务机构。打造梨园金融集聚区，增强区域金融服务能力。加快建设北京国际金融论坛永久会址，更好地吸引全球金融服务机构。创造有利条件，积极争取国际主权债券交易市场、碳排放交易市场等对国家发展具有重大战略意义的金融或金融衍生品交易市场进驻新城。

医疗康体。以国际医疗康体中心建设为龙头，开展国际合作，引进大型医疗康体、三级甲等医院等项目。发挥大型医疗产业化项目带动作用，发展集医学研究、康体服务、职业培训为一体，以"健康、快乐、幸福"为主题、以"医疗、康复、娱乐"为内容的现代医疗康体服务业。

旅游休闲。加快落实主题休闲旅游度假区建设规划，积极促进主题公园、派格5D秀和新乐城等综合文化休闲项目落地，融合中国传统文化、现代时尚元素和高新科技手段打造主题娱乐产业。依托运河文化品牌，挖掘传统文化资源，结合特色村镇和景观水系建设，开发文化景观旅游、健身娱乐、特色餐饮等休闲产业。

（四）推动社会事业优质均等发展，显著提升公共服务水平

加大社会公共服务领域的政府投入，健全社会公共服务体系和社会管理机制，更好地实现"发展为了人民"，提升人民的幸福感。

优先发展现代教育事业。提升教育均衡化发展水平，高标准建设一批中小学校和公办幼儿园，吸引国际先进教育资源，促进教育领域的国际交流与合作。加快推进与新城产业发展需要相适应、符合劳动力市场需求、提高农民转移就业能力的职业教育和培训。积极承接北京中心城区高等院校的转移，积极吸引国内外知名高等院校设立分校或分院。

着力提升医疗卫生水平。以区域医疗中心为龙头、以专科医院为特色、以护

理医院及康复医院为补充，以乡镇卫生院、社区卫生服务中心为骨干，以社区卫生服务站、村卫生室为网底，健全医疗卫生服务网络。健全公共卫生体系，完善由传染病监控、公共卫生监控和健康管理服务三大网络构成的疾病预防控制体系。深化医疗卫生体制改革。

全面繁荣文化体育事业。完善公共文化设施，建设运河博物馆、通州区文化中心等一批文化功能设施，争取北京市新的文化设施向通州配置。实施文化惠民工程，重视运河文化的挖掘传播，举办北京通州运河艺术节、宋庄文化艺术节。建设梨园体育中心等一批体育场馆，完善全民健身设施，加强体育组织网络建设。

健全就业和社会保障机制。贯彻落实"就业优先"战略，以加强就业公共服务体系建设和完善培训体系为重点，积极做好就业服务和就业援助工作。完善城乡最低生活保障体系和社会救助体系。实施保障性安居工程，加大经济适用房、廉租房、公共租赁房和定向安置房的建设力度。

构建公共安全保障体系。建立社会治安综合治理机制、应急事件预警机制和重大突发事件调处机制，深入开展平安通州建设活动，加强社会治安综合治理，努力形成打防控一体化的社会治安长效机制。加大公共安全宣传教育力度，加强安全生产管理和食品、药品、餐饮卫生等的市场监管，强化综合交通安全管理。

创新社会管理机制。采用"大街区"型管理模式，实现社区管理的规范化和效率化。积极培育各种类型的社会组织，加快"枢纽型"社会组织体系的形成。健全基层社会舆论信息和利益表达机制。健全完善信息预警、基层矛盾排查调处、综合化解和应急处置等四个机制，切实解决群众实际生活中存在的问题。

（五）扎实推进新农村建设，推动区域城乡融合发展

按照"双轮驱动、镇村统筹、突出重点、梯次推进、协调发展"的要求，坚持城乡发展规划、产业布局、基础设施、社会事业、劳动保障、公共服务"六个一体化"，加快区域城市化步伐。

分梯度推进城市化进程。重点推进新城规划范围内农村城市化。加快台湖镇、西集镇、漷县镇和永乐店镇中心区产业园区和农民就业基地建设，促进镇域内经济和人口向中心区集中。有序推进三大功能区规划范围内的土地一级开发和旧村改造，以重点功能区建设带动周边地区城市化。在距离城镇中心区较远、条

件适宜的保留村开展新型农村社区建设。

大力度推进新农村建设。加强农村道路设施和交通管理配套设施建设，扎实推进城乡公共服务均等化，大力加强农村基础教育服务体系建设，完善农村医疗卫生服务体系，提高新型农村合作医疗的参合率。打造都市型现代农业精品示范区，促进一、二、三产业融合发展，推动农业向二产延伸、向三产拓展。

多角度推进农村管理体制改革。稳步推进农村集体建设用地使用权确权，完善农村宅基地管理机制，积极开展农村集体建设用地流转试点。完善征地补偿机制，健全农村金融和市场服务体系，完善土地流转服务体系。大多领域发展合作社，开展示范社建设，重点扶持规模大、带动农户多、农民增收力度大的专业合作社。

（六）加强对外开放与合作，显著提升新城国际影响力

全面实施国际化战略，全力营造国际化的工作生活环境，将北京现代化国际新城打造成为首都参与国际交往的新窗口、提升国际竞争力的战略新区。

显著提高新城外向型经济水平。支持企业实施"走出去"战略，拓展多元化、国际化发展路径，培育一批龙头企业，提高出口产品的技术含量和附加值。改善投资环境，拓展引资领域，加强现代服务业领域的外资吸引与利用，积极吸引全球知名跨国公司地区总部及职能部门入驻。

加快推进新城国际交流与合作。积极引入国际组织、协会组织、学术组织和公益组织。以综合会展区和北京国际金融论坛永久会址为重要载体，积极承接国内外具有影响力的会议、展览。打造国际文化交流与合作平台，引导和鼓励学校、医院开展跨国跨地区学术交流和共建。增强新城国际交往主动性，加强与国际友好城市的交流。

进一步深化京津冀区域合作。积极吸引京津冀地区具有较好发展基础的装备制造、电子等产业的企业总部及职能部门。探索与京津冀区域合作共建产业基地和战略联盟，探索建立区域创新发展合作机制，鼓励不适宜在新城发展的行业企业通过总部经济模式向京津冀其他区域转移生产制造基地。进一步加强与周边地区在道路交通、能源利用等方面的合作。

B.26
打造京西绿色发展新区

张莉　刘震　邸加萍　李依浓*

北京西部地区主要包括门头沟和石景山两区全境、丰台的河西地区、房山的山区及永定河流域地区，是首都重要的绿色生态屏障，是北京经济发展潜在的重要增长极，在全市经济发展中具有重要地位。近年来，在党中央、国务院指导和部署下，"十一五"时期西部地区钢铁冶炼和煤矿采掘业等低端产业陆续退出，2010年底实现首钢石景山厂区涉钢部分全部停产和西部地区区属小煤矿和非煤矿山全部关停，除京煤集团外，西部地区资源型产业将全部退出。在国家实施重大战略调整的大背景下，西部地区按照科学发展观要求，整体谋划发展，充分利用区域内生态、空间和历史文化资源，实现区域功能转型提升和快速发展，不仅对于改善西部生态环境、提升西部市民生活品质、实现西部地区城乡统筹发展具有重要作用，而且对于实现"三个北京"发展目标，将北京建设成为繁荣、文明、和谐、宜居的"首善之区"也至关重要。

一　西部地区总体发展情况和存在的主要问题

（一）西部地区总体发展情况

西部地区经济平稳发展，但与全市平均水平仍有差距。2009年，西部四个行政区实现GDP1244.3亿元，较2005年现价增长了50.6%，年均现价增长10.8%，低于北京市14.9%的平均水平。人均GDP由2005年的25506元增长到2009年的34373元（不到北京市人均GDP的一半），年均增长了7.74%，仍低于同期北京市11.52%的平均水平。

* 张莉、刘震，北京市发展和改革委员会产业处；邸加萍、李依浓，北京市方迪经济发展研究院。

财政支出快于财政收入增长，市政府转移支付力度加大。地方财政收入从2005年的48.83亿元增长到2009年的124.79亿元，年均增长26%，低于全市27.7%的平均增长水平；地方财政支出从2005年的101.16亿元增加到2009年的272.2亿元，年均增长28.1%。市级政府转移支付从2005年的52.4亿元增加至2009年的141.4亿元，年均增长28.2%。

产业发展处于战略调整期，新兴替代产业尚处于积极培育阶段。近年来西部四区加快产业结构调整步伐，西部地区三次产业结构由2005年的1.7∶49.2∶49.1调整为2009年的1.3∶38.7∶60，第三产业增长明显，产业结构已呈现"三二一"的发展格局，但新兴产业尚处于培育期，还未形成对西部经济发展的全面支撑。

人民生活水平不断提高，居民收入整体稳步提升。2009年西部四区城镇居民人均可支配收入为23830元，比2008年22587元增长5.5%；2008年西部四区农村居民人均纯收入为10547元，与全市基本持平。从城乡收入差距看，西部四区2008年城镇居民人均可支配收入均约为农村居民人均纯收入的2.1倍，略低于全市2.3倍的平均水平。

资源型产业退出加快，矿山整治成果得到有效巩固。截至2009年底，房山、门头沟两区已陆续关闭煤矿885家，非煤矿山983家，截至2010年底，两区最后24家区属煤矿已全部关闭退出，首钢石景山厂区涉钢部分全面停产，中小资源型产业从西部地区全部退出。

（二）西部地区存在的主要问题

目前，北京西部地区正处于矿区关停、资源型企业退出，向区域新功能转型提升的重要阶段，转型发展面临着诸多困难。

区域支柱产业全面退出，新兴替代产业培育缓慢。近年来，北京西部地区传统支柱产业不断退出，新兴替代产业尚待培育，新旧产业更替出现断层。原有支柱产业大幅退出，门头沟、房山两区煤炭产量从2004年历史最大产量1067.9万吨下降至2009年的630.4万吨，非煤矿山也于2010年全部关停，首钢2008年钢材产量656.8万吨，比历史峰值年（2007年）产量降低了36.3%，经济总量占全市的比重也从2005年的12%下降为2009年的10.2%。但是西部地区主导产业培育尚缺有效的发展路径，产业发展方向仍不明确，产业发展与生态环境充分耦合的模式尚待探索，文化创意、旅游休闲、商务服务和高新技术等新兴替代产业规模较小，尚未成为真正意义上的主导产业。

民生保障问题亟须解决，富余人员安置压力较大。转型过程中的群众增收和就业保障压力较大，2009 年西部四区城镇居民人均可支配收入为 23830 元，比全市平均水平低 10.9%。2009 年西部四区平均城镇登记失业率为 2.55%，高出全市 1.1 个百分点，其中门头沟高达 4.33%，是全市平均水平的 3 倍，西部地区尤其是门头沟面临着巨大的就业保障压力。首钢搬迁和矿山关停后的人员安置与转岗任务艰巨。2005~2009 年共分流安置首钢搬迁富余人员 3.45 万人，2010 年仍需安置 2.2 万人；截至 2010 年 4 月底，京西矿区因矿山关闭需要安置的人员数共计 3.2 万人，通过看山护林等帮扶政策已安置了部分人员，目前仍有近 2 万人需要安置，未安置人员比例高达 60.8%。

发展配套环境较差，不能有效支撑区域转型发展。基础设施建设历史欠账过多、公共服务投入不足、生态环境依然较为脆弱等已经成为制约西部地区转型发展的重要因素。北京西部地区仍存在城市路网通达性低、路网密度低、山区道路等级低的"三低现象"，基础设施承载能力相对不足。市政基础设施建设大部分还依赖于首钢、京煤集团等大型国有企业。大型优质医疗和教育资源等公共服务设施相对缺乏，人均公共图书馆面积低于全市 96.8 平方米/万人的平均水平，西部地区三甲医院数量仅占全市的 10%，西部四区县示范高中校数量不到全市的 1/8。生态环境整体上依然较为脆弱，至 2010 年 4 月底，西部地区仍有 14.2 万亩矿山尚未进行生态修复。

统筹协调难度大，城市功能再造任务重。首钢地区、永定河及西部矿区开发建设主体复杂，协调联动的长效机制尚未建立，统筹协调难度较大。厂区间协调难度大，首钢协作发展区涉及西部三个区，用地边界交错、土地权属复杂。废弃矿山开发机制有待创新，受到土地流转、建设用地指标等制约，西部大量的废弃矿山开发没有引入社会资本，政府与企业间缺乏有效的沟通协调。永定河流域开发涉及西部四个区，各区实施分段开发，协调统一有一定难度。西部地区发展的协调机制与城市功能契合度不高，未来城市功能再造和提升任务繁重。

此外，由于一些历史客观原因，西部四区还存在发展路径依赖、观念相对落后、资金缺口较大、新兴产业发展所需的高级人才匮乏等其他问题。同时，我们也应该清醒地看到产业培育与经济转型是需要一个长期的过程。因此，在未来一个时期，以解决上述问题为突破口，促进替代产业培育，加快实现经济发展转型，是保证西部地区具备可持续发展的动力。

二　西部地区发展面临的形势和机遇

"十一五"期间,首都西部地区加快淘汰了钢铁冶炼和矿山开采等低端资源型产业,改善了发展环境,释放了发展空间,为实现区域转型升级和跨越式发展创造了良好条件。

首都城市功能处于深度调整期,为西部地区实现城市功能再造提供重要机遇。随着"十二五"规划的编制和实施,首都城市功能和产业布局将发生重大战略调整,中心城区的核心功能将逐渐外移。西部地区应抓住有利时机,加快促进建设产业功能新区,着力提升区域整体功能,满足首都城市功能拓展和延伸的需要。

首都经济发展方式处于加速转变期,西部地区必将成为首都产业结构优化升级的重要载体。随着首钢搬迁和矿山关停,西部地区产业发展方向正在加速转变,经济发展方式由资源主导逐步转为创新驱动,机制体制深化改革为高端要素引进和人才聚集创造了良好条件。

人民生活品质处于快速提升期,迅猛增加的高端服务需求为西部地区转型发展提供了发展空间。2009 年,北京市人均 GDP 首次突破 1 万美元,首都市民服务性消费需求迅速提升,为满足首都市民日益增长的文化娱乐、休闲旅游等高端消费需求,西部地区应抓住机遇,努力实现绿色转型。

区域协调发展处于全面深化期,推动了西部地区形成区域协调可持续发展的新格局。近年来,北京市不断深化整合区域优势资源,打造首都未来发展的新空间已成为新时期城市发展的新要求。西部地区要加快顺应趋势,创新体制机制,注重建立区县、厂区之间联动发展的有效机制,实现共赢发展,加快与全市经济、社会发展的整体融合。

三　加快西部地区转型发展的总体思路

(一)促进西部地区转型发展的主要思路

以科学发展观为统领,以转变经济发展方式和产业结构深度调整为主线,从建设世界城市的高度,按照首都功能定位要求,立足生态建设、创新驱动、文化引领，着力提升区域服务功能，持续增强战略带动能力；着力吸引高端要素，持续推进产业转型升级；着力强化生态修复和景观营造，持续提升生态服务功能；着力改善基础设施和公共服务条件，持续优化发展环境；着力提高转岗就业和居民城镇化水平，持续促进民生改善。通过加强统筹联动，引导社会投资参与，推动产业跨越升级、区域经济转型发展和城市功能战略提升，逐步将西部地区打造成为生态友好、功能协调、经济繁荣、人文和谐的京西绿色发展新区。具体定位包括三方面。

——全国加快转变经济发展方式的示范区。结合首钢涉钢部分搬迁和西部矿区大幅关停，加大产业结构调整力度，加快钢铁、采掘等资源型企业退出，积极培育文化创意、高技术、生产性服务业等新兴主导产业，加快推进西部地区产业的战略转型和经济发展方式的转变，将西部地区打造成"中国鲁尔"，成为全国区域转型发展的示范区。

——全市生态文明建设的重点区。坚持生态优先的原则，继续加强生态环境建设，结合永定河绿色生态走廊项目建设，打造优美的山水环境，构建结构合理、功能协调的生态体系。积极发展高技术含量、高附加值、低消耗、低污染的资源节约型和生态友好型产业，提高资源集约利用效率，大力发展循环经济，积极采用节能环保领域的新技术和新工艺，把西部地区建设成为首都绿色屏障和生态文明建设的重点区域。

——首都功能拓展的重要承载区。大力拓展面向全国和世界的文化、科技、国际交往等首都核心功能，增强综合服务、旅游休闲功能的承载能力，通过培育新的高端产业功能区，吸引和聚集一批新兴产业、企业总部和高级人才，重点发展符合西部地区特色、支撑世界城市建设的功能性产业，为承载首都功能、提升城市核心竞争力提供新的空间。

（二）促进西部地区转型发展的原则

坚持功能定位，走绿色发展道路。落实西部不同区域功能定位，强化永定河绿色生态发展带对西部转型发展的带动作用，突出山区生态屏障功能，增强平原地区服务功能和经济承载力，实现人口分布、产业布局与资源环境承载力的协调互促，走高端、高效、低碳、绿色的发展道路。

坚持科技创新，推动产业转型升级。充分发挥中关村国家自主创新示范区政策优势，探索科技与土地、金融、人才等产业要素紧密结合的新途径，吸引民营科技企业入驻，将西部地区打造成为富有活力的科技创新基地。

坚持规划先行，分步实施推进。强化规划引导，着力推进空间、土地、产业、生态和人口"五规"的有效衔接。合理制定开发建设时序，集中解决一批突出问题，并为长远发展预留空间。

坚持政策引导，发挥市场主导作用。加大各类政策集成和创新力度，营造优质的引智引资环境。强化市场主导作用，引导社会资本积极参与西部地区开发建设，推动重大要素和项目落地。

坚持统筹协调，实施市区联动。建立强有力的市、区、企业联动机制，加强西部地区内部沟通协作，推进与中心城区、重点产业功能区及周边省市的互动合作，促进区域加速发展。

（三）西部地区近远期的发展目标

总体考虑，用十年时间实现"两个转变"，即城市经济功能由传统生产向现代服务转变，主导产业由资源密集型向知识密集型转变。在发展步骤上，采取"两步走"。

第一步：全面修复和开发建设阶段（2011～2015年）：夯实基础，基本完成永定河等重点流域治理、废弃矿山修复和宜林荒山荒地造林绿化工作，力争到2015年，生态环境得到明显改观，水土流失治理率达到95%，林木绿化率达到56%。基础设施承载能力明显提高，形成以5条轨道交通和16条通道为重点的快速交通体系。强化重大产业项目招商选资，着力推动生产性服务业、高技术产业、文化创意、旅游休闲、生态农业五大新兴替代产业的重大项目落地，西部四区经济发展速度比"十一五"时期提高两个百分点，服务业比重达到65%。城镇居民人均可支配收入平均增速不低于全市平均水平，农民收入稳步提高，公共服务和社会保障水平明显改善。

第二步：功能提升和发展提速阶段（2016～2020年）：形成以生产性服务业和高技术产业为主体、文化创意产业和旅游休闲产业为特色、生态农业为补充的京西现代产业体系，五大主导产业占区域经济比重达70%。永定河绿色生态发展带成为西部发展的重要引擎，全面彰显"生态京西"品牌，显著提高社会公共服务质量，把西部地区建设成为全国加快转变经济发展方式的示范区、全市生态文明建设的重点区和首都功能拓展的重要承载区。

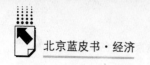

四 推进西部地区转型发展的主要任务

按照加快西部地区转型发展的思路和原则，未来一段时期西部地区应着重做好以下几方面工作。

（一）以永定河流域和关停矿区生态修复为首要任务，全面提升西部地区生态涵养功能

强化生态优先理念，坚持把生态建设作为西部地区可持续发展的立足点，全面恢复山水生态系统，显著提升西部生态屏障和生态服务功能。

加快永定河等重点流域生态治理。落实《永定河绿色生态走廊建设规划》，加快"四湖一线"建设，构筑防洪安全保障、水生态保护、水资源配置三大体系，全线恢复永定河水域生态环境，形成溪流—湖泊—湿地连通的健康河流生态系统和水绿相融的生态休闲带。加快实施大石河流域综合治理，争取 2012 年全面完成大石河本市境内 121 公里河道的整治工作。

实施废弃矿山生态修复等重点生态工程建设。以优化生态结构为重点，推进西部地区京津风沙源治理、第二道绿隔地区生态改造升级、太行山绿化等重点工程建设，增强生态防护、涵养水源、固碳释氧等生态服务功能。落实《北京市矿区植被保护与生态恢复工程规划》，加快实施门头沟"一线三沟"地区、房山北沟地区、京煤集团所属等废弃矿山的生态修复。争取在"十二五"期间，完成 4 万亩废弃矿山修复，进一步提升山区生态涵养功能。

（二）着力培育五大新兴替代产业，支撑西部实现跨越式发展

充分挖掘和利用西部区域优势资源，坚持生态先导、高端引领，重点打造文化创意、旅游休闲、高技术、生产性服务业、特色农业五大主导产业，支撑西部地区转型发展。

大力发展文化创意产业。充分利用首钢品牌资源以及中关村石景山园的科技资源优势，大力发展文化创意产业，着力提升以工业设计、工程设计为特色的研发设计产业，着力发展以影视动漫、网络游戏、数字媒体为代表的数字娱乐产业，着力培育动画设计、平面设计、广告设计、工业旅游、工业博览、文化传媒

等其他文化创意产业。重点吸引一批知名产品研发设计中心，吸引并培育一批钢铁、能源石化等领域的工程设计企业和工程设计咨询服务中心，大力培育并聚集一批具有较强的国内外影响力和创新力的本土文化旗舰企业，力争打造成为北京市创意产业高端聚集区，形成全国研发设计和数字娱乐产业引领区。

优化提升高技术产业。借助首钢、中关村科技园石景山园和丰台园的科技优势，推进高技术产业纵深发展，重点发展新能源、新材料、节能环保、电子信息等高技术产业，聚集一批新能源、新材料等领域的大型企业研发总部、制造业总部和创新机构，促进企业自主创新能力。依托特钢"中国绿能港"项目，积极发展电子信息、科技研发、新能源、节能环保等高技术服务业，培育和引进一批科技服务企业，大力发展新能源技术咨询服务、节能环保技术服务以及新能源领域的研发设计等；在中关村科技园丰台园和长辛店北区稳步发展工程服务业和生物医药业；适应市场新需求，推进三网融合的技术改造、应用和基础设施建设，在首钢地区积极培育移动互联网、物联网、手机银行等科技支撑型新兴产业。

稳步发展生产性服务业。一是大力发展以冶金、能源总部为特色的商务服务业。依托首钢总部，吸引冶金、能源等产业的央企总部以及制造业总部及研发、结算等职能总部落户，打造以冶金、能源为特色的中国制造业总部集聚区；重点围绕总部企业的发展需求，积极发展投资与资产管理、决策、物业管理等企业管理服务业；重点引进工矿、冶金等行业的审计、法律、咨询、评估等专业中介机构。二是培育推广高端教育培训、高级医疗服务、健康休闲为主的高端服务业。在永定河沿岸、西部山区筹建大型疗养院、高档康复中心，突出"健康"理念；吸引世界名牌大学的分校或交流中心、国内一流院校和国家重点科研院所的实验室入驻，积极发展高端教育。三是探索发展特色金融业。借助首钢品牌优势，推进贵金属交易中心建设，以"中钞国鼎"等项目建设为基础，吸引国内外贵金属交易相关金融机构进驻首钢地区；推进铁期货交易中心建设，吸引国内外大型钢铁企业总部及销售中心、中国钢铁工业协会等企业和组织入驻。

加快发展旅游休闲产业。依托西部资源优势，引导发展以石景山东部现代娱乐区为代表的都市娱乐体验游，以世界地质公园、京西生态谷为代表的生态观光度假游，以首钢工业遗址公园为代表的工业博览游，以宛平文化旅游镇、河西古镇旅游区为代表的历史文化游，以门头沟古村文化休闲旅游区为代表的民俗文化游，以国际性会议、论坛和赛事为主题的高端商务休闲游，以中国房山农业生态谷、京西特色农业带为代表的生态农业休闲游。积极推进石景山旅游综合服务区和房山旅游集散中心建设，加快山区旅游环线及联络线建设。配套建设星级酒店、度假村和乡村旅馆，形成一批影视外景拍摄地、书画写生风景区、户外有氧运动场和养老疗养基地。

推进发展生态农业。瞄准中高端消费市场和专供市场，突出绿色有机特色，打造磨盘柿、京白梨等一批京西特色农产品品牌。以平原地区设施农业和浅山区特色林果业为重点，促进生态农业与旅游业、文化创意等产业融合发展，形成一批特色农业带和观光农业园，提高农业附加值。

（三）以首钢和永定河为核心，重点打造"一核、两区、三带"的产业空间发展格局

按照"规划先行、政策跟进、项目带动、基础配套"的思路，打造"一核、两区、三带"的产业发展格局，建设一批重点产业园区和现代服务业综合体，提升区域发展的承载能力。

重点打造"一核"，即新首钢创意商务区。以永定河绿色生态走廊建设和长安街西延为契机，以首钢主厂区为核心，坚持高起点规划、高标准建设、高品质招商，重点发展数字娱乐、工业设计等文化创意产业，商务、金融、会展等生产性服务业，电子信息、节能环保、新能源等高技术产业和高端制造业，积极吸引国内外大中型冶金、装备等制造业企业总部入驻，打造全国首个"制造业总部集聚区"。鼓励设计机构入驻，打造"设计之都"核心区，将首钢协作区逐步建设成为高端要素聚集、创新创意活跃、总部特征明显、生态环境优美的新首钢创意商务区。

着力开发"两区"，即房山新城现代产业发展区和丰台河西绿色产业发展区。加快建设北京良乡经济开发区、房山工业园区、北京石化新材料等产业园区，实施京西重工、长安新能源汽车等重大项目，打造房山新城现代产业发展区，重点发展高端制造、新能源、新材料和现代服务业。推进中关村丰台科技园西区、长辛店生态城、青龙湖国际文化会都等重大项目建设，做好中国国际园林博览会和世界种子大会的筹办工作，将丰台河西地区建设成为以创新研发和高端旅游休闲为重点的绿色产业发展区，发展科技服务、文化创意、商务会展、生态旅游等绿色低碳产业。

加快发展"三带",即永定河绿色生态发展带，108国道和109国道沿线生态旅游休闲带。充分挖掘永定河的生态资源和文化底蕴，发展高端商务、科技研发、文化创意、旅游休闲等低碳高端产业，推进龙泉务商务区、京西古城滨水商务区、长阳半岛综合商务区等重点产业区域建设，打造集防灾防洪、生态功能、旅游休闲、水岸经济等功能为一体的绿色生态发展带。发挥大石河、清水河等流域的生态和文化资源，依托108国道和109国道沿线区域，发展旅游休闲、特色种植和农产品加工等产业，建设集健康休闲、观光旅游、特色农业为一体的生态旅游休闲带。

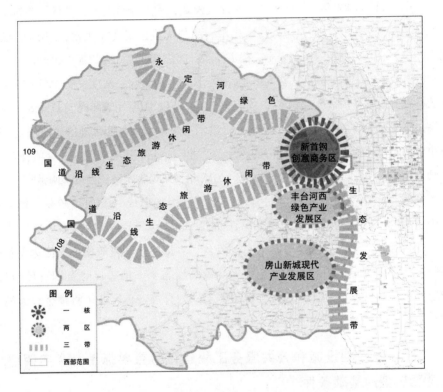

图1　西部地区产业空间发展格局

（四）以创新开发建设模式为发展动力，全面推进首钢地区和石景山国家服务业试点建设

推进国家服务业综合改革试点区建设，打造生产性服务业新中心区。积极发展特色金融业，探索推进保单交易中心、钢铁期货交易中心、金属交易中心建

设，吸引基金管理、融资租赁、财务公司和担保公司等新兴机构落户。建设工业设计、制造业等特色总部集聚区，吸引外资、侨资、民营企业等各类总部及分支机构落户。优化商务服务发展环境，引导审计、法律、咨询和经纪等中介服务机构入驻。培育云计算、物联网、电子商务和信息服务外包等新兴业态。高标准建设一批特色鲜明的专业服务集聚区、现代服务业综合体和主题楼宇，增强高端要素的定向吸引力，加速形成服务经济主导的产业结构。

发挥首钢、京煤等龙头企业的带动作用，引领区域转型发展。采取"引智、引资、引项目"相结合，创新土地开发建设模式，重点吸引央企、民营经济等高端要素落户。充分发挥大企业的人才、技术、品牌优势，实现多元化、多区域发展。多措并举，确保首钢年内实现安全、稳定停产。加快首钢主厂区的规划建设，推进中国动漫游戏城、中国绿能港、首钢工业遗址公园等项目建设。适度发展高端金属材料及装备制造业，尽快量产京西重工、顺义冷轧等项目。力争用五年时间，再造一个新首钢，实现在京综合收入突破 1000 亿元。鼓励京煤集团参与西部地区矿山修复、特色小城镇建设及旅游业开发，支持能源装备产业园、王平镇中瑞生态谷等项目实施，鼓励京外拓展煤炭、发电等业务。力争到 2015 年，京煤集团经营规模翻两番。

创建"一企一镇"央地结对合作新机制，逐步形成一批现代产业强镇。推广中粮集团-琉璃河镇、航天集团-王佐镇、中坤集团-斋堂镇等央地合作经验，探索通过共建产业基地、搭建总部后台、乡镇整体开发等模式，促进央企的品牌、技术、资金、人才等要素与山区乡镇的生态、土地等优势资源有效对接，因地制宜地发展旅游休闲、商务会议、养老、教育等特色产业。将镇企合作纳入本市区县合作机制，享受有关优惠政策。

（五）以基础设施和公共服务工程建设为重要抓手，夯实西部地区全面转型的基础条件

实施一批基础设施和公共服务工程，构建完善的基础设施和普及的公共服务体系，从根本上打破因公用设施承载力不足带来的发展瓶颈。

优先打通一批外部连接通道。加快轨道交通建设，房山线 2010 年底已经开通，力争 S1 线西段 2011 年初开工，推进 M14 号线建设，做好燕房线前期工作。实施丰沙铁路石景山段入地改造工程。加快建设京石第二高速、长安街西延等重大项目，升级改造 108、109 国道等主要公路，进一步完善首钢主厂区、新城等

重点区域的路网结构，积极建设山区旅游环线。到 2015 年，构建以 5 条轨道交通和 16 条跨区通道为骨干的快速交通体系。

积极改善市政基础设施条件。妥善解决好首钢停产转换期的供水、污水处理和用能保障问题，并将首钢市政管网纳入全市大市政体系。开展首钢焦化厂等污染区土壤清理修复工作。加快推进首钢 4 个"厂中村"拆迁。集中力量建设南水北调配套工程、西北热电中心迁建工程、丰台河西再生水厂、首钢生物质能源等重点工程。支持新能源和水资源的综合利用，重点提高污水处理设施能力。统筹提高新城和重点镇的市政基础设施水平。

大力推进公共服务体系建设。加快教育、医疗等城区优质资源向西部地区转移，重点提高新城和重点镇公共服务能力。积极实施西部郊区中小学改造，确保首钢、矿山关停地区基础教育设施达标。以北京工业职业技术学院为试点，推进石景山高等职业教育综合改革实验区建设。加快朝阳医院京西院区改扩建，支持门头沟区做好医疗卫生改革试点工作。完善文体服务网络建设和运营，规划建立特色文化设施群落，推进市级文、图两馆分馆和区级体育中心建设。

（六）以棚户区改造和富余人员安置为有效途径，提高西部地区的民生保障水平

围绕民生薄弱环节，有针对性地实施一批民生改善工程，推动城镇化社区和新型农村社区建设，惠及西部广大民众。

加快推进棚户区改造。实施好全市棚户区三年改造规划，到 2012 年底全面完成门头沟区规划改造任务。推进门头沟、房山及京煤集团工矿棚户区改造，并将其纳入全市新一轮规划。

稳步推进山区人口搬迁工作。实施房山煤矿关闭地区人口搬迁工程，重点建设公主坟等地安置房和配套设施。加强再就业培训，帮扶外迁人员实现转岗就业，逐步实现"搬得出、稳得住、能致富"的目标。

积极安置转产富余人员。通过提供公益性岗位、发展替代产业、转岗培训等多种方式，有针对性地解决首钢搬迁、矿山关停人员就业安置及相关社保问题。研究推进首钢和京煤集团社会职能剥离工作，通过托管经营、资产重组等多种方式，将国企公共服务、物业、后勤等资源进行整合，与区县进行对接，或组建专业化运营公司进行管理。

B.27

2010 年北京经济发展大事记

1月5日 北京市发展改革委、市财政局、市住房城乡建设委、市经济信息化委、市科委联合召开发布会，发布自2010年1月1日开始实施的重要能源政策——《北京市加快太阳能开发利用促进产业发展指导意见》。

1月9日 市政府与中国航天科技集团举行合作签约仪式，中国航天科技集团下属中国火箭股份有限公司总部落户北京经济技术开发区，航天科技将与北京市共建空间生物创新中心、共同发起设立航天产业投资基金。

1月28日 "北京都市型现代农业海外人才创业园"揭牌仪式在丰台区王佐镇举行。创业园包括核心区、专业功能区和研发试验示范区，将以"创新、创业，服务、交流"为宗旨，为入园人才提供优越的研发创业环境和工商、税务、法律、专利等专业服务。

2月2日 中国国际电子商务示范基地在通州落户。该基地计划用3~5年时间引进10~20家具有全国影响力的电子商务企业，形成北京最大的电子商务基地。

2月2日 工信部正式公布我国首批62个国家新型工业化产业示范基地，北京有3个产业基地入围，分别是中关村科技园区、房山区石油化工（石化新材料）基地、顺义区汽车产业基地。

2月28日 中国社科院发布《中国省域经济综合竞争力发展报告（2009~2010）》指出，北京经济综合竞争力全国排名第二，仅次于上海。

2月28日 "北京十大商业品牌"正式出炉，菜百首饰、超市发、翠微大厦、当代商城、京东商城、金源新燕莎Mall、眉州东坡酒楼、同仁堂、新发地批发市场、燕莎奥特莱斯荣膺"2009年度北京十大商业品牌"。

3月16日 石景山区被批准为国家可持续发展实验区，成为北京市继西城区、怀柔区之后的第三个国家级可持续发展实验区。

3月24日 市委常委会召开会议，讨论通过要把旅游业打造成北京的支柱产业，早日实现建设世界一流旅游城市的目标。

4 月 3 日 中关村科技园区昌平园成为"北京市知识产权托管工程试点基地"。

4 月 10 日 北京数码视讯科技股份有限公司"数字电视产业园"项目在顺义中关村临空国际高新技术产业基地举行开工仪式。该项目计划总投资 15 亿元，建成后将成为国内最高水平、最大规模的数字电视前端专业产业园。

4 月 22 日 密云县"北京市数字信息产业基地"授牌。

4 月 30 日 《北京市人民政府贯彻落实国务院关于坚决遏制部分城市房价过快上涨文件的通知》出台。《通知》要求，对购买首套自住房且套型建筑面积在 90 平方米以上的家庭（包括借款人、配偶及未成年子女，下同），贷款首付款比例不得低于 30%；对贷款购买第二套住房的家庭，贷款首付款比例不得低于 50%，贷款利率不得低于基准利率的 1.1 倍。自本通知发布之日起，暂定同一购房家庭只能在本市新购买一套商品住房。

5 月 6 日 石景山区将要打造一个 10 万平方米的地下文化商业集聚区。

5 月 20 日 新闻出版总署和北京市人民政府在京正式签署《关于共同推进首都新闻出版业发展战略合作框架协议》。同时，中国北京出版创意产业园区揭牌成立。

5 月 25 日 我国首个版权金融俱乐部——ICE 版权金融俱乐部落户东城区。

5 月 25 日 有着世界旅游"奥林匹克"之称的第十届世界旅游旅行大会在京开幕。北京市委书记刘淇、国务委员刘延东、海南省委书记卫留成、北京市长郭金龙、国家旅游局局长邵琪伟出席了开幕式。

6 月 30 日 经国务院三网融合工作协调小组审议批准，北京市被确定为第一批三网融合试点城市。

7 月 1 日 即日起本市最低工资标准从每月 800 元上调至 960 元。涨幅达 20%，比常年平均增长比例高出近一倍。

7 月 27 日 "中国金融电子支付发展研究中心"在石景山区成立。中心的宗旨是普及电子支付知识，加强中国金融电子支付发展研究领域的交流、探讨和合作，使电子支付方式在更广泛的领域里得到普及和应用。

8 月 2 日 中国第一个虚拟现实产业聚集区正式落户海淀。这个由中关村科技园区海淀园管理委员会海淀高技术产业促进中心和海龙集团共同打造的虚拟现

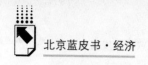

实产业聚集区的正式启用，也代表着海龙大厦业态调整进入了实质阶段。

8 月 20 日 首都科技条件平台工业设计领域平台在西城区正式启动，首批整合至平台 39 家企业价值 4 亿元的科技资源开放共享。

9 月 15 日 北京正式开始第六次全国人口普查入户摸底工作。

10 月 12 日 市住建委表示，已连续公布近三年的北京商品房单价排名将从本月起暂停公布。这是继市统计局宣布暂停公布二手房成交价格后，一个月内第二个从购房人视野中消失的官方房价统计。

10 月 18 日 由北京市科学技术研究院计算中心打造的百万亿次超级工业云计算平台已经建成。这个"云平台"，拥有每秒百万亿次的超强计算能力，是目前国内最大的工业云计算服务平台。

11 月 11 日 为明确北京市战略性新兴产业跨越发展的方向和路径，"科技北京"建设研究专项于 2010 年首批启动了生物制药、物联网传感器及传感网络、动物疫苗等 8 个产业技术路线图研究课题。目前各课题进展顺利，已完成立项论证和前期研究，进入调研和产业技术路线图绘制阶段。

11 月 16 日 北京市人民政府与国家测绘总局共同签订国家地理信息产业园战略合作框架协议，又一国家级重大项目落户北京顺义。

11 月 17 日 北京将调整城市空间结构，控制中心区人口数量。

11 月 18 日 北京工商大学世界经济研究中心日前发布的 2010 年国内绿色经济指数显示，2008 年我国 31 个省市及自治区平均每立方米水气资源环境消耗创造的 GDP 为 0.72 元，比上年增长 21.9%。在 31 个省市及自治区中，资源环境效率最高的是北京，每立方米水气创造的 GDP 为 4.2 元，是全国平均水平的近 6 倍。

11 月 29 日 北京市"十二五"规划建议获市委通过。

12 月 2 日 北京亦庄金太阳示范工程正式揭牌。

12 月 7 日 京城首座汽车充电站建成，为电动汽车电瓶充电。

12 月 7 日 北京市出台 12 条措施稳定物价保障供应。这 12 条具体措施包括：大力发展农业生产；强化区域合作；优化市场流通渠道；规范行政事业性收费；强化能源运行调度；完善政府储备；完善绿色通道政策；加大执法检查力度；强化价格监测预警；落实价格补贴政策；建立价格信息发布制度；发挥协调机制优势。

专家数据解析　权威资讯发布

社会科学文献出版社　皮书系列

皮书是非常珍贵实用的资讯，对社会各阶层、各行业的人士都能提供有益的帮助，适合各级党政部门决策人员、科研机构研究人员、企事业单位领导、管理工作者、媒体记者、国外驻华商社和使领事馆工作人员，以及关注中国和世界经济、社会形势的各界人士阅读使用。

"皮书系列"是社会科学文献出版社十多年来连续推出的大型系列图书，由一系列权威研究报告组成,在每年的岁末年初对每一年度有关中国与世界的经济、社会、文化、法治、国际形势、行业等各个领域以及各区域的现状和发展态势进行分析和预测,年出版百余种。

"皮书系列"的作者以中国社会科学院的专家为主,多为国内一流研究机构的一流专家,他们的看法和观点体现和反映了对中国与世界的现实和未来最高水平的解读与分析,具有不容置疑的权威性。

权威　前沿　原创

咨询电话: 010-59367028　QQ: 1265056568

邮　箱: duzhe@ssap.cn　邮编: 100029

邮购地址: 北京市西城区北三环中路

甲29号院3号楼华龙大厦13层

社会科学文献出版社　读者服务中心

银行户名: 社会科学文献出版社发行部

开户银行: 工商银行北京东四南支行

账　号: 0200001009066109151

网　址: www.ssap.com.cn
　　　www.pishu.cn

中国皮书网全新改版，增值服务大众

图书在版编目（CIP）数据

北京经济发展报告. 2010～2011 / 梅松主编. —北京：社会科
学文献出版社，2011.4
（北京蓝皮书）
ISBN 978 - 7 - 5097 - 2203 - 9

Ⅰ.①北…　Ⅱ.①梅…　Ⅲ.①区域经济发展 - 研究报告 - 北
京市 - 2010～2011　Ⅳ.①F127.1

中国版本图书馆 CIP 数据核字（2011）第 039548 号

北京蓝皮书

北京经济发展报告（2010～2011）

主　　编 / 梅　松
副 主 编 / 赵　磊　赵　弘

出 版 人 / 谢寿光
总 编 辑 / 邹东涛
出 版 者 / 社会科学文献出版社
地　　址 / 北京市西城区北三环中路甲 29 号院 3 号楼华龙大厦
邮政编码 / 100029
网　　址 / http：//www. ssap. com. cn
网站支持 /（010）59367077
责任部门 / 皮书出版中心（010）59367127
电子信箱 / pishubu@ ssap. cn
项目经理 / 周映希
责任编辑 / 周映希　张文艳
责任校对 / 马　剑
责任印制 / 董　然
品牌推广 / 蔡继辉

总 经 销 / 社会科学文献出版社发行部
　　　　　（010）59367081　59367089
经　　销 / 各地书店
读者服务 / 读者服务中心（010）59367028
排　　版 / 北京中文天地文化艺术有限公司
印　　刷 / 北京季蜂印刷有限公司

开　　本 / 787mm×1092mm　1 / 16
印　　张 / 20.5　字数 / 348 千字
版　　次 / 2011 年 4 月第 1 版
印　　次 / 2011 年 4 月第 1 次印刷

书　　号 / ISBN 978 - 7 - 5097 - 2203 - 9
定　　价 / 59.00 元

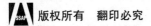

盘点年度资讯 预测时代前程

从"盘阅读"到全程在线阅读
皮书数据库完美升级

· 产品更多样

从纸书到电子书，再到全程在线网络阅读，皮书系列产品更加多样化。2010年开始，皮书系列随书附赠产品将从原先的电子光盘改为更具价值的皮书数据库阅读卡。纸书的购买者凭借附赠的阅读卡将获得皮书数据库高价值的免费阅读服务。

· 内容更丰富

皮书数据库以皮书系列为基础，整合国内外其他相关资讯构建而成，内容包括建社以来的700余部皮书、20000多篇文章，并且每年以120种皮书、4000篇文章的数量增加，可以为读者提供更加广泛的资讯服务。皮书数据库开创便捷的检索系统，可以实现精确查找与模糊匹配，为读者提供更加准确的资讯服务。

· 流程更简便

登录皮书数据库网站www.i-ssdb.cn，注册、登录、充值后，即可实现下载阅读，购买本书赠送您100元充值卡。请按以下方法进行充值。

充值卡使用步骤：

第一步
- 刮开下面密码涂层
- 登录 www.i-ssdb.cn
  点击"注册"进行用户注册

社会科学文献出版社 皮书系列
SOCIAL SCIENCES ACADEMIC PRESS (CHINA)
卡号：54868798189056
密码：

（本卡为图书内容的一部分，不购书刮卡，视为盗书）

第二步
登录后点击"会员中心"进入会员中心。

SSDB
社科文献资源库
SOCIAL SCIENCE
DATABASE

第三步
- 点击"在线充值"的"充值卡充值"，
- 输入正确的"卡号"和"密码"，即可使用。

如果您还有疑问，可以点击网站的"使用帮助"或电话垂询010-59367071。